全国高等学校法学系列教材·基础与应用

行政法与行政诉讼法

许莲丽 主编

清华大学出版社
北京

内 容 简 介

本书全面介绍了我国行政法与行政诉讼法的基本内容，包括：行政法的基础理论、行政主体、行政立法、行政行为概述、行政处罚、行政强制、行政许可、行政复议、行政诉讼和行政赔偿及补偿等。本书每章的内容由事例回放、重点知识、课后练习、拓展实训和练习答案五个部分组成。因此，本书的特色在于将理论知识与实践应用融为一体，以实践印证原理，使得读者能够掌握行政法的基础知识、了解行政法律制度的真实运行、提高分析和解决行政法律问题的素养和能力。

图书在版编目(CIP)数据

行政法与行政诉讼法 / 许莲丽主编. --北京：清华大学出版社，2016
（全国高等学校法学系列教材·基础与应用）
ISBN 978-7-302-43986-8

Ⅰ. ①行…　Ⅱ. ①许…　Ⅲ. ①行政法 – 中国 – 高等学校 – 教材 ②行政诉讼法 – 中国 – 高等学校 – 教材　Ⅳ. ①D922.1 ②D925.3

中国版本图书馆 CIP 数据核字(2016)第 120542 号

责任编辑：朱玉霞
封面设计：傅瑞学
责任校对：宋玉莲
责任印制：李红英

出版发行：清华大学出版社
　　网　　址：http://www.tup.com.cn，http://www.wqbook.com
　　地　　址：北京清华大学学研大厦 A 座　　**邮　　编：**100084
　　社 总 机：010-62770175　　**邮　　购：**010-62786544
　　投稿与读者服务：010-62776969，c-service@tup.tsinghua.edu.cn
　　质量反馈：010-62772015，zhiliang@tup.tsinghua.edu.cn
印 装 者：三河市金元印装有限公司
经　　销：全国新华书店
开　　本：170mm×240mm　　**印　　张：**18.5　　**字　　数：**368 千字
版　　次：2016 年 7 月第 1 版　　**印　　次：**2016 年 7 月第 1 次印刷
定　　价：39.00 元

产品编号：057625-01

作　　者

许莲丽:北京青年政治学院副教授,中国人民大学法学博士
杜文勇:天津工业大学教授,中国人民大学法学博士
王　晨:哈尔滨理工大学教授,中国人民大学法学博士
李　敏:淮海工学院副教授,中国人民大学法学博士
白贵秀:北京市法学会副研究员,中国人民大学法学博士

撰稿分工

第一章:许莲丽
第二章:许莲丽
第三章:许莲丽
第四章:许莲丽
第五章:李敏
第六章:王晨、白贵秀
第七章:李敏
第八章:王晨、白贵秀
第九章:杜文勇
第十章:杜文勇
全书补充、修改、统稿、定稿:许莲丽

前　言

高职高专法学教育是我国高等法学教育的一个重要组成部分。因其培养目标的特殊性——即基层应用性法律人才、法律职业辅助人才，其对教材的需求也有别于本科的法学类教材。然而，行政法与行政诉讼法的高职类教材偏少，因此，编者根据自身的亲身教学经验，编写了这本适合高职学生的教材。

本书介绍了行政法的基本理论、基本概念和基本法律制度，系统传授行政法学的入门知识，是课堂学习的重要参考。法律的生命不是逻辑，而是经验。因此，在介绍基本原理的基础之上，本书试图架起一座沟通课堂与社会的桥梁，通过教学情景设计（事例回放）、项目任务驱动（拓展实训）等设计，帮助读者理解行政法在现实社会中的作用和意义，从而体会到学习行政法也会是一件有趣的事情，至少不会只是晦涩难懂。相信本书会有助于培养读者的综合分析法律事实和法律规范、并运用法律推理进行思维的能力；而一旦具备这种法律思维的能力，就有了适应新环境、应对新情况、解决新问题的制胜法宝。

非常感谢北京市属高等学校青年拔尖人才培育计划的大力支持和资助，衷心感谢北京青年政治学院领导们的积极支持和帮助。

非常感谢本书的作者们，是他们在平常繁忙的工作中、在牺牲寒暑假期的休息时间中、在舍弃家人的陪伴和团聚中完成了本书的撰写。衷心感谢清华大学出版社朱玉霞编辑的支持和辛劳，使得本书最终能够呈现给读者。衷心感谢行政法学研究学术共同体，为我们撰写本书提供了积淀、借鉴和参考。

由于我们水平有限，书中错误无法完全避免，敬请读者批评指正。

许莲丽

2015 年 8 月 6 日于北京青年政治学院法律系

目　　录

第一章　行政法概述

【事例回放】

《广州市城市管理综合执法工作规范》2013 年 10 月 15 日起正式实施。《规范》规定，城管执法今后要用礼貌用语。新规实施首日，有城管人员刚开口说“您好”，小贩就撒腿逃跑，城管一句“您好”也变成“您别跑”。①

【问题】

（1）城管和小贩之间是何种法律关系？

（2）《广州市城市管理综合执法工作规范》主要规范谁的行为？其目的何在？

【评析】

（1）在进行城市管理综合执法工作中，城管和小贩之间是行政法律关系，不同于平等主体之间的民事法律关系。

（2）《广州市城市管理综合执法工作规范》主要规范广州市城市管理综合执法支队各级机关及其执法人员在进行城市管理综合执法工作中的行为。其目的在于进一步规范城市管理综合执法机关及其执法人员的公共服务行为，切实改进工作作风，提高工作效率和服务质量，做到依法行政、执法为民。

---

① 《城管这厢有礼了》，载《新京报》，2013-10-17。http://epaper.bjnews.com.cn/html/2013-10/17/content_471558.htm?div=-1。

【重点知识】

第一节 行政与行政法概述

一、行政的概念

行政,指的是一定的社会组织,在其活动过程中所进行的运用组织、控制、协调、监督等特定手段发生作用的活动总称。

行政法意义上的行政,指的是国家行政主体对公共事务的组织管理活动。行政法是关于行政的法律。行政的含义是行政法的基础。在行政法上,行政具有以下特征:

(一)行政是指公共行政,而不是“私”行政

行政法意义上的行政是行政主体以国家的名义对国家事务和社会事务进行的决策、组织、管理和调控等活动,具有体现和实现国家意志的特性。其目的在于谋求公共利益,维持公共秩序。这里的行政不是一般的社会组织的活动,不是个人的活动,不包括社会组织和企业等为了自身利益而为的行政。

(二)行政是行政主体将法律、法规付诸实施、予以执行的活动

行政是行政主体的活动,并不是国家的一切活动,不是立法机关制定法律的活动,也不是司法机关裁决案件的活动。虽然行政中也有一部分行政立法或行政司法活动,但这些活动都必须围绕如何执行国家立法机关的法律、法规而进行,是具有执行性的准立法、司法活动。行政是行政主体的部分活动,是行政主体以特定手段对国家事务和社会事务发生作用的特定活动,而不是行政主体的一切活动。比如说,行政主体为自身利益而从事的借贷、租赁、买卖等活动不属于行政。

(三)行政具有国家强制性

行政是国家行政主体对公共事务的组织管理活动,是行政主体把国家立法机关依照人民意志制定的法律、法规付诸实施、予以执行的活动,体现和实现国家意志,它的实施也就必然要以国家政权的强制力为后盾。对于行政主体的行政活动,相对人有服从、接受和协助的义务。相对人若不依法履行义务,行政主体则可借助法律手段强制相对人服从和履行行政义务。而私人行政往往并不具备这种国家强制性。

案例 1-1

顺义区后沙峪镇后沙峪村的村民赵先生家中被盗报警后,村里扣除了他当月的“和谐奖”奖金。后沙峪村的党支部书记解释,此举目的是让村民提高安全意识,更好地保护自家财产安全。该村党支部书记介绍，按照村里的规定，村民因自身管理不善，导致失窃发生，要被扣除事发当月的"和谐奖"；如果当月未发生失窃，每户按照人均15元发放奖金。该规定由村委会决定，并由全村人签字通过。村民被扣奖金并非首次，村委会每月去派出所调出报案记录，发现谁家出问题，便扣除其当月奖金。

【问题】

(1) 村委会扣除赵先生当月的"和谐奖"奖金，是行政法意义上的行政吗？

(2) 村委会决定、全村人签字通过"和谐奖"奖金规定，是行政法意义上的行政吗？

【评析】

(1) 不是。《中华人民共和国村民委员会组织法》第2条第1款规定："村民委员会是村民自我管理、自我教育、自我服务的基层群众性自治组织，实行民主选举、民主决策、民主管理、民主监督。"可见，村委会是基层群众性自治组织，不是行政主体，村委会与村民之间的关系不存在行政法意义上的行政管理关系，而是一种民事法律关系。

(2) 不是。村委会决定、全村人签字通过的"和谐奖"奖金规定，是村规民约，并不是行政法意义上的村委会对村民进行行政管理的规定。

二、行政权的概念

行政的核心是行政权，行政权也是行政法的起因和归宿，是行政法理论的基点。

传统行政权的内涵建立在"三权分立"学说之上，根据孟德斯鸠的阐释，国家权力分为立法权、行政权和司法权。行政权是国家行政机关执行法律、管理行政事务的能力。换言之，行政权最初是与立法权、司法权等国家权力相区别而言的，三者共同形成国家作用、由不同的机关来执掌。但是20世纪以来，国家的行政机关的职能大量增加。行政、立法、司法等国家作用交叉、混合，同时出现在行政机关身上。也就是说，现代国家立法机关行使的仍然是立法权，司法机关行使的仍然是司法权，但行政机关行使的权力却超越了传统行政权的范围。无论现代行政权如何扩张，这些权力都必须来源于法律，尤其是宪法的规定。从法律的角度看，行政权具有以下特征：

(一) 执行性

行政权从根本上说，是执行法律和权力机关意志的权力，既不同于立法权的抽象性和决策性，也不同于司法权的裁判性。我国宪法和法律明文规定，从中央到地方的各级国家行政机关，都是国家权力机关的执行机关，都由权力机关产生，受权力机关监督，向权力机关负责，必须执行国家法律、法规和权力机关的决议与命令。

(二) 法律性

在现代国家，法治原则已经成为国家制度的基本原则。在这一原则之下，行政权应由宪法、法律所设定。行政权在法律之下存在和行使,应该受到法的约束。不过与司法权相比,积极形成社会秩序、实现社会正义的行政需要有一定程度的“自由性”、“灵活性”,比如说,对不确定的法律概念等行政权在合目的性前提下有一定的自由裁量。当然,这种自由裁量并非毫无界限,仍须受到法治原则的拘束。

(三)强制性

行政权的实施以国家强制力为后盾,行政相对人有服从的义务,其他组织和个人有协助的义务。行政权的强制性一方面根源于权力本身的属性;另一方面也在于行政权的法定性。尽管随着社会的发展和文明程度的提高,行政权的强制性会逐渐减弱(比如说服务行政的推行),但强制性是行政权的固有特性,与行政权始终相伴。

(四)优益性

从行政权力行使的保障条件来看,行政权力具有优益性。国家为行政权力的有效行使设定了一系列的保障条件,使得行政机关在行使行政权力时,依法享有一定的行政优先权和受益权。行政优先权和受益权统称为优益权。优益权是国家为保障行政机关及其工作人员有效行使行政职权而赋予他们在职务上的行政优先权和物质上的行政受益权。比如说,《人民警察法》第13条第1款规定:“公安机关的人民警察因履行职责的紧急需要,经出示相应证件,可以优先乘坐公共交通工具,遇交通阻碍时,优先通行。”

(五)不可处分性

行政权既是法律赋予行政机关的一种权力,也是行政机关的一种责任。换言之,谁拥有法定的行政权力,谁就有义务依法行使好该权力,否则应当承担相应的法律责任。行政权是行政职权和行政责任的结合,行政机关不能擅自增加,也不能擅自减少,不可以擅自转让,更不可以擅自的放弃行使。这一特征与公民个人的权利有着质的区别。

案例 1-2

宁波市鄞州区五乡镇明伦村是一个经济强村,近年来经济发展迅速,村民们的生活水平不断提高,大家对治安工作要求越来越高。但这几年明伦村的治安案件和刑事案件呈上升的趋势。为此,明伦村开始实行治安防范工作,实行承包责任制的试点。

五乡镇综治办、派出所起草了安全防范承包责任制的实施细则,如工作目标、具体工作任务、奖惩措施和组织管理等,并决定村安全防范工作承包人采取公开招标方法产生。经过广泛发动,明伦村20多位村民报名要求竞标2003年村治安防范工作。最后,鄞州区五乡镇明伦村村民张伟忠经过公开竞标,以2.52万元的价格,拿到了该村2003年度安全防范工作的承包权,随即签署了安全防范承包责任制的协议书。

协议要求2003年明伦村治安、刑事案件允许发案基数为12起。每多发一起治安、刑事案件扣现金1000元,每少发一起案件奖现金200元,私房出租漏管、暂住人口登记未达标准的,发现一起要扣5元到50元不等的现金;夜间巡逻未达规定要求的,发现一次扣现金20元;年终测评,群众安全感、满意率和基本满意率低于标准的,每下降一个百分点扣100元;高于标准的,每上升一个百分点奖100元。治安承包责任制实行队长负责制,队长(承包人)可以自行组织人员,但被组织人员素质须经派出所审核。承包人要遵守有关规定,协助派出所工作。①

【问题】

如何评价宁波鄞州区将治安工作承包给私人的举措?

【评析】

从行政权具有不可处分性的特征来看,宁波鄞州区将治安工作承包给私人的举措违背了这一特征。然而,从刑事诉讼领域的诉辩交易制度来看,该举措存在一定的现实合理性,也具有理论上的可接受性。

三、行政法的概念

行政法是法的一个独立部门,是调整因行政主体行使行政职权而产生的特定社会关系的法律规范的总称。

任何一个部门法都有自己的调整对象,即某种特定的社会关系。行政法的调整对象是行政关系。行政关系是指行政主体在行使行政权力的过程中与相关各方所产生的各种关系。具体包括:行政主体为了行使职权而进行自身建设时发生的组织行政关系;对行政管理的相对一方进行管理的管理行政关系;为保障行政职权的依法行使对行政主体进行监督产生的是监督行政关系;对违法或不当行政行为进行补救时发生的救济行政关系,等等。

行政法是一个独立的法律部门。行政法不同于宪法,尽管与宪法有着最为密切的联系。但宪法是国家根本大法,行政法是部门法。行政法也不同于其他普通部门法,它有自己独立的、其他部门法不能取代的调整对象和调整方法。行政法不依附于任何普通部门法,也不能代替其他普通部门法。

四、行政法的特点

行政法作为一个独立的部门法,与其他法律部门法相比,在内容和形式上有以下特征:

① 《安全防范实行承包制,鄞州区明伦村此举在我市尚属首次》,载《宁波日报》,2003-01-01。http://www.cnnb.com.cn/gb/node2/node115/node116/node141/userobject7ai438380.html。

（一）涉及的领域极为广泛、内容非常丰富

现代国家的行政活动范围极为广泛，不仅包括传统的国防、外交、公安、民政、工商、税务和司法行政等领域，而且还扩展到了经济、科技、文化教育、卫生、社会福利、环境保护等社会生活的新领域。一个人的一生可以不和立法机关打交道，可以不和司法机关打交道，但不可能不和行政机关打交道，现代社会中行政机关的行政权所能管辖的范围几乎涉及了公民从摇篮到坟墓的一生的所有事务。因此，行政法的内容具有其他普通部门法无可比拟的丰富性。

（二）行政法规范具有易变性

行政法所调整的社会关系，在任何国家都是最具体繁复、最富于灵活性、最易于变化的社会关系。行政活动必须不断顺应客观形势的变化而变化，行政法规范必然也要随之变化，否则其滞后性会更加突出，从而产生消极的后果。因此，与其他法律部门相比，行政法律规范的内容更易于变动。当然这种易变性只是相对于其他法律部门而言的，作为法律规范，它仍然具有相对稳定性，不能朝令夕改，否则便会造成社会的动荡不安，并且这种变化应当严格按照法律规定的权限和程序等进行。

（三）行政法律规范数量繁多、表现形式多样

由于行政法调整的社会关系极为广泛、丰富且易于变动，行政法律规范的数量必然繁多。行政法律规范的表现形式多样，不仅有最高权力机关和地方权力机关制定的法律和法规，还包括最高行政机关和地方行政机关制定的法规和规章等。而且这些具体的表现形式名目极为繁多。比如说，规章就有规则、规定、办法、细则、通知、公告等名称，还可以在这些名称之前冠以“临时”、“暂行”、“试行”等字头。这与民法、刑法等法律部门的法律规范往往由最高权力机关制定，法律形式单一，法律文件有限，数量不多有着较为明显的区别。

（四）行政法没有统一完整的法典

与民法、刑法等法律不同，行政法没有一部集所有规范为一体的统一法典。原因主要有：第一，行政法所调整的对象过于广泛，内容纷繁复杂，各种不同的行政关系之间又存在较大的差别，难以用统一的规范进行调整。第二，行政关系往往稳定性低、变动性大，有必要留给法律位阶较低的法规和规章调整，而不宜由统一的法典进行规范。第三，行政法律规范数量的繁多和表现形式的多样，使得行政法典的编纂难以进行，只能在局部地区或个别领域进行。比如说，行政程序法典。第四，行政法作为一个独立的法律门类较其他法律门类产生较晚，规范各种行政关系的基本原则和规范尚未完全形成或者成熟，从而不具备编纂成统一法典的条件。

（五）实体性规范与程序性规范相互交织

实体性法律规范与程序性法律规范往往有很大的差别，在其他法律部门中，实体性规范和程序性规范分别规定在不同的法律文件中。比如说，民法与民事诉讼法、刑

法与刑事诉讼法,分别来规定实体性规范和程序性规范。而在我国行政法律部门中,行政诉讼法这一程序法中包含了许多实体性规范,而行政法中存在一类特有的行为规范即行政程序规范。

五、我国行政法的立法及其完善

(一) 行政诉讼法

1982 年《民事诉讼法(试行)》颁布,该法第 3 条第 2 款规定:“法律规定由人民法院审理的行政案件适用本法规定。”从此,行政审判开始有法可依。1989 年《行政诉讼法》颁布,行政诉讼制度正式建立。它为保护公民权益、监督行政机关依法行政提供了重要的途径。更为重要的是,它推动了我国其他的重要行政立法的研究、起草和制定工作,比如说,《国家赔偿法》《行政处罚法》《行政复议法》等随后相继出台。2014 年通过了新修订的《行政诉讼法》,该法于 2015 年 5 月 1 日起施行。新修订的行政诉讼法在解决行政争议、保障公民、法人和其他组织合法权益上有了更多新的举措。

(二) 行政复议法

为了配合行政诉讼制度,1990 年 12 月 24 日,国务院发布《行政复议条例》,以行政法规的形式建立了复议制度。该条例于 1994 年修改,并于 1999 年为《行政复议法》所废止。2009 年《行政复议法》修订。行政复议制度为公民监督行政机关依法行政提供了又一条重要途径。

(三) 国家赔偿法

1994 年第八届全国人大常委会第七次会议通过《国家赔偿法》,建立了行政赔偿责任制度,是行政诉讼制度的继续和发展,加强了对行政机关依法行政监督的力度。此后,国家赔偿法历经 2010 年、2012 年两次修订,更好的保障了公民、法人和其他组织享有依法取得国家赔偿的权利,促进国家机关依法行使职权。

(四) 行政处罚法

行政处罚是行政机关行使行政职能的重要手段之一。1996 年第八届全国人民代表大会第四次会议通过了《行政处罚法》,确立了行政处罚的基本原则,规范了行政处罚的设定权,规定了行政处罚应当遵循的程序,是我国行政立法上的一个重大进步。2005 年《治安管理处罚法》制定并于 2012 年修订。2009 年《行政处罚法》予以修订。可以说,处罚法规定的权限、程序等制度反映了依法治国、依法行政的许多基本原则,其意义远远超出了处罚领域,大大提升了政府机关及其工作人员依法行政观念,促进了各级行政机关全面依法行政。

(五) 行政许可法

行政审批(许可)是政府实施行政管理的一个重要而有效的手段,但一直以来,行政审批(许可)的实践中存在着许多的问题。2003 年 8 月 27 日十届全国人大常委会第四次会议通过了《行政许可法》,规定了行政许可的原则、行政许可的设定、实施和收费,以及监督检查等许可制度。它对进一步深化行政管理体制改革,加快政府职能转变,形成行为规范、运转协调、公正透明、廉洁高效的行政管理体制,保障和监督行政机关有效实施行政管理,以及从源头上预防和治理腐败,都产生了积极的推动作用。

(六)政府信息公开条例

2007 年 4 月 5 日国务院公布了《政府信息公开条例》,确立了政府信息的主动公开和依申请公开制度、政府信息公开发布制度、政府信息公开监督与保障制度等。这些制度的建立将保障公民、法人和其他组织依法获取政府信息的权利,提高政府工作的透明度,促进依法行政,充分发挥政府信息对人民群众生产、生活和经济社会活动的服务作用。

(七)公务员法

1987 年,党的十三大正式提出,在我国建立和推行国家公务员制度。1993 年,国务院颁布了《国家公务员暂行条例》,推行公务员制度。2005 年 4 月 27 日第十届全国人大常委会第十五次会议通过了《公务员法》,从公务员的范围、职务职级、考核奖惩和职位聘任与人事争议仲裁等方面完善了公务员制度。2007 年国务院颁布《行政机关公务员处分条例》确定了行政机关公务员处分制度。

(八)行政强制法

2011 年 6 月 30 日全国人大常委会审议通过了《行政强制法》。《行政强制法》规范了行政强制的设定权、行政强制的实施主体、行政强制措施的实施程序、行政强制执行的程序,与《行政处罚法》《行政许可法》一起,是规范行政行为的重要法律。《行政强制法》的实施必定会促进法治政府建设和公民权利保障事业的进步。

六、行政法的法律渊源

行政法的法律渊源,是指行政法的外部表现形式。我国行政法的渊源主要有:

(一)宪法

宪法是国家的根本大法,规定国家的基本制度,具有最高的法律地位和法律效力,是全部行政立法的根据和必须遵循的原则。

(二)法律

法律是全国人民代表大会及其常务委员会制定的规范性文件。其中全国人民代表大会制定的规范性文件成为基本法律,全国人民代表大会常务委员会制定的规范性文件成为一般法律。

(三)行政法规

行政法规是指国务院为领导和管理国家各项行政工作,根据宪法和法律,按照有关程序制定发布的政治、经济、教育、科技、文化、外事等各类法规的总称。

（四）地方性法规

地方性法规是指省、自治区、直辖市和设区的市及自治州的人民代表大会及其常务委员会，省和自治区人民政府所在地的市、国务院批准的较大的市以及全国人大和全国人大常委会批准设立的经济特区的人民代表大会及其常务委员会，在不与宪法、法律、行政法规相抵触的前提下依照法定程序所制定和颁布的规范性文件的总称。

（五）自治条例和单行条例

自治条例和单行条例是指民族自治地方（自治区、自治州、自治县）的人民代表大会依据宪法、民族区域自治法和其他法律规定的权限，结合当地的政治、经济和文化的特点依照法定程序所制定的规范性文件的总称。

（六）行政规章

行政规章分为部门规章和地方政府规章。部门规章是指国务院各部、委员会、中国人民银行、审计署和具有行政管理职能的直属机构，根据法律和国务院的行政法规、决定、命令，在本部门的权限范围内，依照法定程序制定的规范性文件的总称。地方政府规章，是指省、自治区、直辖市和设区的市及自治州的人民政府，省和自治区人民政府所在地的市、国务院批准的较大的市以及全国人大和全国人大常委会批准设立的经济特区的人民政府，根据法律、行政法规和本区域的地方性法规，依法制定的规范性文件的总称。

（七）法律解释

有权机关对法律、法规、规章等所作出的有效解释。通常包括：立法解释，即全国人大常委会依法对法律文件所作出的解释。司法解释，即最高人民法院和最高人民检察院依法对法律文件所作出的解释。行政解释，即国务院及其主管部门依法对法律文件所作出的解释。地方解释，即法定的地方人大常委会及其人民政府等依法对法律文件所作出的解释。

（八）国际条约

我国批准或参加的国际条约中有关行政内容的，也是我国的行政法渊源。

七、行政法律关系

行政法律关系，是指行政法所调整的，具有行政法上权利与义务内容的各种社会关系的总称。简言之，行政法律关系是受行政法调整的行政关系。具有以下特点：

（一）主体中必有一方是行政主体

在行政法律关系的主体中，必有一方是行使行政职权的行政主体。在行政法律关系双方主体中，行使行政职权的行政主体是任何一个具体行政法律关系都不可或缺的。

（二）行政法律关系具有不对等性

行政法律关系的主体即行政法律关系当事人，包括行政主体和行政相对人。行政主体是国家行政机关及法律、法规、规章授权的组织。相对人是公民、法人和其他组织。这二者的地位是不平等的，权利和义务也是不对等的。这和民事法律关系有着很大的区别。

（三）行政法律关系具有单方性

行政法律关系的产生、变更和消灭不以双方主体的意思表示一致为必要条件，行政主体可以单方面的设定、变更和消灭行政法律关系，无须征得相对人的同意。

（四）行政法律关系的内容的特殊性

行政法律关系的内容，即行政法律关系主体所享有的权利和所承受的义务，都是由行政法律规范预先规定的，必须依法享有和承担。行政法律关系主体不得自由选择权利和义务，也不得随意放弃、转让权利和义务。

案例 1-3

2001 年，中国足球协会组织全国足球甲级联赛并实施管理，长春亚泰足球队依据有关规则参加了全国足球甲级 B 组联赛。在联赛中，长春亚泰足球队在 2001 年 10 月 6 日的第 22 轮与浙江绿城足球队比赛中，净胜 6 球，在整个赛季中排名甲 B 第二。按照中国足球协会发布的《全国足球队甲级联赛规则》第九条的有关规定，长春亚泰足球队应升入甲 A 足球队之列。2001 年 10 月 16 日，中国足球协会纪律委员会下发《关于对四川绵阳、成都五牛、长春亚泰、江苏舜天和浙江绿城俱乐部足球队处理的决定》。在处理决定中指出，在中国国家足球队冲击世界杯决赛圈的关键时刻，四川绵阳、成都五牛、长春亚泰、江苏舜天和浙江绿城俱乐部队却在甲 B 联赛最后两轮的三场比赛中，严重违反体育公平竞争精神、严重损害中国足球职业联赛形象，在社会上造成了极其恶劣的影响。因此，该决定作出了以下处罚：取消长春亚泰足球队升入甲 A 资格，取消长春亚泰足球队 2002 年、2003 年甲乙级足球联赛引进国内球员的资格，限长春亚泰足球队 3 个月期限的内部整顿。①

【问题】

中国足球协会对长春亚泰足球队的处理中二者之间是行政法律关系吗？为什么？

【评析】

是行政法律关系。因为在中国足球协会对长春亚泰足球队的处理关系中，中国足球协会是行使行政职权的法律授权组织。根据《体育法》第 49 条的规定："在竞技体育中从事弄虚作假等违反纪律和体育规则的行为，由体育社会团体按照章程规定

---

① 《长春亚泰及其教练状告中国足协案人民法院不予受理》，载《新华网》，2002-01-24。http://news. xinhuanet. com/newscenter/2002-01/24/content_252933. htm。

给予处罚;对国家工作人员中的直接责任人员,依法给予行政处分。”而中国足球协会正是足球体育社会团体,也是依照其章程对长春亚泰足球队作出的处罚,因此二者之间形成了行政法律关系。

第二节 行政法的基本原则

一、行政法基本原则的概念与作用

行政法的基本原则,是指贯穿于行政立法、行政执法以及对行政行为进行监督的全部过程之中,体现行政法最主要、最具有普遍性的价值理念,蕴含于所有行政法律规范之中的主要精神和指导思想。行政法的基本原则一般包括行政合法性原则和行政合理性原则。

行政法的基本原则的主要作用有:

(一)指导行政立法

指导行政立法,有助于行政法体系的统一、协调与稳定。行政法的基本原则是行政法规范制定的依据。有了行政法的基本原则,可以使得内容繁复、数量繁多、形式多样的、易于变化的行政法律规范有着基本一致的价值取向和核心精神,有助于行政法体系的统一、协调与稳定。

(二)指导行政执法

指导行政法的实施,有助于行政法实施的统一与协调。无论是行政主体行使行政职权的行为,还是行政相对人遵守行政法律规范,享受相应的权利和义务的行为,抑或是对行政主体的行政行为进行各种监督的行为,都必须以行政法的基本原则为指导思想。而统一的指导思想,有助于其按照统一的标准和要求来实施行政法,实现行政法实施的统一与协调。

(三)弥补行政法律规范的不足与疏漏

有助于弥补行政法律规范的不足与疏漏,保证社会关系得到及时、必要的调整。由于人们认识上的局限性和社会情况的不断发展等主客观原因,行政法律体系难免存在一定的疏漏与不足,当行政法具体规范不明确或没有规定的情况下,行政法的基本原则可供适用或为法律解释确定界限。

二、行政合法性原则

(一)行政合法性原则的概念

合法性原则,又称依法行政原则,是行政法治的核心内容,是指行政权力的存在、行使必须依据法律，严格符合法律要求，不能与法律相抵触。作为行政法的基本原则，从本质上看，合法性原则解决的是行政权和法的关系问题。行政合法性原则是现代各法治国家所普遍采用的根本原则之一，在行政法中具有不可替代的作用。我国《宪法》第5条中规定："中华人民共和国实行依法治国，建设社会主义法治国家……一切国家机关和武装力量、各政党和各社会团体、各企业事业组织都必须遵守宪法和法律。一切违反宪法和法律的行为，必须予以追究。任何组织或者个人都不得有超越宪法和法律的特权。"

合法性原则中"法"的理解。这里的"法"，从中国行政法的实践来看，应作广义的理解，即既包括法律、行政法规、地方性法规、自治条例与单行条例，也应包括规章，甚至包括具有法属性的具有普遍约束力的决定和命令。2004年国务院颁布了《全面推进依法行政实施纲要》，明确指出合法行政是依法行政的基本要求之一，"行政机关实施行政管理，应当依照法律、法规、规章的规定进行；没有法律、法规、规章的规定，行政机关不得作出影响公民、法人和其他组织合法权益或者增加公民、法人和其他组织义务的决定"。可见，规章也被包含在这里的"法"的概念之中。这不仅是我国行政法的实践的理解，也是各国行政法发展的趋势。

（二）行政合法性原则的具体要求

在我国，行政合法性原则要求：行政主体的设立合法，行政职权的存在合法，行政职权的行使合法，违法行使行政职权应承担相应的法律责任。

1. 行政主体的设立要合法

"行政机关是法律的产儿。"[①]法律是行政主体赖以生存的基础，行政机关是由代议机关通过相关法律而创设的。在没有法律依据的情况下，行政主体不应自行设立。

2. 行政职权的存在要合法

任何行政职权都必须基于法律的授权才能存在。这是指中央政府与地方政府的权限划分、政府各主管部门之间的权限划分、上级与下级的权限划分等都必须依法确立。各行政主体的职权不能超越法律设立和授予的范围。

3. 行政职权的行使要合法

依法行使行政职权，既是实现国家行政职能和社会管理的重要途径，也是保障公民权益的重要手段。它既是行政主体的一项权力，更是行政法对行政主体设定的一种义务或职责。对于法定的行政职权，行政主体必须依据法定的程序要求和实体内容，严格全面地予以实施。行政主体不得放弃行使、拖延行使，或者不按要求行使，否则都应受到法律的追究。同时，行政职权不得随意转授和委托，行政职权的授权和委托必须严格符合法律的规定。

---

① ［美］伯纳德·施瓦茨：《行政法》，徐炳译，141页，北京，群众出版社，1986。

4. 违法行使行政职权应承担相应的法律责任

违法行使行政职权应承担相应的法律责任，即违法必究，要求违法行使行政职权的行为受到法律追究，承担相应的法律责任，是行政合法性原则的重要组成部分。行政主体必须依法行使行政职权，一旦违法行使了职权，作出了相应的行政行为，侵犯了公民、法人和其他组织的合法权益，都应当承担相应的法律责任。有权机关、新闻媒体、公民组织等都可以对其违法行使职权的行政行为依法进行监督，权利受到侵害的公民、法人和其他组织有权依法获得行政救济。

案例 1-4

网店主曾华（化名）在北京市海淀区一居民区内租了套房，办公兼做库房。这不是他注册公司的经营地，他注册的公司地址是虚拟的。9 月 17 日起，中关村工商所某巡查员，发现并开始对曾华的违规行为进行处罚。以下是双方从沟通到处罚的过程。

9 月 17 日，两名工商所工作人员到网店店主曾华的库房进行检查，发现曾华的违法经营行为——无照经营，并告知曾华“第二天下午去工商所接受处理”。

9 月 18 日，曾华到该工商所，向工商人员递上营业执照副本复印件，被告知，其行为属于私设分支机构，属违法经营。同时该工商人员向曾华提出两种解决方案：第一种是罚款 10 万元，没收非法所得。第二种，由工商人员帮忙规避法律法规，罚款 2 万元，公司在这个工商所备案。

10 月 10 日上午，曾华再次按工商人员的要求来到该工商所。该所工作人员说：“异地经营和私设分支机构处罚都比较重，按无照经营处罚则较轻。”最后，该工作人员还是“建议”按无照经营处罚，并说“最低处罚 1 万，低于 1 万我做不了”。曾华说：“自己是小企业、房租高、生意不好，无力承受 1 万元罚款。”该所工作人员又说：“这样吧，我给你做主了，5000 元，到时我找领导说说。”

10 月 11 日，按照约定，曾华中午 1 点到中关村工商所交罚款。该工商所工作人员向店主曾华收取了 5000 元罚款，并未给曾华任何罚款单据或凭证。①

【问题】

该工商所及其工作人员对曾华的处罚行为符合行政合法性原则吗？

【评析】

该工商所在对曾华的违法经营行为进行查处时，无论是实体还是程序，都严重违法。因此，不符合行政合法性原则。理由如下：

---

① 《一工商所人员涉违规收罚款》，载《新京报》，2012-10-18。http://www.bjnews.com.cn/news/2012/10/18/228301.html。

第一，该所工作人员违反实体法律规定，随意决定和改变行政职权的行使，擅自处分了应严格依法行使的行政职权。该案例中，处罚名目变化了四次：①无照经营；②私设分支机构；③异地经营；④无照经营。处罚金额变化了三次：①罚款10万元，没收非法所得，或由该所工作人员帮忙规避法律法规，罚款2万元；②最低处罚1万；③罚款5000元。我国《行政处罚法》第55条中规定："行政机关实施行政处罚，有下列情形之一的，由上级行政机关或有关部门责令改正，可对直接负责的主管人员和其他直接责任人员依法给予行政处分……（二）擅自改变行政处罚种类、幅度的……"

第二，该所工作人员严重违反程序法律规定。《行政处罚法》第46条明确规定："作出罚款决定的行政机关应与收缴罚款的机构分离。作出行政处罚决定的行政机关及执法人员不得自行收缴罚款。当事人应当自收到行政处罚决定书之日起十五日内，到指定的银行缴纳罚款。"第56条规定："行政机关对当事人进行处罚不使用罚款、没收财物单据的，当事人有权拒绝处罚，并有权予以检举。"因此，该所工作人员当场直接收取处罚罚款且未向曾华出示任何有效凭证的行为严重违反了法定的处罚程序。

三、行政合理性原则

（一）行政合理性原则的概念

行政合理性原则产生的原因。鉴于行政管理的范围极为广泛、内容繁复多变，而且具有一定的专业性、技术性，因此法律往往无法对所有的行政活动都作出明确的规定，必须赋予行政主体一定的自由裁量权，使得行政主体可以在法律规定的条件下，根据其合理的判断，决定作为或者不作为，以及如何作为，如作出行为的范围、幅度、条件、方式等。正是基于行政主体这种自由裁量权的存在，行政合理性原则是行政法的基本原则之一。

行政合理性原则，是指行政主体不仅应当按照行政法律规范所规定的条件、种类和幅度范围作出行政行为，而且要求行政主体及其工作人员在行使裁量权时必须保持相当的合理性。

行政合理性原则中"合理"的理解。合理，往往和适当、正当、公平、正义、平等、公正等具有相近的意思。从中国行政法的实践来看，合理指的是行政行为的内容要符合立法精神和目的，符合公平正义等法律理性。2004年国务院颁布的《全面推进依法行政实施纲要》，明确指出合理行政是行政法的基本原则之一，合理行政是指，"行政机关实施行政管理，应当遵循公平、公正的原则。要平等对待行政管理相对人，不偏私、不歧视。行使自由裁量权应当符合法律目的，排除不相关因素的干扰；所采取的措施和手段应当必要、适当；行政机关实施行政管理可以采用多种方式实现行政目的的，应当避免采用损害当事人权益的方式"。

（二）行政合理性原则的具体要求

行政合理性原则作为一项普遍适用的行政法的基本原则，其具体要求主要有：行政行为的动机应当符合立法目的；行政行为在裁量过程中应当正当考虑；对相对人要平等对待；最后应当符合比例原则。

1. 行政行为的动机应当符合立法目的

任何行政法律的制定都是基于一定的社会公共利益的需要，是为了实现某种国家职能、社会管理的目标。而法律授予行政主体相应的职权来为或不为某种行为，正是为了实现该项立法的目的。因此，无论是否有明确的法律规定，行政机关行使行政职权、实施行政行为时必须符合法律目的。比如说我国《行政处罚法》的规定，行政处罚的立法目的是为了“规范行政处罚的设定和实施，保障和监督行政机关有效实施行政管理，维护公共利益和社会秩序，保护公民、法人或者其他组织的合法权益……”如果行政机关作出罚款的处罚，其目的是为了增加财政收入、改善工作人员的福利待遇，就属于不符合法定动机、立法目的，违反了行政合理性原则。

2. 行政行为在裁量过程中应当正当考虑

行政行为在裁量过程中应当正当考虑，即不得考虑不相关因素，或者没有考虑应当考虑的因素。这里的正当考虑，通常是指法律明示或者暗示行政主体在为行政行为时应当考虑的因素。如果应当考虑的因素不考虑而不应考虑的因素却考虑了，则将构成滥用行政职权。比如说，《治安管理处罚法》第 19 条规定：“违反治安管理有下列情形之一的，减轻处罚或者不予处罚：（一）情节特别轻微的；（二）主动消除或者减轻违法后果，并取得被侵害人谅解的；（三）出于他人胁迫或者诱骗的；（四）主动投案，向公安机关如实陈述自己的违法行为的；（五）有立功表现的。”这里的五项规定即为相关因素。而某公安机关工作人员在处理治安行政案件时，考虑到加害人是自己的亲戚或领导的家属，而对其作出极轻的处罚决定，就是考虑了不相关因素，违反了行政合理性原则。

3. 对相对人要平等对待

对相对人要平等对待，这一要求主要体现在行政主体针对多个相对人作出行政行为时，要一视同仁地适用法律，或者说，同样情况要同样处理，不同情况则要区别对待，而不得对相同事实给予不同对待。具体而言，包括在同一案件中，不能因人而异、厚此薄彼；在同类案件中，力争同案同处理。比如说，两个行为人同样参与赌博的，在其他法定情节都一样的情况下，对一个处以警告，对另一个罚款 1000 元，即是明显的处罚过于悬殊了。或者说，先后有两起赌博的治安案件，在其他法定情节都一样的情况下，对先前的一起处以警告，对后来的一起处以罚款 1000 元等，都是没有平等对待，违反了行政合理性原则。

4. 应当符合比例原则

所谓比例原则，是指行政主体应当选择造成相对人损害最小、最适当的方法来实现行政目的，不得“以大炮打麻雀”，用严厉的手段来解决相对较小的问题。比如说，我国《行政处罚法》第 4 条第 2 款规定：“设定和实施行政处罚必须以事实为依据，与违法行为的事实、性质、情节以及社会危害程度相当。”

案例 1-5

某日，刘某（男，35 岁）认为邻居李某（男，38 岁）家中十分吵闹，影响其休息，于是上门干预。双方在交涉中发生争执并相互殴打，最后双方均受伤，经法医鉴定，二人均受轻微伤。根据《治安管理处罚法》第 43 条的规定，对此类行为，“处五日以上十日以下拘留，并处二百元以上五百元以下罚款；情节较轻的，处五日以下拘留或者五百元以下罚款。有下列情形之一的，处十日以上十五日以下拘留，并处五百元以上一千元以下罚款：（一）结伙殴打、伤害他人的；（二）殴打、伤害残疾人、孕妇、不满十四周岁的人或者六十周岁以上的人的；（三）多次殴打、伤害他人或者一次殴打、伤害多人的。”根据上述有关规定，并且考虑到刘某曾因盗窃罪而被判刑 3 年，一年前刚出狱，因此对刘某处以 10 天拘留，对李某处以 500 元的罚款。

【问题】

公安局对刘某和李某的处罚行为是否合法适当？是否符合行政法的基本原则？

【评析】

公安局对刘某和李某的行政处罚行为是合法的，但不合理，违背了行政合理性的原则。原因如下：

第一，本案中，根据法定的处罚幅度的规定，公安局对刘某处以 10 天拘留、对李某处以 500 元的罚款属于法定的幅度内，其行为没有超越法律，不与法律相抵触，是合法的。

第二，公安局对刘某处以 10 天拘留、对李某处以 500 元的罚款，没有遵循平等对待的要求，违反了合理性原则。刘某和李某都实施了殴打他人的行为，都造成了轻微伤害的后果，但是对刘某处以 10 天拘留，而李某处以 500 元的罚款，显然过于悬殊。

第三，公安局对刘某处以 10 天拘留，除以其违法事实情节等为依据外，还考虑了刘某曾因盗窃罪而被判刑 3 年、一年前刚出狱的因素，而这是一种不正当的考虑。因此，该公安局作出的行政处罚行为，违背了行政合理性原则的要求，属不合理的行为。

【课后练习】

一、单选题

1. 下列关于行政法所规范的“行政”的正确说法是（　　）。

A. 企业单位对其内部人事和生产等活动的组织管理行为

B. 行政法所规范的行政是指公共行政，即国家行政机关对公共事务的组织和管理等活动

C. 行政法所规范的行政泛指由行政机关所实施的一切活动

D. 行政法上的行政具有主体双方地位平等的特征

2. 下列关于国家行政权力的认识选项中,说法错误的是(　　)。

A. 国家行政权力是一种可以强制他人服从的力量

B. 具有执行性,即行政机关对我国国家权力机关各级人民代表大会的从属性

C. 国家行政权力只能为国家行政机关所享有

D. 具有不可处分性,国家行政权力是职权与职责的统一

3. 下列关于行政法的特征说法错误的是(　　)。

A. 缺乏统一完备的实体法法典　　B. 具有统一完备的实体法法典

C. 行政法的内容广泛　　D. 行政法律规范经常立、改、废

4. 下列属于我国行政法的渊源是(　　)。

A. 行政法的原理和学说

B. 人民法院的行政判例

C. 最高人民法院关于行政诉讼证据若干问题的规定

D. 行政法基本原则

5. 下列表述不是合法行政原则的内在含义的是(　　)。

A. 行政活动必须遵守现行有效的法律

B. 行政活动必须依照法律实行

C. 行政机关采取措施必须有立法性规定的明确授权

D. 行政行为必须符合公正原则

6. 下列活动形成的关系不属于行政法律关系的是(　　)。

A. 公安局给所属干警纪律处分　　B. 县税务局干部上街宣传税法

C. 财政局取消不合法的收费项目　　D. 人民法院审查工商局处罚决定

二、不定项选择题

1. 张某为某市集团公司的保安员(正式员工),2000 年 8 月 5 日由于擅离职守造成公司部分财物被盗,公司经研究决定给予张某扣除该月奖金的处罚决定。张某遂产生报复念头,于是在 8 月 6 日晚,乘值夜班之机,将公司的生产用电变压器加以破坏,使得正常的生产受到了影响。次日公司发现后遂向市公安局报案,公安机关查明上述事实后,依法作出对张某拘留 15 日、罚款 100 元的治安行政处罚决定。同时责令张某赔偿公司的部分损失。上述案例中属于行政法调整领域的行为有哪些?(　　)

A. 集团公司对张某的扣除奖金的处罚决定

B. 市公安机关作出对张某拘留 15 日的决定

C. 市公安机关作出的对张某 100 元的罚款决定

D. 市公安机关责令张某赔偿集团公司的部分损失

2. 县林业局与本局王某等5名干部家属,签订了承包该局所管辖的某乡林业检查站的合同。合同规定:工资自付,全奖全罚。王某等承包人私印收费凭证,对当事人乱收、滥罚,县林业局遂决定废止合同。王某等人不服,诉至人民法院。人民法院判决合同无效,追缴罚款。请问王某败诉的原因何在?(　　)

A. 因违反合同规定而败诉

B. 因行政权是职权与职责的统一体,故承包合同无效

C. 因国家行政权不能承包,合同因此无效

D. 因混淆了民事和行政两类性质不同的行为

3. 某县兽药门市部从外省一家制药厂购进一批兽药在本县出售。后县农牧渔业局兽药监督员王某发现兽药质量存在不稳定现象,遂取走部分样品检验,结果该药品不符合国家标准。农牧渔业局根据《兽药管理条例》对该门市部处以没收该种药品、没收违法所得以及罚款的处罚。该门市部不服处罚决定,向该县人民政府申请复议,政府经审查维持原处罚决定。门市部仍然不服,遂向该县人民法院提起行政诉讼。本案中,体现的行政法律关系有(　　)。

A. 兽药门市部与县农牧渔业局之间的法律关系

B. 兽药门市部与制药厂之间的法律关系

C. 兽药门市部与县人民政府之间的法律关系

D. 兽药门市部与县人民法院之间的法律关系

4. 依法行政原则的具体要求是(　　)。

A. 行政权力的存在和行使以法律的规定为依据

B. 权责统一,即行政机关行使的权力又是必须承担的责任和义务

C. 行政行为必须符合程序合法化的要求

D. 违法行政必须承担法律责任

5. 下列表述哪些是行政合理性原则的内在概念?(　　)

A. 行政行为必须具有合理的动机　　B. 行政行为必须考虑相关的因素

C. 行政行为必须符合法律的目的和精神　D. 行政行为必须符合法律的规定

三、简答题

1. 简述行政法的特点。

2. 行政法的法律渊源有哪些?

四、案例分析题

王某和李某系邻居,两家房屋紧连。2003年8月,王某向市城建局提出将其原房屋扩建二层楼房的申请,市城建局审查后同意并发放建房许可证,注明每层高度为3.2米。王某依照许可证的要求建成房屋并投入使用。同年12月,李某也向城建局

提出扩建房屋的申请,城建局予以批准,并且发放了建房许可证,注明每层高度3.6米。在李某建房过程中,王某发现李某建房的高度超过自己房屋的高度,挡光挡风,违反国务院颁布的《城镇个人建造住宅管理办法》(现已失效),不符合城镇规划要求,即上前阻止。但李某声称有城建局的建房许可,无人可以阻止。王某遂向人民法院提起诉讼,认为城建局违法行政,许可李某建房层高3.6米,违反省政府的建房规定:城镇居民建房层高一般不得超过3.2米。在审理中城建局辩称批准李某建房层高3.6米属个别情况,城建局有自由裁量权,拒绝说明理由。

问题: 结合行政法的一般原则,对此案加以评析。

【拓展实训】

实训项目名称:列举日常生活中的行政法律现象和问题。

实训目标:让学生认识、了解行政法,从身边的感受说起,激发学生的学习兴趣,为以后的学习打下良好的基础。

实训具体步骤:

(1) 布置学生结合本章所学内容,列举自己日常生活中的行政法律现象和问题。

(2) 小组讨论。学生分成小组,相互讨论自己小组列举的法律现象和问题是否属于行政法上的现象和问题,并进行提炼总结。

(3) 小组代表汇报。小组代表汇报本组的讨论结果,提出小组中争议的问题,并说明理由。

(4) 教师反馈和总结。对各组列举的现象和问题、争议的问题进行点评和说明。

【练习答案】

一、单选题

1. B　2. C　3. B　4. C　5. D　6. B

二、多项选择题

1. BCD　2. BCD　3. ACD　4. ABCD　5. ABC

三、简答题

1. 行政法的特点有:(1)行政法涉及的领域极为广泛,内容非常丰富。(2)行政法规范具有易变性。(3)行政法律规范数量繁多,表现形式多样。(4)行政法没有统一完整的法典。(5)行政法实体性规范与程序性规范相互交织,往往共存于同一法律文件之中。

2. 行政法的法律渊源有:(1)宪法。(2)法律。(3)行政法规。行政法规是指国务院为领导和管理国家各项行政工作,根据宪法和法律,按照有关程序制定发布的政治、经济、教育、科技、文化、外事等各类法规的总称。(4)地方性法规。地方性法规是指省、自治区、直辖市和设区的市及自治州的人民代表大会及其常务委员会,省和自治区人民政府所在地的市、国务院批准的较大的市以及全国人大和全国人大常委会批准设立的经济特区的人民代表大会及其常务委员会，在不与宪法、法律、行政法规相抵触的前提下依照法定程序所制定和颁布的规范性文件的总称。(5)自治条例和单行条例。自治条例和单行条例是指民族自治地方的人民代表大会依据宪法、民族区域自治法和其他法律规定的权限，结合当地的政治、经济和文化的特点依照法定程序所制定的规范性文件的总称。(6)行政规章。行政规章分为部门规章和地方政府规章。(7)法律解释。有权机关对法律、法规、规章等所作出的有效解释。(8)国际条约。我国批准或参加的国际条约中有关行政内容的，也是我国的行政法渊源。

四、案例分析题

此案中城建局的行为违反了行政法的基本原则。行政法的基本原则，是指贯穿于行政立法、行政执法以及对行政行为进行监督的全部过程之中，体现行政法最主要、最具有普遍性的价值理念，蕴含于所有行政法律规范之中的主要精神和指导思想。行政法的基本原则一般包括行政合法性原则和行政合理性原则。

城建局的行为违反了行政合法性原则。合法性原则，又称依法行政原则，是行政法治的核心内容，是指行政权力的存在、行使必须依据法律，严格符合法律要求，不能与法律相抵触。在我国，行政合法性原则要求：行政主体的设立合法，行政职权的存在合法，行政职权的行使合法，违法行使行政职权应承担相应的法律责任。本案中，《城镇个人建造住宅管理办法》(现已失效)中明确规定，城镇居民建房层高一般不得超过 3.2 米。对于该项法律规定，城建局必须严格全面地予以实施，而不享有自由裁量权。

另外，城建局的行为也违反了行政合理性原则。行政合理性原则，是指行政主体不仅应当按照行政法律规范所规定的条件、种类和幅度范围作出行政行为，而且要求行政主体及其工作人员在行使裁量权时必须保持相当的合理性。行政合理性原则作为一项普遍适用的行政法的基本原则，其具体要求主要有：行政行为的动机应当符合立法目的；行政行为在裁量过程中应当正当考虑；对相对人要平等对待；最后应当符合比例原则。本案中，王某和李某同样向城建局提出扩建房屋的申请，而城建局给王某发放的是每层高 3.2 米的建房许可证，而给李某发放的是每层高 3.6 米的建房许可证，违反了合理性原则中平等对待的要求。

第二章　行政主体

【事例回放】

田某诉北京科技大学案

1994 年 9 月，原告田某考入被告北京科技大学下属的应用科学学院物理化学系，取得本科生学籍。1996 年 2 月 29 日，田某在参加电磁学课程补考过程中，随身携带写有电磁学公式的纸条，中途去厕所时，纸条掉出，被监考教师发现。监考教师虽未发现田某有偷看纸条的行为，但还是按照考场纪律，当即停止了田某的考试。北京科技大学于同年 3 月 5 日按照“068 号通知”第 3 条第 5 项关于“夹带者，包括写在手上等作弊行为者”的规定，认定田某的行为是考试作弊；同时根据该通知第 1 条“凡考试作弊者，一律按退学处理”的规定，决定对田某按退学处理，于 4 月 10 日填发了学籍变动通知。但是，北京科技大学没有直接向田某宣布处分决定和送达变更学籍通知，也未给田某办理退学手续。田某继续在该校以在校大学生的身份参加正常学习及学校组织的各项活动。

1996 年 3 月，原告田某的学生证丢失，未进行 1995 学年至 1996 学年第二学期的注册。同年 9 月，被告北京科技大学为田某补办了学生证。其后，北京科技大学每学年均收取田某交纳的教育费，并为田某进行注册、发放大学生补助津贴，还安排田某参加了大学生毕业实习设计，并由论文指导教师领取了学校发放的毕业设计结业费。田某还以该校大学生的名义参加考试，先后取得了大学英语四级、计算机应用水平测试 BASIC 语言成绩合格证书。田某在该校学习的 4 年中，成绩全部合格，通过了毕业实习、设计及论文答辩，获得优秀毕业论文及毕业总成绩全班第九名。

1998 年 6 月，被告北京科技大学的有关部门以原告田某不具有学籍为由，拒绝为其颁发毕业证，进而也未向教育行政部门呈报毕业派遣资格表。原告田某认为自己符合大学毕业生的法定条件，被告北京科技大学拒绝给其颁发毕业证、学位证是违法的，遂向北京市海淀区人民法院提起行政诉讼。①

【问题】

本案中北京科技大学是行政主体吗？

---

① 《田某诉北京科技大学拒绝颁发毕业证、学位证行政诉讼案》，http://www.chinacourt.org/article/detail/2002/11/id/18054.shtml。

【评析】

本案中的北京科技大学是行政主体。

在我国目前情况下,某些事业单位、社会团体,虽然不具有行政机关的资格,但是法律赋予它行使一定的行政管理职权。这些单位、团体与管理相对人之间不存在平等的民事关系,而是特殊的行政管理关系。他们之间因管理行为而发生的争议,不是民事诉讼,而是行政诉讼。

本案中,被告北京科技大学是从事高等教育事业的法人。我国《教育法》第21条规定:"国家实行学业证书制度。经国家批准设立或者认可的学校及其他教育机构按照国家规定,颁发学历证书或者其他学业证书。"第22条规定:"国家实行学位制度。学位授予单位依法对达到一定学术水平或者专业技术水平的人员授予相应的学位,颁发学位证书。"我国《学位条例》第8条规定:"学士学位,由国务院授权的高等学校授予。"可见,学籍管理也是学校依法对受教育者实施的一项特殊的行政管理。本案被告北京科技大学正是依照法律的规定,代表国家行使对受教育者颁发学业证书、学位证书的行政权力,当然是行政主体。

【重点知识】

第一节　行政主体概述

一、行政主体的概念

行政主体是指享有国家行政权力,能够以自己的名义从事行政管理活动,并独立承担由此引起的法律后果的组织。行政主体有以下特征:

(一)享有国家行政权力、从事行政管理活动

行政主体是一个组织,不是个人,尽管行政权力往往最终由个人来实际行使。行政主体是享有宪法和法律赋予的行政权力的组织,这一点将行政主体与其他国家机关、组织区别开来。比如说,国家权力机关(立法权)、人民法院(审判权)和人民检察院(检察权)、一般的企业事业单位和社会团体、其他组织(私人行政权)等,在没有宪法和法律赋予行政权力的情况下,就不是行政主体。

(二)以自己的名义行使行政权力、从事行政管理活动

行政主体能够在依法行使职权的同时,对外直接以主体自己的名义行使行政权力、从事行政管理活动。有些组织虽然能够行使行政权力,但对外不能以自己的名义进行。比如说,治安科只能以公安局的名义对外进行行政拘留,办公厅(室)只能以所属政府或政府职能部门的名义发布规范性文件,受委托的组织在依法行使行政权力时对外不能以自己的名义作出行政决定等。

（三）独立对外承担其行为所产生的法律后果

能否独立承担法律责任，是判断是否为行政主体的重要标准之一。如果某一组织虽然能够行使行政权力，实施行政管理活动，但并不承担因此产生的法律责任，则不是行政主体。成为行政主体，必须能够独立参加行政复议、行政诉讼，成为行政复议、行政诉讼当事人，并且能够承担相应的法律后果。

案例 2-1

张某是某市车站路摆摊卖小吃的个体户。2000 年 8 月 20 日，张某与一顾客谢某发生争执，继而相互推搡，致使谢某跌伤了右腿。第二天，某市某区公安分局治安科依据《治安管理处罚条例》第 22 条的规定，以殴打他人为由，裁决张某治安罚款 100 元，并赔偿医药费 45 元。该治安科未制作、送达治安处罚裁决书，罚款由治安科出具了一个收据。张某不服，向某区人民法院提起诉讼，状告某区公安分局治安科违法实施行政处罚。①

【问题】

该案中的治安科是行政主体吗？

【评析】

该案中的治安科不是行政主体。

行政主体是指享有国家行政权力，能够以自己的名义从事行政管理活动，并独立承担由此引起的法律后果的组织。本案中所涉及的某区公安分局为行政机关，是行政法上的行政主体。而本案中的治安科是公安分局的一个内部组织机构，是具体执行公务、实现区公安分局职能的机构，既不能以自己的名义对外作出该处罚行为，也不能独立承担由该处罚行为所产生的法律后果，例如，成为行政复议的被申请人和行政诉讼的被告。因此，治安科不是行政主体，该处罚行为只能以区公安局的名义作出，由此产生的法律后果也只能由区公安局来承担。

二、行政主体与其他相关概念

行政主体是行政法的基本概念。为了更好的理解行政主体的概念，有必要将其与其他相关概念进行比较。

（一）行政主体与行政机关

行政机关，又称国家行政管理机关，是指由国家依法设立，具有国家行政职权，管理国家行政事务的国家机关和机构。我国现行的一些法律规定中使用“行政机关”

---

① 莫于川主编：《案例行政法学》，36 页，北京，中央广播电视大学出版社，2009。

的概念来取代了实际上的“行政主体”概念。但其实这二者并不是一回事。行政主体和行政机关的关系如下(参见图2-1):

1. 行政机关是最主要的行政主体

行政主体的组成中,行政机关十分重要。但是,行政主体除了有行政机关,还有其他的组织,比如说,法律、法规授权的组织。这些组织虽然不是行政机关,但如果得到了法律、法规的授权,也拥有一定的行政权力,进行相应的行政管理活动,享有与行政机关同样的法律地位,也是行政主体。

2. 并非所有的行政机关在任何情况下都是行政主体

比如说,在民事法律关系中,行政机关只是普通的民事主体;即使在行政法律关系中,行政机关也有可能成为行政管理的对象,即行政相对人。另外,有些政府临时设置的机关只负责管理内部事务,不能对外以自己名义行使职权,也不能独立承担相应的法律责任,当然也就不是行政主体了。

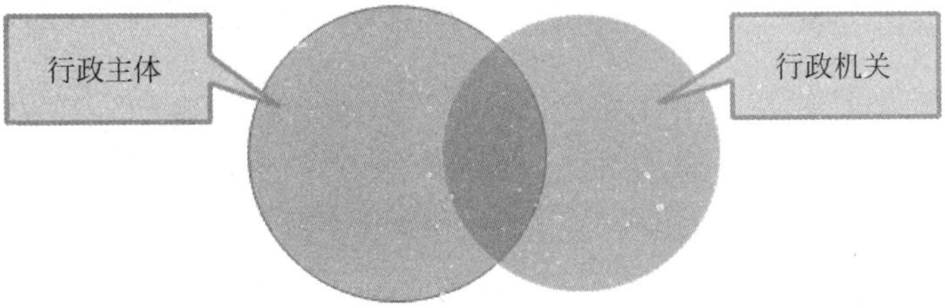

图2-1　行政主体与行政机关的关系

案例2-2

某市工商行政管理局因办公用房紧张向政府主管部门申请扩建办公大楼。市工商行政管理局领取了城市建设规划许可证,后因资金缺乏便引进某房地产开发公司共同建造。双方商定:工商行政管理局出地,房地产开发商出钱,建房后,产权证登记在工商行政管理局名下,但一半建筑归房地产开发商使用50年,期满后归还该建筑。双方履行了合同。但是,在合同履行过程中,被该市土地管理局查处,土地局认定工商行政管理局和房地产商是非法买卖土地,并依据《土地法》第73条的规定,分别对工商行政管理局和房地产商作出了行政处罚。工商行政管理局不服,认为工商行政管理局是一个国家行政机关,该市土地管理局不应对行政机关作出行政处罚。

【问题】

该市工商行政管理局是行政机关吗?在本案中是行政主体吗?

【评析】

该市工商行政管理局是行政机关,但在本案中不是行政主体。

本案中,就市土地管理局与工商行政管理局之间的关系而言,市土地管理局对工商行政管理局和房地产开发公司进行了行政处罚,行使了行政管理职权,是本案中的行政主体。而市工商行政管理局虽然也是由国家依法设立、具有国家行政职权、是管理国家行政事务的国家机关和机构,但在本案中并未行使行政管理职权,而是行政管理的对象,处于被管理的行政相对人的法律地位,因此并不是行政主体。

另外,本案中就市工商行政管理局与某房地产开发公司之间的关系而言,双方是民事上的合同关系,工商行政管理局只是普通的民事主体,同样不是行政主体。

(二)行政主体与公务员

公务员,是指依法履行公职、纳入国家行政编制、由国家财政负担工资福利的工作人员。行政主体是组织,公务员是个人。行政主体是组织,无法自行实施行政管理活动,必须由其内部的工作人员即公务员来完成。公务员代表其所在的行政机关,以其所在的行政机关的名义作出行政行为,并由行政机关来承担行为的相应后果。

当然,并非公务员的所有行为都能以其所在的行政机关的名义作出,并由行政机关来承担行为的相应后果。比如说,在民事法律关系中,公务员只是普通的民事主体,其行为与其所在的行政机关并没有直接关系。另外,当公务员的行为并非是公务行为时,其所在的行政机关也并不承担该行为的法律后果。

案例 2-3

某县公安局民警李某在一次宴请老战友的酒席上与酒店老板王某发生争执。李某一气之下,将酒店内的一台高级进口彩电砸坏,并扬言要吊销王某的营业执照。事后,酒店老板王某多次向李某要求赔偿,均遭到拒绝。无奈之下,王某找到县公安局,称李某为县公安局工作人员,他造成的损害应由公安局予以赔偿。被公安局拒绝后,王某以县公安局为被告,向县人民法院提起行政诉讼,请求人民法院判令县公安局赔偿自己的损失。

【问题】

县公安局民警李某的行为是个人行为还是公务行为?

【评析】

县公安局民警李某的行为是个人行为。

公务员通常同时具有双重身份:普通的自然人和以行政主体的名义行使行政职权的自然人。当公务员以普通自然人的身份作出的行为通常是个人行为,而以行使行政职权的身份作出的行为通常是公务行为。当然,只有公务行为才会引起行政法律关系的产生、变更和消灭。那么,如何认定公务行为呢?

区分公务员所为的行为究竟是个人行为还是公务行为有时间、地点、目的、名义、职权等多种标准。通常而言,公务员在上班时间所为的行为应是职务行为;在职权管辖范围内、在办公地点所为的行为是公务行为；以执行公务为目的的行为是公务行为；以行政主体的名义作出的行为是公务行为；行使行政职权、履行行政职责的行为是公务行为等。时间、地点、目的、名义等标准是判断公务行为的重要参考标准，但各个标准往往难以单独构成公务行为的判断标准，比如说，公务员上班从事私人行为，依然是私人行为；以行政主体的名义为私人的行为等。公务行为的判断需要综合多种要素，其中最主要的标准还是看公务员的行为是否在执行职务，只要一个行为发生于执行职务的过程中，包含着行政职权的运用，该行为一般属于公务行为，否则属于个人行为。

因此，本案中李某的行为属于典型的个人行为。李某在和战友吃饭的过程中与酒店老板发生了争执，盛怒之下砸坏彩电，完全是个人行为，根本不是在执行职务，与其所在的县公安局毫无关系。

（三）行政主体与行政相对人

在行政法律关系中，行政主体和行政相对人是主体。行政相对人，是指在行政法律关系中与行政主体相对应的另一方当事人，是权益受行政主体的行政行为影响的公民、法人和其他组织。行政主体和行政相对人共同构成了行政法律关系的主体。

另外，在行政法律关系中，行政主体与行政相对人在法律地位、权力（利）和义务上有着较大的区别。行政主体是行政职权的享有者和行使者，在行政法律关系中占有主导、支配地位。而行政相对人则是被管理者、处于被支配的地位。当然，行政相对人也享有一定的权利，履行一定的义务。行政相对人享有请求权，有参与行政的权利，有广泛的知情权，有行政程序上的权利，还有获得救济的权利，等等。行政相对人更有遵守行政法律规定、服从行政命令、协助行政公务和提供真实信息等义务。

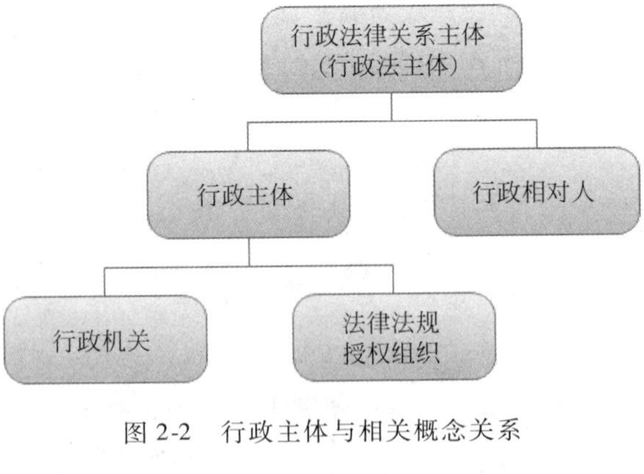

图 2-2　行政主体与相关概念关系

案例 2-4

2012 年 9 月 15 日，西安举行了保钓的反日游行示威活动，其间发生了打砸抢。

2012年10月11日上午“9·15”西安游行中被砸成重伤的日系车主李建利委托律师,向西安莲湖区人民法院提交行政起诉书,状告西安市公安局“不作为”,并索赔50万。起诉书中,原告李建利认为,作为游行示威的主管机关,西安市公安局有职责在游行示威前作出详细的预案并配备足够的警力,保证公民集会游行示威的有序进行。“但是,在2012年9月15日游行的第一天,在西安市发生了数量众多的违法侵害公民人身权和财产权的违法行为。从始至终,我们看不到人民警察迅速有效反应。”①

【问题】

如果人民法院受理了该案件,案件中的行政主体和行政相对人会是谁?行政相对人享有、行使了哪些权利和义务?

【评析】

行政主体为西安市公安局,行政相对人为李建利。作为行政相对人,李建利享有请求权,有参与行政的权利,有广泛的知情权,有行政程序上的权利,还有获得救济的权利,等等。在本案中,他行使的是获得救济的权利,即对行政主体作出的行政行为不服,提起行政诉讼的权利。这里的行政行为,指的是西安市公安局不作为的行为。

第二节　行政机关

一、行政机关的概念与特征

行政机关是最重要的行政主体。行政机关,指的是依照宪法和有关组织法的规定而设立的依法行使国家行政职权、对国家各项行政事务进行组织和管理的国家机关。行政机关由权力机关产生,是权力机关的执行机关。在我国,行政机关根据国家权力机关的决定和授权,依照宪法、组织法和有关法律的规定而设立,并且依法对国家行政事务行使组织、管理、指挥和监督等行政权力,对权力机关负责并报告工作。行政机关具有以下特征:

(一)行政机关是国家机关,属于国家机关系统

现代法治社会中,国家权力一般都分为立法权、行政权和司法权,相应的,国家机关也分为立法机关、行政机关与司法机关。行政机关由国家设立,代表国家行使行政职权,管理国家行政事务。

(二)行政机关是行使行政权力的国家机关

行政机关实施的是国家行政职能,是国家的内政外交事务的职能、执行法律的职

① 《重伤日系车主告西安公安局》,http://politics.people.com.cn/n/2012/1012/c70731-19235742.html。

能、管理公共事务的职能等。在我国,行政机关是国家权力机关的执行机关,其基本职能就是执行国家权力机关制定的法律法规以及作出的决议、决定等。

(三)行政机关是依法设立的国家机关

就行政机关的设置而言,是依据宪法、组织法和有关法律的规定而设立的。就行政机关行使的行政职权而言,是来源于法律的授权。未经授权,行政机关不得行使行政权力。正是因为行政机关是依法设立,其设立的目的是为了行使行政职权,进行行政管理,维护国家和社会秩序,所以,行政机关从其成立之日起就具有行政主体资格。

二、行政机关的范围

(一)国务院

中华人民共和国国务院,即中央人民政府,是最高国家权力机关的执行机关,是最高国家行政机关,由总理、副总理、国务委员、各部部长、各委员会主任、审计长、秘书长组成。国务院实行总理负责制。国务院秘书长在总理领导下,负责处理国务院的日常工作。国务院设立办公厅,由秘书长领导。

国务院的职权主要包括:根据宪法和法律,规定行政措施,制定行政法规,发布决定和命令;向全国人民代表大会或者全国人民代表大会常务委员会提出议案;规定各部和各委员会的任务和职责,统一领导各部和各委员会的工作,并且领导不属于各部和各委员会的全国性的行政工作;统一领导全国地方各级国家行政机关的工作,规定中央和省、自治区、直辖市的国家行政机关的职权的具体划分;编制和执行国民经济和社会发展计划和国家预算;领导和管理经济工作和城乡建设;领导和管理教育、科学、文化、卫生、体育和计划生育工作;领导和管理民政、公安、司法行政和监察等工作;管理对外事务,同外国缔结条约和协定;领导和管理国防建设事业;领导和管理民族事务,保障少数民族的平等权利和民族自治地方的自治权利;保护华侨的正当的权利和利益,保护归侨和侨眷的合法的权利和利益;改变或者撤销各部、各委员会发布的不适当的命令、指示和规章;改变或者撤销地方各级国家行政机关的不适当的决定和命令;批准省、自治区、直辖市的区域划分,批准自治州、县、自治县、市的建置和区域划分;依照法律规定决定省、自治区、直辖市的范围内部分地区进入紧急状态;审定行政机构的编制,依照法律规定任免、培训、考核和奖惩行政人员;全国人民代表大会和全国人民代表大会常务委员会授予的其他职权。国务院掌管全国行政事务,是权力最大的行政主体。

(二)国务院的行政机构

国务院行政机构根据职能分为国务院办公厅、国务院组成部门、国务院直属特设机构、国务院直属机构、国务院办事机构、国务院直属事业单位、国务院部委管理的国家局和国务院议事协调机构。其中,国务院办公厅协助国务院领导处理国务院日常工作。国务院办事机构协助国务院总理办理专门事项，不具有独立的行政管理职能。国务院议事协调机构承担跨国务院行政机构的重要业务工作的组织协调任务。在特殊或者紧急的情况下，经国务院同意，国务院议事机构可以规定临时性的行政管理措施。一般而言，能够成为行政主体的行政机关通常包括：

1. 国务院组成部门

国务院组成部门依法分别履行国务院基本的行政管理职能。国务院组成部门包括：外交部、国防部、国家发展改革委员会、教育部、科学技术部、工业和信息化部、国家民族事务委员会、公安部、安全部、监察部、民政部、司法部、财政部、人力资源和社会保障部、国土资源部、环境保护部、住房和城乡建设部、交通运输部、水利部、农业部、商务部、文化部、国家卫生和计划生育委员会、人民银行、审计署一共 25 个部委。①

2. 国务院直属特设机构

国务院直属特设机构，即国有资产监督管理委员会。

3. 国务院直属机构

国务院直属机构主管国务院的某项专门业务，具有独立的行政管理职能。目前，国务院设立的直属机构主要有：海关总署、税务总局、工商总局、质检总局、新闻出版广电总局、体育总局、安全监管总局、食品药品监管总局、统计局、林业局、知识产权局、旅游局、宗教事务局、参事室、国管局、预防腐败局一共 16 个直属机构。

4. 国务院部委管理的国家局

国务院组成部门管理的国家行政机构，由国务院组成部门管理，主管特定业务，行使行政管理职能。目前，国务院设立的部委管理的国家局有：信访局、粮食局、能源局、国防科技工业局、烟草局、外专局、公务员局、海洋局、测绘局、铁路局、民航局、邮政局、文物局、中医药局、外汇局、煤矿安监局一共 16 个局。

（三）地方各级人民政府

地方各级人民政府是地方各级国家权力机关的执行机关，是地方各级国家行政机关。全国地方各级人民政府都是国务院统一领导下的国家行政机关，都服从国务院。地方各级人民政府既要对本级人民代表大会及其常务委员会负责并报告工作，同时也要对上一级人民政府负责，都要服从国务院的统一领导。

我国地方各级人民政府分为省（自治区、直辖市）、市（自治州、直辖市的区）、县、乡（镇）四级，实行省长、市长、县长、区长、乡长、镇长负责制。县级以上地方各级人民政府依照法律规定的权限，管理本行政区域内的经济、教育、科学、文化、卫生、体育事业、城乡建设事业和财政、民政、公安、民族事务、司法行政、监察、计划生育等行政

---

① 这是 2013 年国务院机构改革后的构成情况。

工作,发布决定和命令,任免、培训、考核和奖惩行政工作人员。乡、民族乡、镇的人民政府执行本级人民代表大会的决议和上级国家行政机关的决定和命令,管理本行政区域内的行政工作。

（四）地方各级人民政府的派出机关

地方各级人民政府,经上一级人民政府的批准,可以设立若干派出机关。目前在我国一共有三类派出机关:一是行政公署。省、自治区的人民政府在必要的时候,经国务院批准,可以设立若干行政公署,作为它的派出机关。二是区公所。县、自治县的人民政府在必要的时候,经省、自治区、直辖市的人民政府批准,可以设立若干区公所,作为它的派出机关。三是街道办事处。市辖区、不设区的市的人民政府,经上一级人民政府批准,可以设立若干街道办事处,作为它的派出机关。地方各级人民政府的派出机关不是一级人民政府,但在实践中行使着一定区域内所有行政事务的组织和管理职权,履行着一级政府的职能。

（五）地方各级人民政府的职能部门

根据宪法和组织法的规定,地方各级人民政府根据工作需要和精干的原则,设立必要的工作部门,承担行政管理的职能。地方各级人民政府的职能部门既受本级人民政府的统一领导,也受上级人民政府主管部门的领导或业务指导。省、自治区、直辖市的人民政府的厅、局、委员会等工作部门的设立、增加、减少或者合并,由本级人民政府报请国务院批准,并报本级人民代表大会常务委员会备案。自治州、县、自治县、市、市辖区的人民政府的局、科等工作部门的设立、增加、减少或者合并,由本级人民政府报请上一级人民政府批准,并报本级人民代表大会常务委员会备案。

第三节 被授权组织

一、被授权组织的概念与特征

被授权组织,或者说是法律、法规授权的组织,是指根据法律、法规和规章的规定,可以以自己的名义从事行政管理活动、参加行政复议和行政诉讼并承担相应法律责任的非国家行政机关。被授权组织,或者说是法律、法规授权的组织,是一类重要的行政主体。其特征有:

（一）被授权组织是非国家行政机关

换句话说,被授权组织不是国家行政机关。与国家行政机关不同,并不是从成立时起就享有行政职权,就具有行政主体的资格。而且被授权组织行使的职权一般比较单一,比较狭窄,往往是某一项行政职权,不如行政机关全面。

（二）被授权组织经过了法律、法规和规章的授权

被授权组织是在法律、法规和规章有特别授权的情况下，才享有行政职权，成为行政主体。这里的法律、法规和规章的授权，是宪法和组织法等以外的法律授权。行政机关的设立依据才是宪法和有关组织法。

（三）以自己的名义行使职权并承担相应的法律后果

在这一点上，被授权组织和行政机关一样，对外都能以自己的名义进行行政管理，作出行政行为，依法参加行政复议、行政诉讼并承担相应的法律责任。

二、被授权组织的范围

被授权组织范围比较广泛，而且处在变化之中。一般而言，我国的被授权组织大概包括以下几类：

（一）行政机关的内设机构

行政机关为了履行职责，通常设立不同的内部行政机构具体负责不同的行政职能，来共同行使职权。一般而言，这些内设机构只能以所在行政机关的名义对外行使职权，产生的相应法律后果也由所在的行政机关承担，不具有独立的法律地位，不是行政主体。但是，在法律、法规和规章有明确授权的情况下，行政机关的内设机构也可以独立行使一定的行政职权，对外以自己的名义作出行为并承担相应的法律后果。比如说，公安局内设的消防大队等机构在《消防法》第 4 条的授权下，[①]就可以成为被授权组织，是行政主体。商标评审委员会、专利复审委员会等根据《商标法》和《专利法》的规定成为被授权组织。

（二）地方政府职能部门的派出机构

地方各级政府的职能部门会根据工作需要，在其所辖区域的一定范围内，设立代表其管理某项行政工作的工作机构。比如说，派出所，工商所，税务所等。这些派出机构是职能部门的内部机构，只是从地域的管辖上有所分离。一般而言，这些派出机构只能以职能部门的名义对外行使职权，产生的相应法律后果也由职能部门承担，不具有独立的法律地位，不是行政主体。但是，在法律、法规和规章有明确授权的情况下，地方政府职能部门的派出机构也可以独立行使一定的行政职权，对外以自己的名义作出行为并承担相应的法律后果。比如说，派出所在一般情况下对外只能以公安局的名义进行行政管理，作出行政行为，其产生的法律后果也由公安局承担。但是，

① 《消防法》第 4 条第 1 款：国务院公安部门对全国的消防工作实施监督管理。县级以上地方人民政府公安机关对本行政区域内的消防工作实施监督管理，并由本级人民政府公安机关消防机构负责实施。军事设施的消防工作，由其主管单位监督管理，公安机关消防机构协助；矿井地下部分、核电厂、海上石油天然气设施的消防工作，由其主管单位监督管理。

根据《治安管理处罚法》第91条规定,[①]对于警告、500元以下的罚款,派出所对外可以自己的名义作出决定,参加由该行为引发的行政复议、行政诉讼,并承担相应的法律责任。

(三)基层群众自治组织

基层群众性自治组织,是指在城市和农村按居民居住地区设立的群众自我教育、自我管理、自我服务的组织,包括居民委员会或者村民委员会。居民委员会、村民委员会根据需要,设立人民调解、治安保卫、公共卫生等委员会,主要任务是办理本居住地区的公共事务和公益事业,调解民间纠纷,协助维护社会治安,并且向人民政府反映群众的意见、要求和提出建议。基层群众自治组织不是一级地方政权组织,在基层人民政府的指导下工作,一般情况下不是行政主体。但是在法律、法规和规章有明确授权的情况下,基层群众自治组织也可以独立行使一定的行政职权,对外以自己的名义作出行为并承担相应的法律后果。比如说,《村民委员会组织法》第2条第2款规定:村民委员会办理本村的公共事务和公益事业,调解民间纠纷,协助维护社会治安,向人民政府反映村民的意见、要求和提出建议。

(四)事业单位

事业单位,是指国家为了社会公益目的,由国家机关举办或者其他组织利用国有资产举办的,从事教育、科技、文化、卫生等活动的社会服务组织。[②] 按照社会功能,现有事业单位可划分为承担行政职能的事业单位、从事生产经营活动的事业单位和从事公益服务的事业单位三个类别。承担行政职能的事业单位,是指承担行政决策、行政执行、行政监督等职能的事业单位。比如说,证券监督管理委员会,保险监督管理委员会,银行业监督管理委员会等。从事生产经营活动的事业单位,是指所提供的产品或服务可以由市场配置资源、不承担公益服务职责的事业单位。从事公益服务的事业单位,是指面向社会提供公益服务和为机关行使职能提供支持保障的事业单位。比如说,公立大学,科研机构,国家图书馆,国家大剧院等。[③] 这些事业单位在法律、法规和规章有明确授权的情况下,可以独立行使一定的行政职权,对外以自己的名义作出行为并承担相应的法律后果,是一类行政主体。

(五)社会团体

社会团体,是指中国公民自愿组成,为实现会员共同意愿,按照其章程开展活动的非营利性社会组织。[④] 社会团体虽然不是行政机关,不具有行政职能,但是,我国

---

① 《治安管理处罚法》第91条:治安管理处罚由县级以上人民政府公安机关决定;其中警告、五百元以下的罚款可以由公安派出所决定。

② 《事业单位登记管理暂行条例》第2条第1款。

③ 参见《国务院办公厅关于印发分类推进事业单位改革配套文件的通知》(国办发〔2011〕37号)。

④ 《社会团体登记管理条例》第2条。

往往通过法律、法规和规章的明确授权，赋予社会团体某些行政职权，并以自己的名义行使行政管理职能。常见的被授权的社会团体组织有：中华全国总工会、中国共产主义青年团、中华全国妇女联合会、中国文联、中国科协、中国法学会等。

（六）企业单位

企业单位是以营利为目的的从事生产经营活动的经济组织。一般而言，享有专营权的国有企业、行政性公司①等往往成为法律、法规和规章授权的对象。比如说，全国烟草总公司，中国船舶总公司、中国石化总公司、煤气公司、自来水公司、热力公司、电力公司等。

案例 2-5

湖南省卫生厅、省邮电局〔1997〕15 号《关于规范全省“120”医疗急救专用电话管理的通知》（以下简称 15 号文件）规定，医疗机构申请开办急救中心、开通“120”急救电话的程序是：经当地卫生行政部门指定并提交书面报告，由地、市卫生行政部门审核批准后，到当地邮电部门办理“120”急救电话开通手续。

1997 年 8 月 15 日，湖南省卫生厅确认怀化市溆浦县中医院是一所功能较全、急诊科已达标的二级甲等综合医院，具备设置急救中心的条件。同年 12 月 8 日，溆浦县卫生局指定县中医院开办急救中心，开通“120”急救电话。同日，县中医院向县邮电局提交了《关于开通“120”急救专用电话的报告》，并经县长和主管副县长批示同意。同年 12 月 13 日，县邮电局为县中医院安装了 120 急救电话，但是该电话一直未开通。

1998 年 7 月 20 日，县邮电局为没有经过卫生行政主管部门指定和审批的溆浦县人民医院开通了“120”急救电话。

7 月 24 日，县中医院向怀化市卫生局提出《关于请求设置“120”医疗急救专用电话的报告》。7 月 25 日，该报告得到市卫生局批准。7 月 27 日，县中医院再次书面请求县邮电局开通“120”急救电话，县邮电局仍拒不开通。

因此，怀化市溆浦县中医院认为，县邮电局拒不开通“120”急救电话的行为，是不履行职责的行为，向人民法院提起了行政诉讼。② 而县邮电局则认为自己是公用企业，不是行政主体，也跟行政诉讼没有关系。

【问题】

怀化市溆浦县邮电局是否是行政主体？为什么？

【评析】

怀化市溆浦县邮电局虽然是公用企业，但是在本案中，应为行政主体，具体而言

---

① 行政性公司，指既从事经营活动，又承担某一方面行政管理职能的公司。

② 本案例参见 http://xingzhengfa.calaw.cn/article/default.asp?id=302。

是被授权组织。理由如下：

开办“120”急救中心，是医疗机构救死扶伤的一项公益事业。“120”急救电话，也不是只要交纳安装费就能装的普通电话。政府对“120”急救事业实施行政管理。本案中，湖南省卫生厅、省邮电局联合下发的15号文件就是政府对此项事业进行统一规范和管理最好的体现。

该文件规定，开通“120”急救电话的程序是：经当地卫生行政部门指定并提交书面报告，由地、市卫生行政部门审核批准后，到当地邮电部门办理“120”急救电话开通手续。可见，确定哪一家医疗机构有开办“120”急救中心的资格，由卫生行政主管部门负责；而审查是否开通“120”急救电话，由邮电局负责。该15号文件下发给地、市和县级的卫生行政主管部门以及邮电局，正说明政府要通过这些职能部门对“120”急救电话的开通实施行政管理。邮电局执行这个文件时与被审查的医疗机构之间发生的关系，不是平等的民事关系，而是特殊的行政管理关系。

第四节　被委托组织

一、被委托组织的概念与特征

被委托组织，也称受委托组织，是指以委托机关的名义在委托事项范围内从事行政管理活动的民间组织。被委托组织，是行政主体出于管理的需要，委托其代为行使行政职权，该行为以该行政主体的名义作出，其产生的法律后果由该行政主体承担。被委托组织，不能以自己的名义进行行政管理，作出行政行为，并承担相应的法律后果，不是一类行政主体。被委托组织有以下特征：

（一）不能以自己的名义行使职权并承担相应的法律后果

被委托组织不能以自己的名义实施行政管理和对外承担法律后果。委托组织是行政主体，对外以委托方（行政主体）的名义进行管理，由委托方（行政主体）承担法律责任。

（二）行政主体应当依法委托

行政主体，即委托方在进行委托时，应当依照法律、法规和规章的规定进行，并且得到被委托组织的同意。委托的行政主体还应该对被委托组织实施委托事项的行为进行监督。被委托组织在接受委托之后，不能进行再委托，转委托，只能自己在委托的范围内实施行政管理。

（三）被委托组织应当具备法定条件

被委托组织通常应当符合、具备法律规定的相应条件。比如说，《行政处罚法》

第19条规定:“受委托组织必须符合以下条件:(一)依法成立的管理公共事务的事业组织;(二)具有熟悉有关法律、法规、规章和业务的工作人员;(三)对违法行为需要进行技术检查或者技术鉴定的,应当有条件组织进行相应的技术检查或者技术鉴定。”

二、被委托组织的范围

在我国行政实践中,委托行使行政职权的现象大量存在,被委托组织的范围相当广泛。既包括行政机关,也包括被授权组织,还包括某些私人组织。比如说,治安联防队、税收代扣代缴人等。

案例2-6

1999年4月28日中午,上海某律师包某持金额为485元的电话费单据来到上海邮电局南东站路邮电支局老西门邮电所支付电话费。当邮电所工作人员童某点验包某递交的5张百元人民币时,称其中一张为假币,并出具编号为001401号中国人民银行上海市分行假票变造币没收证予以没收。该没收证载明,复核童某,经办人栏空白。包某认为,邮电所工作人员童某告知其有一张假币后,拒绝其复看的请求,直接走入内室,在脱离其视线的情况下,向其开出假票变造币没收证,故不能证明没收的假币就是其所缴的人民币,因此包某于同年5月11日向所辖区人民法院提起行政诉讼。[①]

【问题】

中国人民银行上海市分行是行政主体吗?上海邮电局南东站路邮电支局老西门邮电所是行政主体吗?

【评析】

中国人民银行上海市分行是行政主体,是被授权组织。《人民银行法》第13条规定:“中国人民银行根据履行职责的需要设立分支机构,作为中国人民银行的派出机构。中国人民银行对分支机构实行统一领导和管理。中国人民银行的分支机构根据中国人民银行的授权,维护本辖区的金融稳定,承办有关业务。”根据《人民币管理条例》第34条规定,中国人民银行上海分行在办理人民币存取款业务中,发现数量较少的伪造、变造的人民币时,具有对其予以收缴的国家行政职权。可见,上海市分行作为中国人民银行的分支机构,根据《人民银行法》《人民币管理条例》的授权,是依据法律授权享有一定范围内的行政管理权限的被授权组织,具备独立的行政主体资格。

上海邮电局南东站路邮电支局老西门邮电所不是行政主体,是被委托组织。从该案中可以看出,上海邮电局南东站路邮电支局老西门邮电所给包某开具的是中国人

---

① 本案例参见 http://xingzhengfa.calaw.cn/article/default.asp?id=302。

民银行上海市分行假票变造币没收证，即上海邮电局南东站路邮电支局老西门邮电所不是以自己的名义，而是以中国人民银行上海分行的名义进行的，因此邮电所的行为应看作是上海分行的委托，其行为的法律后果也应由中国人民银行上海分行承担。

三、行政机关、被授权组织和被委托组织之间的区别

(一) 行政机关与被授权组织的区别

尽管行政机关与被授权组织都是行政主体，都能以自己的名义对外作出行政行为，并独立承担相应的法律后果和法律责任。但是，行政机关与被授权组织也存在着以下区别：

1. 产生的依据不同

行政机关的行政主体资格由宪法和组织法的规定而产生。而被授权组织的行政主体资格由法律、法规、规章的授权而产生。

2. 行使权力的性质不同

一般而言，行政机关的职权伴随着行政机关的产生而产生，成立行政机关的目的就是为了行使行政职权，所以行政机关的行政职权是"与生俱来"的，是先天的。而被授权组织职权的权限、范围往往是由法律、法规、规章在其成立之后规定的，是后天的。

3. 职权的范围不同

一般而言，行政机关的职权范围较为全面，而被授权组织则行使的职权一般比较单一，比较狭窄，往往是某一项行政职权。

(二) 被授权组织与被委托组织的区别

1. 性质不同

被授权组织享有法律、法律、规章所授予的特定的行政职权，是行政主体，能以自己的名义来作出行政行为。而被委托的组织不具有法律、法规所授予的职权，不是行政主体，只能以委托的行政主体的名义来作出行政行为。

2. 产生的依据不同

被授权组织的行政主体资格由法律、法规、规章的授权而产生，其行使行政职权的权限、范围由法律、法规、规章来规定。而被委托组织行使行政职权的权限、范围，只能依据行政主体的行政委托而产生。

3. 行为的后果不同

被授权组织对其行使行政管理职权作出的行政行为的法律后果独立承担法律责任。而被委托组织的行为后果由行使行政委托的行政主体承担，被委托组织自己并不独立承担法律责任。比如说，在行政复议和行政诉讼中，被授权组织可以自己的名义参加复议和诉讼，而被委托组织则不能。行政机关、被授权组织和被委托组织三者

之间的区别见下表：

表 2-1　行政机关、被授权组织和被委托组织三者之间的区别

组织类型	产生依据	权力性质	是否行政主体
行政机关	宪法、组织法	先天、长期	是
被授权组织	法律、法规、规章	后天、长期	是
被委托组织	行政主体	后天、临时	否

案例 2-7

2002 年，外商投资的"象湖源公寓"、"威尼斯花园"征用了南昌市青云谱镇所属的下尧村、丝网塘的大部分土地，镇政府为了安置被征用土地的农民拆迁户，决定在本镇施尧村划出 149 亩的耕地来兴建"象湖农民公寓"，并按每人每亩人民币 5 万元给施尧村委会予以补偿。

2002 年 8 月 20 日，施尧村村委会召集土地承包户开了会，并宣读了补偿标准：被征用的耕地按每亩 3500 元给予劳力安置补偿，另给予耕种户每亩 500 元的损失补偿。对这个补偿决定，许多村民强烈反对。

2002 年 8 月 28 日，施尧村特意向每个村民发出通知：8 月 30 日前来领取土地安置费的村民，另给 200 元奖金，逾期则不予发放。

2002 年 9 月 16 日那天，村委会租来三台推土机，不顾村民的拦阻，强行将还有十多天就可收割的稻子连根推掉，5 万多斤粮食毁于一旦。

2003 年 4 月 7 日，南昌市青云谱区施尧村十几户村民，一纸行政诉讼状将本村村委会告上了法庭，"要求施尧村村委会依法召开村民会议，公布村务、财务；依法撤销《施尧村关于建象湖农民公寓土地补偿决定》"。①

【问题】

本案中的施尧村委会是否是行政主体？能否成为被告？

【评析】

本案中的施尧村委会不是行政主体，不能成为被告。理由如下：

第一，村委会是村民自治组织，不是行政机关。《村民委员会组织法》第 2 条第 1 款规定："村民委员会是村民自我管理、自我教育、自我服务的基层群众性自治组织，实行民主选举、民主决策、民主管理、民主监督。"第二，这里的村委会也不是法律、法规授权组织。因为村委会不是法律、法规授权行使"行政职能"的组织，只是自治组织。当然，实践中也有将村委会作为行政主体的呼声。

① 《全国首例村民状告村委会案起诉 10 个月后终开庭》，http://www.chinanews.com/n/2004-01-19/26/393443.html。

【课后练习】

一、单选题

1. 关于行政主体,下列说法正确的是( )。

A. 行政机关都是行政主体

B. 行政职权只有行政机关才能行使

C. 并非所有的行政机关都能成为行政主体

D. 行政机关在从事任何活动时都是行政主体

2. 下列关于行政机关与法律、法规授权的组织的比较错误的是( )。

A. 前者行使的是一般的行政职能,而后者行使的是特定行政职能

B. 前者的职权来自于宪法与行政组织法,而后者的职权来自普通法律的授权

C. 前者能够单独对外承担行政法上的责任,后者不能单独对外承担行政法上的责任

D. 两者都是行政主体,前者是职权行政主体,后者是授权行政主体

3. 某税务机关委托某单位扣缴个人所得税的行为,视为( )。

A. 该单位的行为

B. 该税务机关的行为

C. 该单位与该税务机关的共同行为

D. 既是该单位的行为,又是该税务机关的行为

4. 下列各项中,不具有行政主体资格的是( )。

A. 乡、镇人民政府　　　　B. 县公安局

C. 街道办事处　　　　D. 国务院办公厅

5. 某县公安局为了加强对辖下农村社会治安的管理,决定委托甲乡人民政府裁决各种治安案件,试问乡人民政府应当以谁的名义实施裁决?( )

A. 县人民政府　　　　B. 县公安局

C. 县政府法制办公室　　　　D. 甲乡人民政府

6. 我国法律法规授权的组织的法律地位是( )。

A. 行政机关　　　　B. 行政主体

C. 行政组织　　　　D. 受委托的组织

7. 我国地方人民政府的层级划分为( )。

A. 省、自治区、直辖市;设区的市、自治州;县、自治县、市辖区及不设区的市;乡、民族乡和镇四级

B. 省、自治区、直辖市;设区的市、自治州;县、自治县、市辖区及不设区的市;乡、民族乡和镇;村五级

C. 省、自治区、直辖市;县、自治县、市辖区及不设区的市;乡、民族乡和镇;村

四级

D. 省、自治区、直辖市；设区的市、自治州；县、自治县、市辖区及不设区的市；乡、民族乡；镇五级

8. 我国行政主体只能是(　　)。

A. 国家行政机关、被授权组织和被委托组织

B. 行政机构

C. 国家行政机关

D. 国家行政机关和被授权组织

二、多项选择题

1. 下列是行政主体的是(　　)。

A. 法律、法规授权的组织　　B. 行政机关

C. 公务员　　D. 受行政机关委托的组织

2. 下列的行政组织中，属于地方人民政府的派出机关的是(　　)。

A. 派出所　　B. 行政公署

C. 街道办事处　　D. 区公所

3. 下面所列组织中在行政法上具备行政主体资格的是(　　)。

A. 行政机关委托的治安联防处

B. 县公安局所属的道路交通警察队

C. 某区街道办事处

D. 法律授权颁发注册会计师资格证书的注册会计师协会

4. 行政机关是否是行政主体需要通过一定标准加以判断，下列选项中属于成为行政主体必须具备的资格条件的是(　　)。

A. 是否享有法定的行政职权和职责　　B. 能否以自己的名义独立行使职权

C. 管理的是内部事务还是外部事物　　D. 能否对外承担法律责任

5. 行政法律关系的主体包括(　　)。

A. 行政主体　　B. 行政相对人

C. 行政机关　　D. 被授权组织

6. 某县卫生监督所接受县卫生局的委托，进行食品卫生环境的检查，在检查中发现“好再来”个体餐厅就餐环境卫生及厨房卫生条件过差，县卫生监督所当即对其罚款600元，并限其立即改正，否则即令其停业，但卫生监督所只给了“好再来”餐厅业主一张罚款收据，该个体餐馆不服从处罚，向人民法院提起行政诉讼。以下哪些不是本案中的行政主体(　　)。

A. 卫生局　　B. 卫生监督所

C. 卫生局与卫生监督所　　D. 卫生局防疫科

三、简答题

1. 简述行政主体及其特征。

2. 简述被授权组织及其特征。

3. 简述被委托组织及其特征。

四、案例分析题

张某系某市铁路公安分局民警,一日中午到饭馆吃饭。当正在进餐时,邻桌有两伙人因琐事而争吵起来,继而争吵升级,双方动起手来。张某欲起身上前去管,正在张某起身欲管的当口,两伙人中有一人从口袋里掏出刀子,将对方一人扎伤。张某见状,即从腰间抽出手枪,欲捉拿犯罪分子。此时两伙打架的人中有人见警察走来,便高喊“警察来了”,众人作鸟兽散。张某即拎枪追了上去,由于追拿罪犯心切,张某一不小心,被桌子腿绊了一下,一跤摔在地上,手也随之碰在了地上,只听到两声枪响,子弹打在水泥地上,反弹起来打在一旁观者王某腿上,将其打伤。

问题:本案中张某的行为是个人行为还是公务行为?

五、论述题

论述行政机关、被授权组织和被委托组织之间的区别。

【拓展实训】

实训项目名称:行政法新闻报道的阅读和理解。

实训目标:在学习行政主体基本理论知识的基础之上,了解并学会分析生活中的行政主体现象、行政主体问题。

实训具体步骤:

(1) 通过阅读指定材料,引导学生思考提出的问题。

(2) 布置学生课后自主的搜集、查阅解决问题所需的材料。

(3) 课堂讨论汇报。学生汇报、讨论阅读后的结果,相互之间进行交流。

(4) 教师反馈和总结。对学生讨论汇报中的各种现象和问题进行点评和说明。

阅读问题:2013 年国务院机构改革的主要内容是什么?

指定阅读材料如下:

为了落实中共十八大关于“稳步推进大部门制改革,健全部门职责体系”的要求,全国人大十二届一次会议审议通过了《国务院机构改革和职能转变方案》,开启了 2013 年的国务院机构改革。

大部制也即大部门体制。在政府管理中,大部制是相对于小部制而言的。小部制的特征是部门管辖范围小、机构数量大、专业分工细、职能交叉多。而大部制的特征是“大职能、宽领域、少机构”。所谓大部制改革,就是在政府部门的调整和设置中,扩大一个部所管理的业务范围,将那些职能相近、业务范围趋同的事项相对集中,由一个部门统一管理,最大限度地避免政府职能交叉、政出多门、多头管理,从而提高行政效率，降低行政成本。具体地说，大部制改革具有以下内容和特征：

第一，合并减少机构数额。从推行大部门体制的西方发达国家来看，中央政府组成部门都较为精干，一般在 11 ~ 18 个之间。

第二，调整转变部门职能。大部制改革的关键是调整和转变政府职能。20 世纪 80 年代前，西方国家的大部制改革主要是以理顺职能机构内部关系和功能整合为导向。20 世纪 80 年代之后的大部制改革，更注重重新定位或者转变和优化政府部门职能。

第三，理顺职权职责关系。大部制改革的核心是削减政府权力，或者重组和制约部门权力，理顺和明确职权职责关系。一是中央政府向地方政府下放权力，或者说扩大地方自治权限范围。二是中央政府部门内部实行决策权、执行权和监督权的三权分立制约。三是政府部门的职权职责相对应，做到有权必负责。

第四，对政府部门加强监控。大部门体制下形成的“超级大部”，由于部门职能领域变大，权力与职责相应增多，于是，怎样防止因权力过度集中而产生的腐败问题，成为影响大部制改革顺利实施的一大关键因素。因此，需要加强立法机关和司法机关或者其他政治机关从外部对政府大部门和独立执行机构的监督控制。

第五，建设公共服务型政府。大部制的生命力在于服务，大部制改革的实质是重构政府价值，其目的是建设公共服务型政府，进一步提高政府为经济社会发展服务、为民众服务的能力和水平。

第六，小政府加大社会的治理模式。在西方国家，大部制是成熟的市场经济和公民社会的需要与产物，大部制改革，就是政府职能社会化、市场化的过程，是大政府转向小政府的行政现代化和政府再造过程。小政府与大部制的有机结合，有助于提高政府的行政效率。①

【练习答案】

一、单选题

1. C　2. C　3. B　4. D　5. B　6. B　7. A　8. D

二、多项选择题

1. AB　2. BCD　3. BCD　4. ABD　5. AB　6. BCD

三、简答题

1. 行政主体是指享有国家行政权力，能够以自己的名义从事行政管理活动，并独立承担由此引起的法律后果的组织。行政主体有以下特征：第一，行政主体是享有国家行政权力，从事行政管理活动的组织。第二，行政主体能够依法以自己的名义行

① 刘俊祥：《此轮大部制改革的最大亮点》，http://cpc.people.com.cn/pinglun/n/2013/0322/c78779-20878737-2.html。

使行政权力、从事行政管理活动。第三，行政主体能够独立对外承担其行为所产生的法律后果。

2. 被授权组织，或者说是法律、法规授权的组织，是指根据法律、法规和规章的规定，可以以自己的名义从事行政管理活动、参加行政复议和行政诉讼并承担相应法律责任的非国家行政机关。被授权组织，或者说是法律、法规授权的组织，是一类重要的行政主体。其特征有：第一，被授权组织是非国家行政机关。第二，被授权组织经过了法律、法规和规章的授权。第三，被授权组织对外可以以自己的名义行使职权并承担相应的法律后果。

3. 被委托组织，也称受委托组织，是指以委托机关的名义在委托事项范围内从事行政管理活动的组织。被委托组织有以下特征：第一，被委托组织不能以自己的名义实施行政管理和对外承担法律后果。第二，行政主体，即委托方在进行委托时，应当依法进行，并且得到被委托组织的同意。委托的行政主体还应该对被委托组织实施委托事项的行为进行监督。被委托组织在接受委托之后，不能进行再委托，转委托，只能自己在委托的范围内实施行政管理。第三，被委托组织通常应当符合、具备法律规定的相应条件。

四、案例分析题

本案中张某的行为是公务行为，不是个人行为。理由如下：

首先，区分公务员所为的行为究竟是个人行为还是公务行为有时间、地点、目的、名义、职权等多种标准。公务行为的判断需要综合多种要素，其中最主要的标准还是看公务员的行为是否在执行职务，只要一个行为发生于执行职务的过程中，包含着行政职权的运用，该行为一般属于公务行为，否则属于个人行为。

其次，《人民警察法》第 21 条第 1 款的规定：“人民警察遇到公民人身、财产安全受到侵犯或者处于其他危难情形，应当立即救助；对公民提出解决纠纷的要求，应当给予帮助；对公民的报警案件，应当及时查处。”第 8 条规定：“公安机关的人民警察对严重危害社会治安秩序或者威胁公共安全的人员，可以强行带离现场、依法予以拘留或者采取法律规定的其他措施。”可见，本案中张某的行为是在执行职务，行使了法定的行政职权。

鉴于以上两点，可以得出结论，张某的行为是公务行为，而不是个人行为。

五、论述题

行政机关与被授权组织都是行政主体，都能以自己的名义对外作出行政行为，并独立承担相应的法律后果和法律责任。但是，行政机关与被授权组织也存在着以下区别：第一，产生的依据不同。行政机关的行政主体资格由宪法和组织法的规定而产生。而被授权组织的行政主体资格由法律、法规、规章的授权而产生。第二，行使权力的性质不同。一般而言，行政机关的职权伴随着行政机关的产生而产生，行政机关的行政职权是“与生俱来”的，是先天的。而被授权组织职权的权限、范围往往是由法律、法规、规章在其成立之后规定的，是后天的。第三，职权的范围不同。一般而言，行政机关的职权范围较为全面，而被授权组织则行使的职权一般比较单一，比较狭窄，往往是某一项行政职权。

被授权组织与被委托组织的区别：第一，性质不同。被授权组织是行政主体，能以自己的名义来作出行政行为。而被委托的组织不是行政主体，只能以委托的行政主体的名义来作出行政行为。第二，产生的依据不同。被授权组织的行政主体资格由法律、法规、规章的授权而产生。而被委托组织行使行政职权的权限、范围，只能依据行政主体的行政委托而产生。第三，行为的后果不同。被授权组织对其行使行政管理职权作出的行政行为的法律后果独立承担法律责任。而被委托组织的行为后果由行使行政委托权的行政主体承担，被委托组织自己并不独立承担法律责任。

第三章　行政立法

【事例回放】

河北省石家庄市居民乔占祥，购买了2001年1月17日2069次从石家庄到磁县的车票、2001年1月22日2069次从石家庄到邯郸的车票。由于当时正处在春运期间，按照铁道部发出的《关于2001年春运期间部分旅客列车实行票价上浮的通知》，第一张车票比涨价前多支出了5元票价，第二张车票比涨价前多支出了4元票价。就是这多出的9元钱，乔占祥认为，侵害了其合法权益。

乔占祥认为，铁道部通知的作出违反了法定程序。依据《铁路法》《价格法》有关规定，制定火车票价应报经国务院批准，而铁道部未经该程序审批；同时，依据《价格法》有关规定，票价上浮应召开价格听证会，而铁道部未召开听证会。因此，铁道部关于2001年部分旅客列车涨价的通知侵害了其合法权益。

国家计委（现国家发展和改革委员会）依据铁道部报送的《关于报批部分旅客列车政府指导价实施方案的函》（铁财函〔2000〕253号），于2000年11月下发了《关于部分旅客列车实行政府指导价有关问题的批复》（计价格〔2000〕1960号），批准对铁路部分旅客列车运价实行政府指导价，允许客流较大线路和春运、暑运、“五一”、“十一”等主要节假日期间，客运繁忙线路的铁路旅客列车票价适当上浮；允许部分与高速公路平行、竞争激烈及其他客流较少线路列车票价常年下浮，对团体购票旅客、提前购票旅客等实行下浮，同时规定了浮动幅度、审批权限等。并在2000年12月同意由铁道部颁发铁路旅客票价表，作为旅客列车实行浮动票价的中准价（计办价格〔2000〕931号）。

铁道部依据国家计委的上述《批复》，发出《关于2001年春运期间部分旅客列车实行票价上浮的通知》，通知规定：节前（1月13日至22日）自广州（集团）公司、北京铁路局、上海铁路局始发，节后（1月26日至2月17日）为成都、郑州、南昌、上海铁路局始发的部分直通客车票价上浮，其中新型空调列车上浮20%，其他列车上浮30%。除夕、正月初一、初二不上浮。儿童、学生、现役军人、革命伤残军人票价不上浮。[①]

【问题】

本案中铁道部作出的《关于2001年春运期间部分旅客列车实行票价上浮的通

---

① 《乔占祥诉铁道部旅客列车票价上浮行政行为纠纷案》，参见 http://bmla.chinalawinfo.com/case。

知》是制定有普遍约束力的决定、命令吗？

【评析】

该通知不是制定有普遍约束力的决定、命令。

制定有普遍约束力的决定、命令，是指国家行政机关制定的，除行政法规、部门规章、地方政府规章以外的，具有普遍约束力的决定、命令。

在本案中，铁道部的"通知"不是制定有普遍约束力的决定、命令。理由如下：第一，有普遍约束力的决定、命令，通常针对社会经济生活中的一般事务，对于其效力范围内的人和事具有普遍的约束力。而该通知针对6个铁路局发布，其效力范围是明确的和特定的。第二，有普遍约束力的决定、命令，对于同一类型的人和事可以多次反复适用。而该"通知"是一个整体的决定，该决定涉及的行为虽然具有时间段，但该决定的执行是通过一次性行为完成的。涨价行为虽然持续一段时间，但并不意味着该通知是在反复适用的。或者说，该通知只是一个在一段时间内持续适用的一次性行为，而不是反复适用多次的行为。第三，在2001年，根据《铁路法》的有关规定，铁道部是全国铁路行政管理机关，地方政府是地方铁路行政管理机关，各地方铁路局或铁路集团公司是铁路运输经营企业。因此，铁道部是作出该通知行为的行政主体，铁路局或铁路集团公司则是该通知行为的行政相对人。

【重点知识】

第一节　行政立法概述

一、行政立法的概念

行政立法，是指国家行政机关依照法律规定的权限和程序，制定行政法规和行政规章的活动。从动态方面来看，行政立法是国家行政机关按照法律规定的权限和程序，对不特定的人和事制定具有普遍约束力的行为规则的行为。从静态方面来看，行政立法是指国家行政机关针对不特定的人和事制定的具有普遍约束力的行政法规和行政规章。

二、行政立法的特征

行政立法有以下特征：

（一）准立法性

行政立法活动制定的行政法规和规章，具有普遍性、规范性和强制性等法律特征。对于其效力范围内的人和事具有普遍约束力，对于同一类型的人和事可以多次反复适用。比如说,国务院制定的行政法规针对的是全国范围内符合相应条件的某一类人或某一类事,而不是针对具体的某一个人或某一件事。

(二)行政立法是从属性立法

行政机关与权力机关存在隶属关系,行政机关进行的行政立法必然也从属于权力机关的立法,是权力机关立法的延伸和具体化。

(三)行政立法具有很强的适应性

通过制定行政法规和规章,为纷繁复杂、不断变化的行政管理活动提供具体、明确的依据,是行政立法的主要任务。行政立法总是随着形势的变化而不断的经历着立、改、废的过程,针对现实中出现的新情况、新问题适时地进行。

(四)行政立法的形式具有多样性

行政管理事务的广泛性和多样性,决定了行政立法形式的多样性。行政立法主体可以基于行政管理的需要,按照法律规定的权限和程序,采取灵活、多样的表现形式。

案例 3-1

我国《食品安全法》第 21 条规定,"食品安全国家标准由国务院卫生行政部门负责制定、公布,国务院标准化行政部门提供国家标准编号。食品中农药残留、兽药残留的限量规定及其检验方法与规程由国务院卫生行政部门、国务院农业行政部门制定。屠宰畜、禽的检验规程由国务院有关主管部门会同国务院卫生行政部门制定。有关产品国家标准涉及食品安全国家标准规定内容的,应当与食品安全国家标准相一致。"第 24 条规定,"没有食品安全国家标准的,可以制定食品安全地方标准。省、自治区、直辖市人民政府卫生行政部门组织制定食品安全地方标准,应当参照执行本法有关食品安全国家标准制定的规定,并报国务院卫生行政部门备案。"据此,国务院卫生行政部门、省、自治区、直辖市人民政府制定了食品安全国家标准和地方标准。

【问题】

国务院卫生行政部门、省、自治区、直辖市人民政府制定了食品安全国家标准和地方标准的行为是行政立法吗?

【评析】

是行政立法。

行政立法,是指国家行政机关依照法律规定的权限和程序,制定行政法规和行政规章的活动。本案中,国务院卫生行政部门、省、自治区、直辖市人民政府等行政机关,依照《食品安全法》的规定,制定食品安全国家标准和地方标准,是对全国范围内或该行政区域内的食品安全标准作出了统一的规定,具有普遍性、规范性和强制性,是行政立法。

第二节　行 政 法 规

一、行政法规的概念

国务院为领导和管理国家各项行政工作，根据宪法和法律，按照有关程序制定发布的政治、经济、教育、科技、文化、外事等各类法规的总称。行政法规具有以下特点：

（一）制定主体是国务院

从制定主体来看，行政法规由国务院制定。国务院是我国中央人民政府，是最高国家权力机关的执行机关，是国家最高行政机关，是最高的行政立法主体。

（二）制定权限包括授权立法和依职权立法

从制定权限的来源来看，既有依职权立法也有授权立法。职权立法，是指国务院直接依据宪法和有关组织法规定的职权制定行政法规。比如说，我国《宪法》第89条规定，国务院可以依据宪法和法律，规定行政措施，制定行政法规，发布决定和命令。授权立法是指国务院依据全国人民代表大会及其常务委员会的授权决定来制定的行政法规。

（三）制定名称多样

从制定名称来看，国务院依职权制定的行政法规的名称一般为“条例”，比如说《政府信息公开条例》，也可以称为“规定”、“办法”等。国务院根据全国人民代表大会及其常务委员会的授权决定制定的行政法规，称“暂行条例”或“暂行规定”等。

二、行政法规的制定权限

行政法规的制定权限，是指制定行政法规必须具备的条件和可以对什么事项作出规定。国务院制定行政法规，应当以宪法和法律为依据。

具体而言，国务院可以对以下事项依职权制定行政法规：一是为执行法律的规定需要制定行政法规的事项；二是宪法第89条规定的国务院行政管理职权的事项。

另外，根据全国人民代表大会及其常务委员会的授权决定，国务院可以根据实际需要，对其中的部分事项先制定行政法规，但是有关犯罪和刑罚、对公民政治权利的剥夺和限制人身自由的强制措施和处罚、司法制度等事项除外。国务院根据全国人民代表大会及其常务委员会的授权决定先制定的行政法规，经过实践检验，待制定法律的条件成熟时，国务院应当及时提请全国人民代表大会及其常务委员会制定法律。

案例 3-2

孙志刚,男,1976 年生,湖北黄冈人,2001 年武汉科技学院(原武汉纺织工学院)艺术系艺术设计专业毕业。2003 年春节后来到广州,任职于广州市达奇服装公司。3 月 17 日晚,孙志刚因无暂住证,在广州街头被执行统一清查任务的民警带回广州天河区黄村街派出所询问,后被黄村街派出所送往广州收容遣送中转站。3 月 18 日晚,孙志刚称有心脏病被收容站送往广州收容人员救治站。3 月 20 日,孙志刚在遭受同病房的 8 名被收治人员轮番殴打之后,因背部遭受钝性暴力反复打击,造成背部大面积软组织损伤致创伤性休克死亡。

2003 年 5 月 14 日,华中科技大学法学院的俞江、中国政法大学法学院的腾彪和北京邮电大学文法学院的许志永三位法学博士以中国公民的名义,将一份题为"关于审查《城市流浪乞讨人员收容遣送办法》的建议书"传真至全国人大常委会法制工作委员会,建议全国人大常委会对收容遣送制度进行违宪审查。① 三位博士指出,《中华人民共和国宪法》第 37 条规定,中华人民共和国公民的人身自由不受侵犯。任何公民,非经人民检察院批准或者决定或者人民法院决定,并由公安机关执行,不受逮捕。禁止非法拘禁和以其他方法剥夺或者限制公民的人身自由,禁止非法搜查公民的身体。《中华人民共和国行政处罚法》第 9 条规定,限制人身自由的行政处罚,只能由法律设定。《中华人民共和国立法法》第 8 条和第 9 条规定,对公民政治权利的剥夺、限制人身自由的强制措施和处罚,只能制定法律。因此,1982 年由国务院颁布的收容遣送办法及其实施细则中限制公民人身自由的规定,违反了宪法、行政处罚法和立法法。所以建议对《城市流浪乞讨人员收容遣送办法》进行违宪和违法审查。

2003 年 6 月 20 日,国务院总理温家宝签署国务院第 381 号令,公布施行《城市生活无着的流浪乞讨人员救助管理办法》。《城市生活无着的流浪乞讨人员救助管理办法》将于 2003 年 8 月 1 日起施行。1982 年 5 月国务院发布的《城市流浪乞讨人员收容遣送办法》同时废止。②

【问题】

国务院制定的《城市流浪乞讨人员收容遣送办法》是行政法规吗?如果是,国务院是否享有制定这一法规的权限?

【评析】

《城市流浪乞讨人员收容遣送办法》是行政法规,1982 年国务院颁布实施的《城

---

① 《城市流浪乞讨人员收容遣送办法》第 2 条规定:"对下列人员,予以收容、遣送:(一)家居农村流入城市乞讨的;(二)城市居民中流浪街头乞讨的;(三)其他露宿街头生活无着的。"

② 参见聂秀时:《孙志刚案件始末》,载《法学前沿》编辑委员会编:《法学前沿》(第五辑),87 ~ 102 页,北京,法律出版社,2003。

市流浪乞讨人员收容遣送办法》在全国范围内对不特定的对象反复多次适用，显然属于行政法规。

依据现行《宪法》《立法法》《行政处罚法》等法律的规定，国务院并不享有制定这一法规的权限。《城市流浪乞讨人员收容遣送办法》中规定的收容遣送制度，其实是对公民人身自由的限制制度。《立法法》第9条的规定，“本法第八条规定的事项尚未制定法律的，全国人民代表大会及其常务委员会有权作出决定，授权国务院可以根据实际需要，对其中的部分事项先制定行政法规，但是有关犯罪和刑罚、对公民政治权利的剥夺和限制人身自由的强制措施和处罚、司法制度等事项除外。”

可见，对于限制人身自由的事项，只能由全国人大及其常务委员会通过制定法律来加以调整，而不能由行政机关先行制定行政立法，即使是国务院，也没有对此制定行政法规的权限。

三、行政法规的制定程序

2015年修订的《立法法》和2001年国务院制定的《行政法规制定程序条例》，是目前规范行政法规制定程序的主要法律渊源。根据以上法律法规的规定，国务院制定行政法规需要历经以下程序：

（一）立项

立项是决定进行行政法规制定工作的程序，解决的是国务院是否应当就特定行政管理事项制定行政法规的问题，是行政法规制定程序的第一个环节。

（二）起草

起草是提出行政法规初期方案和草稿的程序，是审查和决定程序的基础。起草行政法规，应当深入调查研究，总结实践经验，广泛听取有关机关、组织和公民的意见。听取意见可以采取召开座谈会、论证会、听证会等多种形式。

（三）审查

在此阶段，国务院法制机构对报送的送审稿进行审查，并在对送审稿进行修改的基础之上，形成行政法规草案和对草案的说明。

（四）决定和公布

行政法规草案由国务院常务会议审议，或者由国务院审批。国务院法制机构应当根据国务院对行政法规草案的审议意见，对行政法规草案进行修改，形成草案修改稿，报请总理签署国务院令公布施行。签署公布行政法规的国务院令载明该行政法规的施行日期。

（五）解释与备案

行政法规条文本身需要进一步明确界限或者作出补充规定的，由国务院解释。行政法规的解释与行政法规具有同等效力。行政法规在公布后的30日内由国务院办公厅报全国人民代表大会常务委员会备案。

第三节　行政规章

根据宪法和有关法律的规定，行政规章包括国务院部委制定的部门规章，还包括地方人民政府制定的地方政府规章。

一、国务院部门规章

国务院部门规章，是指国务院部门依照法定的部门规章制定的权限和程序制定、发布的行政规则的总称。国务院部委制定部门规章，主要由《宪法》、《国务院组织法》、2015 年修订的《立法法》、2002 年国务院公布的《规章制定程序条例》等法律渊源加以规范。

（一）制定主体

《立法法》第 80 条第 1 款规定，“国务院各部、委员会、中国人民银行、审计署和具有行政管理职能的直属机构，可以根据法律和国务院的行政法规、决定、命令，在本部门的权限范围内，制定规章。”可见，制定部门规章的主体一共分为三类：一是国务院的组成部门，即各部、委、中国人民银行、审计署。二是具有行政管理职能的直属机构，比如说，国家工商行政管理总局，海关总署、税务总局、质检总局、新闻出版广电总局、体育总局等。三是根据单行法的授权而具有行政管理职能的国务院直属事业单位，比如说，证券监督管理委员会、保监会、银监会等。

（二）制定权限

《立法法》第 80 条第 2 款规定，“部门规章规定的事项应当属于执行法律或者国务院的行政法规、决定、命令的事项。没有法律或者国务院的行政法规、决定、命令的依据，部门规章不得设定减损公民、法人和其他组织权利或者增加其义务的规范，不得增加本部门的权力或者减少本部门的法定职责。”《立法法》第 81 条规定，“涉及两个以上国务院部门职权范围的事项，应当提请国务院制定行政法规或者由国务院有关部门联合制定规章。”可见，制定部门规章的国务院部门应在本部门的职权权限范围内，既可以制定属于执行上位法的具体规定，通常称为“实施办法”，也可以创设性的制定没有法律或者国务院的行政法规、决定、命令的依据的规章。

（三）制定程序

根据现行法律的规定，国务院部委制定部门规章需要历经立项、起草、审查、决定和公布、解释与备案等程序。

立项程序。立项是决定进行部门规章制定工作的程序，解决的是国务院部门是否应当就特定行政管理事项制定部门规章的问题，是部门规章制定程序的第一个环节。国务院部门内设机构或者其他机构认为需要制定部门规章的，应当报请立项。

起草程序。起草是提出部门规章初期方案和草稿的程序，是审查和决定程序的基础。起草规章，应当深入调查研究，总结实践经验，广泛听取有关机关、组织和公民的意见。听取意见可以采取书面征求意见、座谈会、论证会、听证会等多种形式。

审查程序。规章送审稿由法制机构负责统一审查。法制机构应当认真研究各方面的意见，与起草单位协商后，对规章送审稿进行修改，形成规章草案和对草案的说明。说明应当包括制定规章拟解决的主要问题、确立的主要措施以及与有关部门的协调情况等。

决定和公布程序。部门规章应当经部务会议或者委员会会议决定。公布规章的命令应当载明该规章的制定机关、序号、规章名称、通过日期、施行日期、部门首长署名以及公布日期。部门联合规章由联合制定的部门首长共同署名公布，使用主办机关的命令序号。

解释与备案。规章解释权属于规章制定机关。规章的解释同规章具有同等效力。规章应当自公布之日起 30 日内，由法制机构依照立法法和《法规规章备案条例》的规定向有关机关备案。

案例 3-3

2013 年 9 月 18 日，《征信机构管理办法》在公开征求意见半年多后，经第 14 次行长办公会议通过，在 2013 年 11 月 15 日由中国人民银行正式发布（中国人民银行令〔2013〕第 1 号）。《征信机构管理办法》自 2013 年 12 月 20 日起施行。2013 年 3 月 15 日，酝酿十年的《征信业管理条例》开始施行。作为中国首部征信业法规，《征信管理条例》的规定较为原则，《征信机构管理办法》则是《征信业管理条例》的重要配套制度，主要对征信机构设立条件进行了细化。央行表示，将依照《征信业管理条例》和《征信机构管理办法》规定，有效履行对征信机构的监督管理职责，督促各类征信机构严格规范自身经营行为，切实保护信息主体合法权益，实现我国征信业的快速、健康发展。①

【问题】

《征信机构管理办法》是国务院部门规章吗？

【评析】

《征信机构管理办法》是国务院部门规章。理由如下：

① http://www.gov.cn/jrzg/2013-12/03/content_2541405.htm。

第一,《征信机构管理办法》由国务院的组成部门中国人民银行制定,制定主体符合部门规章的规定。第二,《征信机构管理办法》是《征信业管理条例》的重要配套制度,主要对征信机构设立条件进行了细化。也就是说,其制定是为了执行国务院的行政法规规定的事项,而且也在其职权范围之内。因此,制定权限符合部门规章的要求。第三,《征信机构管理办法》的制定程序也是符合《规章制定程序条例》的规定的,比如说,进行了半年多的公开征求意见等。

二、地方政府规章

地方政府规章,是指有权地方人民政府依照法定的地方政府规章制定的权限和程序制定、发布的行政规则的总称。地方人民政府制定地方政府规章,主要由《宪法》、《地方各级人民代表大会和地方各级人民政府组织法》、2015 年修订的《立法法》、2002 年国务院公布的《规章制定程序条例》等法律渊源加以规范。

(一) 制定主体

根据《立法法》第 82 条第 1 款的规定,我国地方政府规章的制定主体包括三类:一是省、自治区、直辖市的人民政府。比如说,北京市人民政府。二是设区的市和自治州的人民政府。三是较大的市的人民政府,具体是指省、自治区人民政府所在地的市(比如说郑州市)、经济特区的市(比如说深圳市)以及经国务院批准的较大的市(比如说大连)的人民政府等。

(二) 制定权限

地方人民政府制定地方规章必须依据宪法、法律、行政法规和所属的地方性法规等上位法的规定。根据《立法法》第 82 条第 2 款的规定,我国地方人民政府有权就以下两类事项制定地方政府规章:一是为执行法律、行政法规、地方性法规的规定需要制定规章的事项;二是属于本行政区域的具体行政管理事项。可见,地方政府规章既有执行法律、行政法规、地方性法规规定的执行性立法,也会有在本行政区域内填补法律法规空白或变通法律法规的个别规定的创制性立法。

(三) 制定程序

根据现行法律的规定,地方人民政府制定地方政府规章需要历经立项、起草、审查、决定和公布、解释与备案等程序。

立项程序。省、自治区、直辖市、设区的市和自治州的人民政府和较大的市的人民政府所属工作部门或者下级人民政府认为需要制定地方政府规章的,应当向该省、自治区、直辖市或者较大的市的人民政府报请立项。

起草程序。起草是提出行政规章初期方案和草稿的程序,是审查和决定程序的基础。起草规章,应当深入调查研究,总结实践经验,广泛听取有关机关、组织和公民的意见。听取意见可以采取书面征求意见、座谈会、论证会、听证会等多种形式。

审查程序。规章送审稿由法制机构负责统一审查。法制机构应当认真研究各方面的意见，与起草单位协商后，对规章送审稿进行修改，形成规章草案和对草案的说明。说明应当包括制定规章拟解决的主要问题、确立的主要措施以及与有关部门的协调情况等。

决定和公布程序。地方政府规章应当经政府常务会议或者全体会议决定。公布规章的命令应当载明该规章的制定机关、序号、规章名称、通过日期、施行日期、省长、自治区主席、市长署名以及公布日期。

解释与备案。规章解释权属于规章制定机关。规章的解释同规章具有同等效力。规章应当自公布之日起 30 日内，由法制机构依照立法法和《法规规章备案条例》的规定向有关机关备案。

案例 3-4

2002 年 11 月 6 日，广州市人民政府正式公布了由第 11 届 108 次市政府常务会议讨论通过的《广州市政府信息公开规定》。《广州市政府信息公开规定》要求该市各级人民政府及其职能部门以及依法行使行政职权的组织从 2003 年 1 月 1 日起，必须主动向社会公开事权、财权、人事权等方面的政府信息，对政府信息公开的原则、公开内容、公开方式、公开程序、法律监督、责任等作出具体规范。《广州市政府信息公开规定》明确规定，政府信息以公开为原则，不公开为例外，公开时则以合法、及时、真实、公正、利益平衡和不收费为原则，首次开了政府以政令形式强制政府信息公开的先河。

据此，有媒体评论称，《广州市政府信息公开规定》是由我国地方政府制定的第一部全面、系统规范政府信息公开行为的政府规章，也是我国第一次以立法(地方政府规章)形式全面规范和要求政府必须对公众进行较为全面、彻底的信息公开。此前尽管全国各地有各种各样的信息公开形式的探索，虽有意义，但都是局限于政府的“自我公开”，且都是一般性的政策范畴，没有以法律、法规、规章等形式固定为一项常规的制度，与此次以规章“强制”要求政府信息公开不可同日而语。[①]

【问题】

《广州市政府信息公开规定》是地方政府规章吗?

【评析】

《广州市政府信息公开规定》是地方政府规章。理由如下:

第一，《广州市政府信息公开规定》由广州市人民政府制定，广州市人民政府为较大的市，是有权制定地方政府规章的制定主体。第二，《广州市政府信息公开规

① 参见 http://www.cctv.com/life/baike/090302_1912.html。

定》首次对政府信息公开的原则、公开内容、公开方式、公开程序、法律监督、责任等作出具体规范。也就是说，其制定是为了在本行政区域内填补法律法规空白而进行的创制性立法。因此，制定权限符合部门规章的要求。第三，《广州市政府信息公开规定》的制定程序也是符合《规章制定程序条例》的规定的，比如说，立项、起草、审查、决定公布等。

第四节 有普遍约束力的决定、命令

一、有普遍约束力的决定、命令的概念

有普遍约束力的决定、命令，是指行政机关制定的，除行政法规、部门规章、地方政府规章以外的，具有普遍约束力的决定、命令。

二、有普遍约束力的决定、命令的特征

与行政立法相比，有普遍约束力的决定、命令具有以下特征：

（一）制定主体广泛

根据我国《宪法》、《地方各级人民代表大会和地方各级人民政府组织法》的规定，不仅享有行政法规、行政规章制定权的国家行政机关享有制定权限，而且其他国家行政机关也都可以在自身的职权范围内享有制定权限，即上到国务院，下到乡镇政府等都可以成为有普遍约束力的决定、命令的制定主体。

（二）制定程序的规范性程度低

目前，对于制定有普遍约束力的决定、命令的程序并没有专门的法律法规来进行规范，只是参照规章的制定程序。[①] 在实践中，制定有普遍约束力的决定、命令在程序上存在着制定过程过分追求效率、公众参与程度不高、公布公开工作不到位等问题。总之，有普遍约束力的决定、命令的制定程序有待进一步的规范和完善。

（三）效力的多层级性和从属性

有普遍约束力的决定、命令数量众多，制定主体广泛，各自的效力与其制定主体相对应，下级行政机关制定的有普遍约束力的决定、命令不能同上级行政机关制定的相抵触，而且分别从属于相应的行政机关制定的行政法规、行政规章，因此，整个效力从上到下呈现多层级的特点。但是，实践中也常常发生有普遍约束力的决定、命令相互之间抵触、冲突，甚至与上位法抵触、冲突的现象，值得特别关注。

---

① 《规章制定程序条例》第36条规定："依法不具有规章制定权的县级以上地方人民政府制定、发布具有普遍约束力的决定、命令，参照本条例规定的程序执行。"

案例 3-5

朝阳区人民政府于2013年12月7号以朝政发〔2013〕16号文件，发布了《关于印发朝阳区落实北京市2013—2017年清洁空气行动计划实施方案的通知》(朝政发〔2013〕16号)。该通知指出，按照市委、市政府的工作部署，朝阳区始终高度重视大气污染防治工作，将改善空气质量作为推动科学发展、保障和改善民生的重要内容，连年实施大气污染控制措施，区域经济社会快速发展的同时，空气质量持续改善。但是与国家空气质量新标准和广大群众的期盼相比，本区的空气质量还存在较大差距。包括PM2.5在内的部分污染物超标明显，以煤烟、扬尘、工业废气、机动车尾气为代表的大气污染呈现显著的复合型特征，大气污染防治形势十分严峻。本方案的制定正是为了全面贯彻落实《北京市2013—2017年清洁空气行动计划》(京政发〔2013〕27号)，切实解决影响群众身体健康和朝阳国际形象的大气污染问题，满足"新四区"建设对环境承载能力的要求，加快改善区空气质量。

【问题】

朝阳区人民政府制定并发布《关于印发朝阳区落实北京市2013—2017年清洁空气行动计划实施方案的通知》的行为是制定有普遍约束力的决定、命令行为吗？

【评析】

是制定有普遍约束力的决定、命令行为。理由如下：

从案例材料中可以看出，朝阳区政府是该文件的制定主体，《通知》中涉及的其他行政机关如朝阳区环保局、区发展改革委、区园林绿化局等是该通知行为的执行人，管理、执行的对象是朝阳区内不特定的公民、法人和其他组织等行政相对人。可见，《通知》针对的对象是朝阳区内不特定的主体，并且可以反复多次进行适用。

【课后练习】

一、单选题

1. 根据我国宪法的规定，(　　)有权制定行政法规。

A. 全国人大常委会　　　　B. 省级人大

C. 省级人民政府　　　　D. 国务院

2. 行政立法是(　　)。

A. 立法性质的　　　　B. 行政性质的

C. 是行政性质和立法性质的结合　　　　D. 是行政机关和立法机关的共同行为

3. 下列有关行政立法的法律效力的位阶说法正确的是(　　)。

A. 所有行政立法处于同一位阶　　　　B. 行政规章的效力高于行政法规

C. 规范内容越具体位阶越高　　　　D. 行政法规的效力高于部门规章

4．某县人民政府作出有关规范该县集贸市场秩序的决定，这一行为属（　　）。

A．行政立法

B．制定有普遍约束力的决定、命令行为

C．行政处罚行为

D．行政执法行为

5．省、自治区人民政府所在地的市和国务院批准的较大的市的人民政府有权制定（　　）。

A．地方政府规章　　B．地方性法规

C．行政法规　　D．部门规章

6．关于我国行政立法的基本程序，以下表述正确的是（　　）。

A．只有制定行政法规需要历经立项、起草、审查、决定和公布、备案等程序

B．制定行政规章无须备案

C．需要全国人大常委会的批准

D．需要历经立项、起草、审查、决定和公布、备案等程序

7．我国行政法规的设定权限包括（　　）。

A．有关犯罪和刑罚的事项

B．对公民政治权利的剥夺和限制人身自由的强制措施和处罚

C．没收违法所得、责令停产停业、吊销许可证和执照的行政处罚

D．司法制度事项

二、多项选择题

1．根据我国的法律规定，有权制定和颁布行政规章的机关是（　　）。

A．全国人大常委会　　B．国务院

C．国务院各部委　　D．省级人民政府

2．以下关于行政立法表述正确的是（　　）。

A．行政立法是针对不特定的对象作出的

B．行政机关制定规章以下规范性文件的行为也是行政立法

C．行政立法的特征之一是准立法性

D．行政立法的表现形式是行政法规、规章和其他规范性文件

3．根据有关法律的规定，以下是规章的制定主体的有（　　）。

A．国务院各部委　　B．中国人民银行

C．审计署　　D．国务院办公厅

4．下列（　　）行为不属于行政立法。

A．工商局对某企业的处罚决定　　B．行政机关购买办公用品

C．县级人民政府制定规范性文件　　D．人民法院执行关于处罚的决定

5. 下列(　　)属于有普遍约束力的决定、命令。

A. 公安机关立一牌子"禁止通行"

B. 工商局发一文件"取消某市十户个体户的营业执照"

C. 某县政府发布禁止燃放烟花爆竹的规定

D. 警察对十个闯红灯的人罚款

6. 下列关于行政立法法律效力等级说法正确的是(　　)。

A. 行政法规的效力高于地方性法规和行政规章

B. 法律的效力高于行政法规、地方性法规和规章

C. 地方性法规的效力高于地方规章

D. 部门规章之间、地方政府规章之间具有同等效力

7. 关于有普遍约束力的决定、命令说法正确的有(　　)。

A. 我国各级人民政府都有权制定具有普遍约束力的决定、命令

B. 有普遍约束力的决定、命令是行政立法之一

C. 有普遍约束力的决定、命令都具有相同的法律效力

D. 有普遍约束力的决定、命令都是针对不特定的对象可以反复适用的

8. 在我国,下列(　　)能够制定地方行政规章。

A. 省、自治区、直辖市的人民政府

B. 县、自治县的人民政府

C. 省级人民政府所在地的市的人民政府

D. 经国务院批准的较大的市的人民政府

9. 我国行政法规的制定权限是(　　)。

A. 为执行法律的规定需要制定行政法规的事项

B.《宪法》第 89 条规定的国务院行政管理职权的事项

C. 有关犯罪和刑罚的事项

D. 对公民政治权利的剥夺和限制人身自由的强制措施和处罚

三、简答题

1. 简述行政立法。

2. 简述行政立法程序。

3. 我国行政立法的主体有哪些?

4. 简述我国行政立法的法律效力等级。

四、案例分析题

湖南省人民政府令第 222 号公布,《湖南省行政程序规定》于 2008 年 4 月 18 日由省长周强正式签署生效,并于当年 10 月 1 日起正式实施。据了解,这是我国首部地方性行政程序规定。该规定共十章 178 条,内容涵盖了行政程序的原则、行政主

体、行政决策、行政执法、行政合同、行政指导、行政裁决、行政调解、行政应急、行政听证、行政公开、行政监督、行政问责等政府工作的方方面面；建立了管辖、协助、回避、公开、听证、教示、说明理由、证据、时效、阅览卷宗等一系列制度。《湖南省行政程序规定》的正式实施，将有利于加强责任型、法治型、服务型政府建设，促进行政机关提高办事效率和行政效能；有利于营造公开、透明、可预期的发展环境，为广大投资者提供良好的政务服务。这是中国首部系统规范行政程序的地方规章，同时也是一部填补中国行政程序立法空白的地方性行政立法。

问题：《湖南省行政程序规定》是地方行政立法吗？为什么？

五、论述题

论述行政立法和有普遍约束力的决定、命令行为二者之间的不同。

【拓展实训】

实训项目名称：案例赏析。

实训目标：让学生通过了解近年来较为经典案例，认识、了解行政立法及有普遍约束力的决定、命令，从案例入手，理解和掌握本章的基础知识。

实训具体步骤：

（1）布置案例。通过老师推荐案例（桂亚宁诉中国民航总局立法不作为案、登封25名"下课"教师诉市政府案等）、结合教材案例（乔占祥诉铁道部"春运"提价案、孙志刚案等）、学生自查案例等多种方式，让学生选取经典的案例。

（2）小组准备。学生分成小组，相互讨论、整理自己小组选取的案例，并进行分析、提炼、评价和总结。

（3）小组代表汇报。小组代表将案例制作成 PPT，在课堂汇报本组准备的结果，提出小组中争议的问题，并说明各方的不同理由。

（4）教师反馈和总结。对各组选取的案例和汇报 PPT 的进行说明和点评。

【练习答案】

一、单选题

1. D　2. B　3. D　4. B　5. A　6. D　7. C

二、多项选择题

1. CD　2. AC　3. ABC　4. ABCD　5. AC　6. ABCD　7. AD　8. ACD　9. AB

三、简答题

1. 行政立法是指国家行政机关依照法律规定的权限和程序，制定行政法规和行政规章的活动。从动态方面来看，行政立法是国家行政机关按照法律规定的权限和程序，对不特定的人和事制定具有普遍约束力的行为规则的行为。行政立法既有行政的性质，又有准立法的性质。行政立法具有以下特征：

第一,行政立法的是准立法行为。第二,行政立法是从属性的立法。行政机关进行的行政立法必然从属于权力机关的立法,是权力机关立法的延伸和具体化。第三,行政立法具有很强的适应性。第四,行政立法的形式具有多样性。

2. 根据法律的规定,我国行政立法的基本步骤有:①立项。②起草。在起草阶段,行政立法机关应当深入调查研究,总结实践经验,广泛听取有关机关、组织和公民的意见。听取意见可以采取召开座谈会、论证会、听证会等多种形式。③审查。④决定和公布。⑤解释与备案。

3. 根据法律的规定,我国的行政立法主体包括:①国务院是制定行政法规的主体。②国务院各部、各委员会、国务院的直属机构是制定国务院部门规章的行政主体。③省、自治区、直辖市和设区的市、自治州的人民政府,省、自治区人民政府所在地的市人民政府,经国务院批准的较大的市的人民政府,经济特区所在地的市的人民政府是制定地方政府规章的行政主体。

4. 行政立法的效力等级是指行政法规和规章在我国的法律规范体系中所处的地位。在我国的法律规范体系中,宪法具有最高的法律效力。法律的效力仅次于宪法,高于行政法规和行政规章。行政法规的效力高于地方性法规和行政规章。地方性法规的效力高于本级和下级地方政府规章。省、自治区的人民政府制定的地方政府规章的效力高于本行政区域内设区的市、自治州的人民政府以及较大的市的人民政府制定的地方政府规章。部门规章之间、部门规章和地方政府规章之间具有同等效力,在各自的权限范围内实施。

四、案例分析题

《湖南省行政程序规定》是地方行政立法,《湖南省行政程序规定》是地方政府规章。理由如下:

第一,《湖南省行政程序规定》是在湖南省内具有普遍约束力、可以反复多次适用的行政规范。第二,从制定主体来看,《湖南省行政程序规定》的制定主体是湖南省人民政府,符合行政立法主体的要求。第三,从制定的过程来看,符合行政立法程序的要求。《湖南省行政程序规定》由省政府法制办公室起草,从 2007 年 4 月起,根据宪法和有关法律法规,在经过充分调查研究、广泛听取各方意见、深度开展专家论证、认真吸收国外经验的基础上,形成了《规定》草案稿,并先后修改 20 余次。2008 年 4 月 9 日,省人民政府第 4 次常务会议审议通过了《湖南省行政程序规定》。4 月 17 日,《规定》以省政府第 222 号令公布,并于 2008 年 10 月 1 日起施行。

五、论述题

行政立法是指国家行政机关依照法律规定的权限和程序,制定行政法规和行政规章的活动。行政立法的主体是享有行政立法权的特定国家行政机关,行政立法是从属性的立法,行政立法具有很强的适应性和形式的多样性。有普遍约束力的决定、命令,又称其他规范性文件,是指行政机关针对不特定对象发布的能反复适用的行政规范性文件。

行政立法与有普遍约束力的决定、命令,在以下几个方面有所不同:第一,制定主体不同。行政立法的主体只能是特定的主体,即国务院、国务院部门、地方政府(包括省、自治区、直辖市和设区的市及自治州的人民政府、省、自治区政府所在地的市人民政府以及国务院批准的较大的市人民政府)。而有普遍约束力的决定、命令的制定主体可以是国务院和地方各级人民政府。第二,制定程序不同。对于制定行政法规和行政规章,我国规定了必须历经立项、起草、审查审议、通过、签署和发布等一系列的法定程序。而对于制定其他规范性文件,在程序方面的要求一般较为松散。第三,制定的规范性程度不同。行政立法往往更具有合法性、严肃性和程序性,同时对行政立法我国法律规定了一套专门的监督机制来进行监督。而制定其他规范性文件的行为则具有较强的随意性,对其的监督制约机制也不如对行政立法的严格。第四,效力等级不同。行政立法在我国的法律规范体系中的效力等级十分清晰,宪法、法律高于行政法规,行政法规高于行政规章,部门规章、地方政府规章之间具有相同的法律效力。而有普遍约束力的决定、命令则因为数量众多,制定主体广泛,各自的效力与其制定主体相对应,分别从属于相应的行政机关制定的行政法规、行政规章。因此,整个效力从上到下呈现多层级的特点。

第四章　行政行为概述

【事例回放】

1992 年 12 月 24 日，梁某（男，广西扶绥县人）与李某（女）办理结婚登记手续，并于 1993 年 5 月 8 日生育一女孩。2008 年 4 月 3 日，梁某与李某办理离婚登记手续。2008 年 4 月 9 日，李某与陈某在广西隆安县民政局办理结婚登记手续。2008 年 5 月 1 日，隆安县人口和计划生育局同意给予陈某、李某办理 2008 年度二孩生育证，2008 年 7 月 25 日，隆安县人口和计划生育局查清李某在未办理二孩生育证时已怀孕两个月以上，属政策外怀孕的事实后，自行撤销了发放给陈某、李某夫妇的 2008 年度《二孩生育证》，并于 2008 年 8 月 4 日向李某发出《落实补救措施通知书》，限李某于 2008 年 8 月 10 日前自觉施行引产手术，如强行生育的，将按计划外生育论处。2008 年 8 月 23 日 23 时，李某在隆安县人民医院剖宫产下一名足月男婴。2008 年 10 月 29 日，扶绥县人口和计划生育局对梁某进行调查，并要求梁某、李某与李某于 2008 年 8 月 23 日生的孩子做 DNA 亲子鉴定，梁某、李某拒绝做亲子鉴定。

2009 年 1 月 5 日，扶绥县人口和计划生育局作出扶计生费征决字[20090106]号《社会抚养费征收决定书》，该决定书认定梁某与李某于 2008 年 4 月 3 日离婚后，仅过了四个月零二十天李某就于 2008 年 8 月 23 日在隆安县人民医院生育一个男孩，而扶绥县人口和计划生育局掌握充足的证据可以证实梁某与李某在离婚前后均生活在一起。为此，推定李某于 2008 年 8 月 23 日所生的孩子是与梁某所生，属违法生育，梁某的行为违反了法律规定，决定对梁某征收社会扶养费共 57 580 元。该《社会抚养费征收决定书》已于 2009 年 1 月 6 日送达给原告梁某。梁某不服提起行政诉讼。①

【问题】

扶绥县人口和计划生育局对梁某征收社会扶养费的行为是行政行为吗？是什么行政行为呢？

【评析】

扶绥县人口和计划生育局征收社会扶养费的行为是行政行为。行政行为是指行

---

① 《梁峰不服扶绥县人口和计划生育局计划生育行政征收案》，参见 http://bmla.chinalawinfo.com/case/displaycontent.asp?gid=119227363。

政主体依法行使行政职权所作出的能够产生法律效果的行为。可见,行政行为的实施者是行政机关、法律、法规、规章授权的组织或者行政机关委托的组织。行政行为会影响行政相对人的权利和义务。本案中扶绥县人口和计划生育局是行政机关,行使了计划生育管理的职权,对梁某违法生育二胎的行为作出了征收社会抚养费的决定,当然是行政行为。

扶绥县人口和计划生育局对梁某征收社会扶养费的行为是行政征收。社会抚养费是指为了调节自然资源的利用和保护环境,适当补偿政府社会公共事业投入的经费,而对不符合法定生育子女条件的公民征收的费用。征收社会抚养费,不是一种行政处罚,而是一项行政性收费,具有一定的补偿和强制作用,是行政征收。

【重点知识】

第一节　行政行为概述

一、行政行为的概念

行政主体行使行政职权所作出的能够产生行政法律效果的行为是行政行为。行政行为是行政主体所为的行为,具体而言,行政主体包括行政机关和法律法规授权组织。行政行为是行使行政职权,进行行政管理的行为,也就是说,行政行为一定与行政职权相关。行政行为是行政主体实施的能够对行政相对人的权利和利益产生影响的行为。行政行为包括行政许可、行政强制、行政处罚、行政征收等行为,通常以具体、完整的行政决定的形式表现出来。行政行为具有以下特征:

(一)行政行为是执行法律的行为

与行政立法不同,行政行为是执行法律的行为。行政行为是行政机关履行宪法、法律及行政法规、规章等规定的行为,通常针对特定的对象和事项作出,而不是针对普遍的对象作出的。比如说,工商行政管理机关给某企业颁发工商营业执照的行为。

(二)行政行为具有一定的裁量性

由于立法技术的滞后性和局限性,加之行政管理具有广泛性、变动性和专业性的特点,法律规定难以面面俱到,从而必须赋予行政主体在处理行政事务时享有一定的自由裁量权。但是,裁量权的行使必须在法律规定的范围之内,并且应当符合合理性原则的需要。

(三)行政行为具有单方意志性

与民事行为不同,行政主体在实施行政行为时,不必与行政相对人协商或征求相对人同意,可以依法自行作出行政行为。即便是在行政合同行为中,行政主体在行政合同的缔结、变更和履行等方面,均有着不同于在民事合同中的单方意志性。

(四)行政行为具有强制性

与民事行为不同,行政行为的实施以国家强制力为后盾,相对人必须履行、配合行政行为,否则,相对人将会受到制裁或强制执行。行政行为实施的强制性与单方意志性密切相关,没有行政行为的强制性,也就无法保障行政行为的单方意志性。

案例 4-1

甘露原系暨南大学华文学院语言学及应用语言学专业2004级硕士研究生。2005年间,甘露在参加现代汉语语法专题科目的撰写课程论文考试时,提交了《关于"来着"的历时发展》的考试论文,任课老师发现其提供的考试论文是从互联网上抄袭,遂对其进行批评、教育后,要求重写论文。甘露第二次向任课老师提供的考试论文《浅议东北方言动词"造"》,又被任课老师发现与发表于《江汉大学学报》2002年第2期《东北方言动词"造"的语法及语义特征》一文雷同。后来,暨南大学作出了《关于给予硕士研究生甘露开除学籍处理的决定》,给予甘露开除学籍的处分。①

【问题】

暨南大学作出的《关于给予硕士研究生甘露开除学籍处理的决定》行为是行政行为吗?

【评析】

是行政行为。

行政主体行使行政职权所作出的能够产生行政法律效果的行为是行政行为。案例中,暨南大学根据《中华人民共和国教育法》的规定,对受教育者进行学籍管理,实施奖励或者处分,是依法行使行政管理职权的授权组织。暨南大学作为行政主体对甘露这一特定的相对人的开除学籍的特定事项作出的行为,直接影响到甘露的受教育权利。暨南大学的这一决定具有单方意志性和强制性,甘露必须予以配合。

二、行政行为的分类

依据不同的标准,可以对行政行为进行分类。

(一)要式行政行为和非要式行政行为

以行政行为是否需要法定形式为标准,可以分为要式的和非要式的行政行为。要式行政行为是指需要具备法定形式要件才可以生效的行政行为,比如说,书面的形式等。而非要式行政行为则是不要求必须具备法定形式就可生效的行为,也即对行

① 《甘露不服暨南大学开除学籍决定案》,参见 http://bmla.chinalawinfo.com/case/displaycontent.asp?gid=118298220。

为的形式没有法定的要求。要式行政行为与非要式行政行为的区别,关键不在于有无行为的形式,而在于法律是否要求该行为必须具备特定的形式。当然,一般而言,行政行为都是要式的。

(二)依职权的行政行为和依申请的行政行为

以行政行为的实施是否必须有相对人的申请为标准,可以分为依职权的行政行为和依申请的行政行为。依职权的行政行为是指行政主体依据法律赋予的职权,无需相对人的申请,就能主动实施的行政行为。比如说,交通警察依法处罚违章停车的行为,税务机关依法征收企业所得税的行为,等等。依申请的行政行为是指行政主体只有在行政相对人提出申请之后才能实施而不能主动采取的行政行为。比如说,工商机关发放营业执照的行为等。

(三)羁束的行政行为和裁量的行政行为

以行政行为受法律规范的程度、行政主体在作出行政行为时能否进行主观判断为标准,可以分为羁束的行政行为和裁量的行政行为。羁束的行政行为是指法律对行政行为的范围、方法、形式、程序等作了明确具体的规定,行政主体只能依照法律的明确规定来实施的行政行为。比如说,我国《婚姻登记管理条例》中对婚姻登记的条件进行了明确具体的规定,只要当事人符合结婚条件的,婚姻登记机关就应当当场予以登记,发给结婚证。裁量的行政行为是指法律规范仅对行政行为的目的、精神、范围等有原则性的规定,而给行政机关在行为的具体条件、标准、幅度、方式等方面留有较大的选择余地的行政行为。比如说,我国《治安管理处罚法》中规定,公安机关对公民予以治安管理处罚中的罚款,可以根据具体情况,处200元以下的罚款。

(四)授益的行政行为和负担的行政行为

以行政行为是否对相对人有利为标准,可以分为授益的行政行为和负担的行政行为。授益的行政行为是指为相对人授予权利、利益或者减免负担义务的行政行为。比如说,民政部门发放抚恤金的行为。负担的行政行为是指为相对人设定义务或者剥夺其权益的行政行为。比如说,公安机关对打架斗殴的相对人作出的罚款处罚行为。当一个行政行为针对有利害关系的不同行政相对人时,对一个行政相对人可能构成授益的行政行为,对其他的有利害关系的行政相对人则可能构成负担的行政行为。

案例 4-2

2009年6月1日镇江润港建材公司根据《国家工商行政管理总局关于印发〈内资企业登记表格和内资企业登记申请提交材料规范〉的通知》要求,向镇江市工商行政管理局京口分局提交了建材公司法定代表人宋光跃签署的《公司设立登记申请书》、《指定代表或者共同委托代理人的证明》、公司章程、股东宋光跃的身份证件、镇江全华永天会计师事务所出具的验资证明、董事宋光跃及监事马卫平的任职文件及身份证明、法定代表人宋光跃的任职文书、经营场所的相关使用证明和《企业名称预先核准通知书》等材料，申请公司设立登记。镇江市工商行政管理局京口分局经审查，认为建材公司申请材料齐全，并符合法律规定，因而作出了准予设立登记的决定，并发放了企业法人营业执照，法定代表人为宋光跃，注册资本为20万元。[①]

【问题】

根据以上分类标准，分析镇江市工商行政管理局京口分局作出的准予设立登记的行为类型。

【评析】

镇江市工商行政管理局京口分局作出的准予设立登记的行为是要式行政行为、依申请的行政行为、羁束的行政行为和授益的行政行为。

镇江市工商行政管理局京口分局作出的准予设立登记的行为，具体的外在表现形式是企业法人营业执照，具有法定的形式要求，因此是要式的行政行为。同时，该行为必须以该公司的申请为前提，而不能依职权直接作出，因此是依申请的行政行为。另外，根据《公司登记管理条例》的相关规定，申请登记的公司只要提交了齐全、合法的申请文件和材料，登记管理机关就应该予以受理并作出准予登记的决定，没有自由选择的余地，因此该行为是羁束的行政行为。最后，镇江市工商行政管理局京口分局准予设立登记的行为一经作出，就赋予了该镇江润港建材公司的法人资格，使其获得了实际经营权，是一种授益的行政行为。

（五）单方的行政行为和双方的行政行为

单方的行政行为，是指不需要行政相对人的同意，以行政主体的单方意思表示即可产生法律效果的行政行为。双方的行政行为，是指行政主体为实施行政管理的目标，与行政相对人协商，在双方意思表示达成一致后，才产生法律效果的行政行为。比如说，行政合同。

三、行政行为的若干类型

常见的行政行为类型主要有以下几种：

（一）行政许可

行政许可，是指行政主体根据行政相对方的申请，经依法审查，通过颁发许可证、执照等形式，赋予或确认行政相对方从事某种活动的法律资格或法律权利的一种行政行为。行政许可是依申请的行政行为，是一种要式行政行为。比如说，工商行政管

---

① 改编自《上海超慧实业有限公司不服镇江市工商行政管理局京口分局工商行政登记案》，参见http://bmla.chinalawinfo.com/case/displaycontent.asp?gid=119227510。

理机关依企业的申请发放营业执照的行为。

(二) 行政强制

行政强制,是指为了实现行政目的,行政主体或行政主体向人民法院申请,对行政相对人的人身、财产等采取强制性的行政行为的总称。行政强制,包括行政强制措施和行政强制执行。行政强制措施,是指行政机关在行政管理过程中,为制止违法行为、防止证据损毁、避免危害发生、控制危险扩大等情形,依法对公民的人身自由实施暂时性限制,或者对公民、法人或者其他组织的财物实施暂时性控制的行为。行政强制执行,是指行政机关或者行政机关申请人民法院,对不履行行政决定的公民、法人或者其他组织,依法强制履行义务的行为。

(三) 行政处罚

行政处罚,是指具有行政处罚权的行政主体为维护公共利益和社会秩序,保护公民、法人或者其他组织的合法权益,依法对行政相对人违反行政法律规范而尚未构成犯罪的行为所实施的法律制裁。比如说,公安机关对偷窥、偷拍、窃听、散布他人隐私的相对人,可以处五日以下拘留或者五百元以下罚款;情节较重的,处五日以上十日以下拘留,可以并处五百元以下罚款。

案例 4-3

周某与大桥村民小组均系爱尼山乡大箐村民委员会辖区内两个相邻自然村的公民及经济组织,双方均在相邻的三丘田箐引用生产、生活用水。2005 年,由于干旱,大桥村民小组人畜饮水困难,就取水的问题双方发生争议,组织人员将周某用于生产引水的沟渠毁坏,为此,双方发生水事纠纷。经周某申请,该纠纷于同年 5 月经爱尼山乡人民调解委员会调处未果;2006 年 2 月,双柏县水利局会同相关职能部门,经现场调查勘验后,作出双水调字〔2006〕第 4 号调解意见书,但大桥村民小组拒绝该调解意见。为此,周某向相关职能部门上访。2008 年 8 月 21 日,中共双柏县委办公室、双柏县人民政府办公室下发双办字〔2008〕84 号《关于县委书记接访重点信访问题包案督办的通知》,责令爱尼山乡政府限时办结该纠纷。2009 年 6 月 4 日,爱尼山乡政府作出行政处理决定:(1)位于大箐村委会大箐村民小组与大箐村委会大桥村民小组相邻的三丘田箐、原周某使用的一水源,即靠大桥村民小组一方的水源归大桥村民小组使用,周某原使用的水沟源头及沟上方的水源归周某使用;(2)由大箐村委会大桥村民小组赔偿周某引水沟修复费 500 元,限本裁决生效后 5 日内给付,损毁的水沟由周某自行修复。[①]

---

① 《大桥村民小组不服双柏县爱尼山乡政府水行政裁决案》,载 http://bmla. chinalawinfo. com/case/displaycontent. asp?gid = 118314350。

【问题】

爱尼山乡政府作出行政处理决定的行为是行政行为吗？如果是，是哪一类型的行政行为？

【评析】

是行政行为，是行政裁决。

本案中，由爱尼山乡政府这一行政机关针对周某与大桥村民小组之间的纠纷作出的处理决定无疑是行政行为，更准确地说，是行政裁决。

行政裁决是指行政主体依照法律授权，按照法定程序，对平等主体之间发生的、与行政管理活动密切相关的、特定的民事纠纷（争议）进行审查并作出裁决的行政行为。

本案中大桥村民小组与周某之间的水事纠纷，实质上是水资源使用权纠纷。根据法律和地方性法规的规定，水资源属于国家所有，任何单位和个人都可合理开发、利用、节约和保护水资源，各级人民政府均负有对水资源合理开发、利用、保持、节约等职责。根据《地方各级人民代表大会和地方各级人民政府组织法》第61条的规定，乡一级人民政府可行使管理本行政区域内的经济和社会发展计划、维护当地社会秩序、保障公民的各种权利、保护各种经济组织的合法权益等行政职权。本案周某与大桥村民小组双方当事人属于爱尼山乡政府管辖内的经济组织和个人，双方的水资源的使用权争议与爱尼山乡政府行政管理活动密切相关，因此，爱尼山乡政府作出了行政裁决这一行政行为。

（四）行政裁决

行政裁决，是指行政主体依照法律授权，按照法定程序，对平等主体之间发生的、与行政管理活动密切相关的、特定的民事纠纷（争议）进行审查并作出裁决的行政行为。行政裁决是依申请的行政行为，裁决程序依民事纠纷当事人的申请开始，裁决的结果对民事纠纷双方具有法律效力。根据被裁决的法律关系的内容，可以将行政裁决分为以下几种：

1. 权属纠纷的裁决

权属纠纷，是指双方当事人因某一财产的所有权或者使用权的归属产生的民事争议，包括土地、草原、水、滩涂、森林、矿产等自然资源的权属争议，当事人双方可依法向有关行政主体请求裁决，使得权属关系得以明确和确认。

2. 损害赔偿纠纷的裁决

损害赔偿纠纷是由于一方当事人涉及行政管理的合法权益遭受到另一方当事人的侵犯而造成一定损害后，要求侵害者给予损害赔偿而产生的民事纠纷，包括环境污染、产品质量、医疗事故等侵权纠纷，当事人双方可依法向有关行政主体请求裁决，用以确认赔偿责任和赔偿金额，使得当事人受到侵害的权益得以恢复，保障当事人的合法权益。

3. 侵权纠纷的裁决

侵权纠纷是指作为平等主体一方当事人涉及行政管理的合法权益受到另一方侵犯时,当事人依法申请行政机关进行制止,行政机关就此争议作出的制止侵权行为的裁决。比如说,甲假冒乙的注册商标推销自己的同类商品,乙请求工商行政机关予以制止,工商行政机关作出责令甲停止侵犯乙商标权的裁决行为。侵权纠纷的裁决通常伴随损害赔偿裁决一起作出。

(五)行政征收

行政征收,是指行政主体根据法律规定以强制方式无偿取得相对人财产所有权的一种方式。在我国,行政征收主要包括税收征收和行政收费两大块。税收是行政主体依法无偿从相对人处取得的财政收入,比如说,所得税、营业税等。行政收费是行政主体依法在提供某种公益服务或者允许使用国家资源情况下向受益相对人收取的费用。比如说,公路运输管理费,公路养路费,排污费等。行政征收有以下特征:

1. 强制性

行政征收是一种依职权的行政行为,无需相对人申请,也不必与相对人协商,相对人必须履行缴税缴费的义务,否则将产生一定的行政法律责任,甚至承担刑事责任。

2. 无偿性

行政征收是财产的单向流转,一经征收不再返还,也不对相对人进行任何的补偿。

3. 法定性

行政征收的实质在于以强制方式无偿取得行政相对人的财产所有权。因此为了保障相对人的合法权益,有关行政征收的法律规范必须经有权机关制定,行政征收的实施也必须依法进行。

(六)行政征用

行政征用,是指行政主体为了实现特定的公共利益,取得相对人的合法财产或劳务的行为,应予以适当补偿。比如说,为了应对突发事件而征用公民房屋、运输工具等。行政征用有以下特征:

1. 强制性

同行政征收一样,行政征用是一种依职权的行政行为,无需相对人申请,也不必与相对人协商,只要行政主体基于公共利益需要依法征用,相对人就有服从和协助的义务。

2. 公益性

行政征用是为了实现特定的公共利益,而不是其他的目的。比如说,国家为了市政建设等公共利益的需要，依照法律的规定对土地进行征用并给予补偿。

3. 补偿性

行政征用的对象主要是公民合法所有的财产权和劳务等，与此同时，应该对相对人进行补偿。行政征用以补偿为前提，这是行政征用区别于行政征收的关键之所在。

案例 4-4

20 世纪 90 年代初，为缓解交通拥挤状况，促进经济和社会发展，原四川省重庆市某县决定修建一座桥梁。在依法办理各种手续取得各种批复证照之后，该县人民政府向重庆市政府递交《关于征用文龙乡水月村六社全部土地的请示》。同年 4 月 26 日，重庆市政府批准该县征用文龙乡水月村六社全部土地，其中耕地 49 706.7 平方米，非耕地 132 293.4 平方米；撤销该社建制，将该社 571 名社员由农业户口转为非农业户口。并明确该征地的各项补偿、安置事宜，由该县负责按照国家建设用地的有关规定办理。根据市政府的批复，该县制定了《关于文龙乡水月村六社统一征地有关问题的处理办法》，对文龙乡水月村的征地补偿安置事宜作了具体规定。之后，该县征用土地办公室与水月村及六社签订了《土地移交协议书》，协议书由水月村村主任及六社负责人签字。据此，该县完成对原文龙乡水月村六社 571 名社员农转非和撤销六社建制的工作。[①]

【问题】

结合本案例分析行政征用的特征。

【评析】

该县的土地征用行为是典型的行政征用行为，具有强制性、公益性和补偿性。征用的目的是为了缓解交通拥挤状况，促进经济和社会发展，具有公益性。同时，征用文龙乡水月村六社全部土地的决定仅需得到相关主管机关和部门的批准，对相对人具有强制性。最后，该行为具有补偿性，在征用的决定作出之后，该县征用土地办公室与水月村及六社就土地征用的补偿问题签订了《土地移交协议书》，进行了相应的补偿。

（七）行政给付

行政给付，是指为保障个人和组织的生存权和受益权，维持和促进国家与社会的稳定和发展，依照法律规定和相关政策向个人和组织，尤其是出现生存困难并且符合法定保障条件的个人和组织，提供物质、安全、环境、精神等各方面保障的行政行为。[②] 行政给付是授益的行政行为，以行政相对人申请为条件。比如说，法定的行政

---

① 改编自《重庆市綦江县文龙乡水月村六社吴昌辉等 496 人与重庆市人民政府行政纠纷案》，http://bmla.chinalawinfo.com/case/displaycontent.asp?gid = 117469648。

② 莫于川：《行政法与行政诉讼法》，224 页，北京，中国人民大学出版社，2012。

主体对革命残疾军人、烈军属等特定人员发放抚恤金等。

案例 4-5

苗青，原系自治区地矿局新闻中心的职工。2008 年 2 月 26 日 13 时 50 分许，苗青被乌鲁木齐市珍宝巴士有限公司新 A-52856 号 917 路公交车碰撞致伤，后经医院抢救无效死亡。2008 年 4 月 15 日经新疆维吾尔自治区劳动和社会保障厅认定苗青为工亡。2008 年 7 月 10 日，乌鲁木齐市沙依巴克区人民法院作出〔2008〕沙民一初字第 2076 号民事调解书，确认肇事单位向苗青的妻子张某及其子女支付死亡赔偿金、丧葬费、误工费、交通费、医疗费、精神损害赔偿金共计 244 170.87 元。与此同时，依据《工伤保险条例》的规定，[①]新疆维吾尔自治区社会保险管理局也向苗青的直系亲属支付了丧葬补助金、供养亲属抚恤金和一次性工亡补助金等。[②]

【问题】

肇事单位和社会保险管理局的支付行为都是行政给付吗？

【评析】

社会保险管理局的支付行为是行政给付，肇事单位的支付行为是民事赔偿。

行政给付，是指为保障个人和组织的生存权和受益权，维持和促进国家与社会的稳定和发展，依照法律规定和相关政策向个人和组织，尤其是出现生存困难并且符合法定保障条件的个人和组织，提供物质、安全、环境、精神等各方面保障的行政行为。肇事单位与死者苗青及其近亲属是平等民事主体，二者之间的法律关系是民事法律关系，肇事单位的赔偿是民事赔偿行为。而新疆维吾尔自治区社会保险管理局是行政主体，与死者苗青及其近亲属之间是行政法律关系，其赋予苗青的直系亲属一定物质权益的行为是行政给付。

---

① 《工伤保险条例》第 37 条：职工因工死亡，其直系亲属按照下列规定从工伤保险基金领取丧葬补助金、供养亲属抚恤金和一次性工亡补助金：（一）丧葬补助金为 6 个月的统筹地区上年度职工月平均工资；（二）供养亲属抚恤金按照职工本人工资的一定比例发给由因工死亡职工生前提供主要生活来源、无劳动能力的亲属。标准为：配偶每月 40%，其他亲属每人每月 30%，孤寡老人或者孤儿每人每月在上述标准的基础上增加 10%。核定的各供养亲属的抚恤金之和不应高于因工死亡职工生前的工资。供养亲属的具体范围由国务院劳动保障行政部门规定；（三）一次性工亡补助金标准为 48 个月至 60 个月的统筹地区上年度职工月平均工资。具体标准由统筹地区的人民政府根据当地经济、社会发展状况规定，报省、自治区、直辖市人民政府备案。伤残职工在停工留薪期内因工伤导致死亡的，其直系亲属享受本条第一款规定的待遇。一级至四级伤残职工在停工留薪期满后死亡的，其直系亲属可以享受本条第一款第（一）项、第（二）项规定的待遇。

② 本案例改编自《张月萍诉新疆维吾尔自治区社会保险管理局劳动和社会保障行政给付案》，参见 http://bmla.chinalawinfo.com/case/displaycontent.asp?gid=118314381。

第二节　行政行为的成立、生效和效力

一、行政行为的成立

行政行为的成立,是指行政行为的形成或作出,即在法律上存在。行政行为的成立是评判行政行为是否合法的前提。行政行为的成立需要具备一定的条件,即为行政行为的成立要件。一般而言,包括以下要件:

(一) 主体要件

作出行政行为的主体必须是享有行政职权的行政机关,对外表现为拥有行政职权或一定行政职责的国家行政机关的公务人员,或者法律、法规授权的组织的工作人员,或者是接受行政主体委托的受委托组织的工作人员。非上述身份的实施者作出的行为或决定必定不是行政行为,不能发生法律上的效力,也无法依据行政法的救济途径来追究当事人的法律责任。

(二) 内容要件

行政行为的内容是行政机关向行政相对人作出的具有法律效果的意思表示,目的在于行使职权,产生、变更或消灭某种行政法律关系。即行政主体在主观上有凭借职权来建立、改变或者撤销某种行政法律关系的意图,并在客观上通过一定的行使行政职权的外部形式来表示、表现这一意图,使行政相对人知晓行政机关的行为内容。无论这里的意图是否真实合法,也不论意思的表示是否真实合法,都不影响该行为的成立。

(三) 法律效果要件

行政行为作出后能够对外产生一定直接或间接的法律效果,使某种行政法律关系产生、变更或消灭,对行政相对人的权利和义务产生一定的影响。比如说,单纯的报告、通知、调查等事实行为,都不是行政行为。

案例 4-6

某县工商行政管理局决定将原有的办公楼修葺一新,并购置一些办公家具,遂于2009 年 5 月与该县福利特家具公司签订了一份关于购买办公家具的合同。合同签订后,福利特家具公司依照合同规定送货上门。县工商局认为该批家具质量不够好,便要求公司降低价格。福利特家具公司认为家具质量符合合同的约定,县工商局理应履行合同,按照合同约定的价格支付。双方僵持不下。县工商局经内部会议商议后,作出了吊销福利特家具公司营业执照并罚款 10 000 元的决定。①

---

① 参见胡锦光主编:《以案说法 · 行政法篇》,126 页,北京,中国人民大学出版社,1998。

【问题】

该案中某县工商局的哪些行为是已经成立的行政行为?

【评析】

该案中,某县工商局一共作出了以下行为:签订购买办公家具合同,内部会议商议行为和吊销福利特家具公司营业执照并罚款10 000元的行为。其中,只有吊销福利特家具公司营业执照并罚款10 000元的行为是已经成立的行政行为。

首先,签订购买办公家具合同的行为,从内容上来看,其目的不是在于行使行政职权产生、变更或消灭某种行政法律关系,而是一个民事行为。县工商局与福利特家具公司是平等的民事主体,二者之间因签订合同而产生民事上的债权债务关系,应该由民事法律规范来调整。

其次,县工商局内部会议商议的行为,并不能够产生对外的法律效果,使得行政法律关系产生、变更或消灭,对相对人的权利和义务产生一定的影响。这只是行政机关内部的一个过程行为,不是已经成立的行政行为。

最后,县工商局作出的吊销福利特家具公司营业执照并罚款10 000元的决定的行为是成立了的行政行为。因为这一行为的作出,县工商局作为行政机关,在福利特家具公司拒绝降价时,利用职权,对相对人进行处罚,对相对人在行政法上的权利和义务产生了直接的影响。

二、行政行为的生效

行政行为的生效,是指成立的行政行为发生了法律效力。一般而言,行政行为一旦具备了以上构成要件之后,便可发生预定的法律效力。但是,行政行为要在现实中发生法律效力,不仅需要行政主体内部达成意思表示一致,而且还须在与外部的关系上将该意思表示置于相对人能够知悉的状态之下。换句话说,成立的行政行为因为告知相对人而生效。根据告知方式的不同,行政行为的生效可以分为以下几种:

(一)即时生效

即时生效,是指行政行为作出的同时即告知了相对人,并立即产生法律效力。即时生效的行为因为是当场作出,立即生效,其适用范围相对较窄,适用条件相对较为严格。一般适用于紧急情况下作出的需要立即实施的行为,比如说,公安机关对醉酒的人强制进行人身约束的行为。

(二)受领生效

受领生效,也叫送达生效,是指书面作出的行政行为须为相对人受领才开始生效。所谓受领,是指行政主体将行政行为告知相对人,并为相对人所接受。当然,这里的受领,并不意味着必须得到相对人的同意,相对人是否同意并不影响行政行为的生效。只要行政主体告知了行政相对人,从行政行为的法律文书到达相对人所在地即开始生效,相对人是否实际拆阅该法律文书,在所不问。受领生效适用的对象为具体的确定的相对人。

(三)公告生效

公告生效,是指行政主体将行政行为的内容采取公告或宣告等有效形式,使相对人知悉、明了行政行为的内容,该行政行为对相对人开始发生法律效力。公告的形式主要有发布公告、布告、通告,可以利用现代传媒如电台、电视、报刊、网络等方式。公告生效的时间,一般即为公告发布日。与受领生效不同,公告生效适用的对象是难以具体确定的相对人,比如说相对人的住所、居所等不明确,从而使行政行为的内容难以一一告知或者难以具体告知。

(四)附条件生效

附条件生效,是指行政行为的生效附有一定的期限或者其他条件,只有当其所附条件等得以满足后,该行政行为才发生法律效力。当然,该行为也要为相对人所知悉。即,该行为的生效需要满足两个条件:一是该行为为相对人所知悉;二是符合所附条件的要求。

案例 4-7

贾楠和易缕二人协议离婚,向某县民政局申请离婚登记。按照法定的协议离婚的条件和程序,县民政局审查完毕后,核准二人离婚,并当场制作和颁发离婚证书。然而,就在民政局发放离婚证之时,易缕突然情绪失控,号啕大哭,声称不愿离婚,便拒绝领取离婚证。

【问题】

县民政局的离婚登记行为是否已经生效?

【评析】

已经生效。因为行政行为的生效是以行政主体将行政行为告知相对人为条件的。而告知,只要求该行政行为处于能够知悉的状态之下,不要求得到相对人的同意,换句话说,相对人是否同意并不影响行政行为的生效。因此,本案中,县民政局依法作出离婚登记的行为只要处于贾楠和易缕知悉的状态之下,就已经发生法律效力了,而不论二人是否同意领取该离婚证。

三、行政行为的效力

一个行政行为生效之后,便对其相对人产生了相应的成立、变更、消灭某种行政法律关系的法律效果。但是这种效力,是该行政行为的具体的效果,效力的指向和约束的对象都是具体的。作为这种个别行政行为的具体法律效果的效力基础,还存在着所有的行政行为的一般性效力,即这里的行政行为的效力。

行政行为的效力,是指所有行政行为都固有的一般法律效力。这是对所有行政行为的法律效力的一种理论抽象,是行政行为区别于其他法律行为的关键之所在。一般而言,行政行为一经作出,便具有公定力、确定力、拘束力和执行力。

(一)公定力

行政行为的公定力,是指行政行为一旦成立,原则上推定其有效乃至合法;即使被认为是违法的,在有权行政主体或人民法院予以撤销、废止或者变更之前,相对人、行政主体以及人民法院都必须将其作为合法、有效的行为加以尊重和服从,而不能否认其效力。当然,除了该行政行为的成立具有重大且明显的瑕疵,因而被认为绝对无效除外。

行政行为的公定力,是一种即使行政行为违法仍推定其有效乃至合法的法律效力。这与私人的意思表示有着明显的区别,普通的民事法律行为没有这样的法律效力。在某种程度上,这与刑事法律关系中的“无罪推定”有些相似,只不过前者是指行政主体的行政行为有效乃至合法,不能否认其效力;后者是指任何人在未经依法判决有罪之前应视其无罪,即推定犯罪嫌疑人的行为不为犯罪。

行政行为的公定力,是由行政行为的本质属性和使命所决定的。行政行为是行政主体执行法律而实施的行为,其目的在于实现法律规定的公益目的,其权威也来自法律本身。行政行为的公益目的、法律权威、行政相对人及一般公众的信赖,都有必要得到充分的保护。否则,如果允许随意的否定行政行为的效力,将会严重损害行政行为的可预期性,从而影响法律秩序乃至社会的安定。

(二)确定力

行政行为的确定力,是指行政行为具有不受任意改变的法律效力。具体而言,包括形式性和实质性的确定力。

形式性的确定力,也称不可争力,是指一旦超过对行政行为提起复议和诉讼的期限,行政相对人等便不得就该行政行为提起争议、要求改变该行政行为的效力。比如说,我国《行政复议法》第9条规定:“公民、法人或者其他组织认为行政行为侵犯其合法权益的,可以自知道该行政行为之日起六十日内提出行政复议申请;但是法律规定的申请期限超过六十日的除外。”不过,这种效力只是对行政相对人提起争议申请的拒绝,并不妨碍行政主体依职权撤销违法或不当的行政行为。

实质性的确定力,也称不可变更力,是指行政主体一旦作出行政行为,非依法定的事由和程序,不得任意变更已经作出的行政行为,或又重新作出行为。比如说,行政主体作出的行政裁决行为,只要当事人无异议不提出争讼,即使事后判明该裁决是错误的,为了维护法律关系的安定性,行政主体也不能自己推翻自己已经作出的裁决。换句话说,行政行为的实质性的确定力,不允许行政主体依职权随意改变已经作出的行为。

案例 4-8

2000 年 8 月,某市某县矿务局的一台铲车在过街时撞倒中学生孙某。之后,该县交警大队作出了案号为 4070158 的事故责任认定书,认定孙某负全部责任。孙某不服,向该市交警支队提起复议,而该市交警支队并未依法在 30 日内作出复议决定。后来孙某一直坚持到县交警大队进行交涉,两年后,该县交警大队便仍以 4070158 为案号,重新作出了交通事故责任认定书,认定孙某负主要责任,矿务局负次要责任。①

【问题】

该县交警大队重新作出事故责任认定的行为是否符合行政行为的效力理论的要求?

【评析】

不符合行政行为的效力理论要求。一般而言,行政行为一经作出,便具有公定力、确定力、拘束力和执行力。行政行为的确定力,包括形式性和实质性的确定力。实质性的确定力,也称不可变更力,是指行政主体一旦作出行政行为,非依法定的事由和程序,不得任意变更已经作出的行政行为,或又重新作出行为。行政行为的拘束力,要求行政行为一旦作出,只要没有法定的依据,不经法定的程序,任何机关、组织或者担任任何职务的公务员都不得予以撤销或变更。而在本案中,该县交警大队在原认定行为未经法定事由和程序而被撤销的情况下,擅自就同一案件作出了两份同一编号而认定结果不同的事故责任认定书,完全无视行政行为对自身的实质确定力和拘束力,不符合行政行为的效力理论要求。

(三)拘束力

行政行为的拘束力,是指行政行为具有法律规定的或者行政主体决定的法律效果,当事人即行政主体和行政相对人对这种法律效果都必须予以尊重并遵守的效力。不仅如此,其他所有包括行政主体在内的国家机关与相对人也都应该对该行政行为的遵守予以尊重,而不能任意的横加干涉。

一方面,行政行为拘束行政主体。行政行为一旦作出,只要没有法定的依据,不经法定的程序,任何机关、组织或者担任任何职务的公务员都不得予以撤销或变更。不仅如此,在该行政行为未被依法撤销、撤回或变更之前,作出该行为的行政主体负有执行该行政行为的义务,任何机关、组织或者担任任何职务的公务员,都不能干预其执行,都应受到该行政行为的拘束。

另一方面,行政行为拘束行政相对人。行政相对人对合法成立并已生效的行政行为,负有服从的义务,必须按照行政行为所规定的义务而予以积极的履行,不能推

---

① 参见胡锦光、刘飞宇主编:《行政法与行政诉讼法》,37 页,北京,中国人民大学出版社,2011。

诿、拖延，以及代替、转移等。

（四）执行力

行政行为的执行力，也称行政行为的“自行执行力”，是指行政行为成立生效后，在行政相对人不自觉履行行政行为所设定义务的情况下，行政主体得以自身的力量强制实现行政行为内容的效力。

行政行为的执行力，以国家强制力为依据，是最终保障性的效力。行政机关依法进行的行政强制执行，无需事先得到人民法院的判决。我国《行政复议法》和《行政诉讼法》都明确规定，即使在复议期间或诉讼期间，也承认行政行为的执行力，容许进行强制执行。只有当法律有明文规定时，才可以停止或者延缓行政行为的执行，其目的在于尽早实现行政行为的内容和公益目的，同时也能减轻人民法院的负担。

案例 4-9

2012 年 3 月 6 日，某市某区地税局在检查工作中发现，该区的小飞机日用电器有限公司（下称小飞机公司）2010 年少缴房产税、土地使用税等税款共计 86 万元。3 月 8 日，该区地税局向该公司送达了《税务处理决定书》，要求小飞机公司缴清税款及滞纳金。在规定期限内，小飞机公司仍未缴纳税款，经责令限期缴纳未果，4 月 17 日，该区地税局依程序对其强制执行，查封该小飞机公司一批价值 45 万的空调、一批价值 23 万的电冰箱以及其他货物。

【问题】

该地税局对小飞机公司的查封行为体现了行政行为具有什么效力？

【评析】

体现了行政行为具有执行力。行政行为的执行力，也称行政行为的“自行执行力”，是指行政行为成立生效后，在行政相对人不自觉履行行政行为所设定义务的情况下，行政主体得以自身的力量强制实现行政行为内容的效力。在本案中，该地税局对小飞机公司作出了税务处理决定这一行政行为。然而法定期限内，小飞机公司并没有自觉履行缴纳税款及滞纳金这一设定义务，因此，该地税局以自身的力量强制实现了其作出的行政行为内容，体现了行政行为具有执行性的这一效力特征。

第三节 行政行为的一般合法要件

我国的行政复议法和行政诉讼法对何谓合法的行政行为规定了一定的标准，或者说行政行为的合法需要具备一定的要件。结合现行法律的规定，一般来说，行政行为的合法要件有主体合法、内容合法和程序合法等。

一、行为的主体合法

主体合法,是指作出行政行为的组织必须具备行政主体资格,能以自己的名义作出行政行为,并能独立承担法律责任。根据我国法律法规的规定,能够成为行政主体的应当是依法设置的行政机关或依法被授权的被授权组织。

行政行为通常是由行政主体的具体工作人员实施的,因此这些工作人员也应合法,具备法定的条件,才能保证行政行为的合法性。如果是行政机关或法律法规授权组织的工作人员,则应该按照该行政机关或授权组织的委派来行使相应的行政职权;如果是行政机关委托的工作人员或组织,则应该依委托来作出行为。

主体合法,除了要求行政行为的主体是行政主体之外,还要求行政主体的行为必须在其法定的权限范围之内。具体而言,包括不得超越职权和滥用职权。

不得超越职权,是指行政主体的行政行为一定要在法定的职权范围内进行。也就是说,行政主体必须在自身的事务管辖权、地域管辖权和级别管辖权的范围内作出行为。行政机关要按照行政组织法的规定、被授权组织要在授权范围内、被委托组织必须在委托的范围内作出行政行为。而实施行政行为的具体工作人员则应在行政主体所委派的范围内作出行为。

不得滥用职权,是指行政主体作出的行政行为不仅要在其法定的职权范围之内,而且要正当的行使该职权。这是对行政主体权限合法的更高要求。不得滥用职权要求行政主体在作出行政行为时,不仅要依据有关法律法规的规定,还要考虑法律、法规的目的,确保行为在总体目的上符合法律的规定。

案例 4-10

2005 年 1 月 27 日下午 4 时许,某县公安局交警大队协警员刘某在辖区危险路段巡逻检查时,看见一辆短途客车在前方弯道处下了一名乘客(有一女乘客晕车,下车吐后又上车了)后继续行驶到检查地点时,示意该川 T61545 号微型短途客车驾驶员郑某停车出示证件检查。郑某停车后称"系了安全带,未超速超载",即开车离去。该协警员即向交警李某报告。李某接报后乘坐一辆微型车(遇堵车)到川 T61545 号车前,说:"郑某,上面挡你,你咋个不停?"郑某答:"系了安全带,未超速超员,未违章。"李某就伸手将川 T61545 号短途客车的钥匙和线路牌拿走,并将雨刮器扳坏。李某叫郑某下车,叫乘客下车,郑某不下车。后双方发生拉扯,致郑某受伤,该县公安局决定拘留郑某 15 日(未执行)。①

---

① 参见《郑发权不服荥经县公安局行政拘留处罚案》,http://bmla.chinalawinfo.com/case/displaycontent.asp。

【问题】

本案中的行政检查行为的主体是否合法?

【评析】

本案中一共有两次行政检查行为,分别由协警员刘某和交警李某作出。根据《中华人民共和国道路交通安全法》第80条“交通警察执行职务时,应当按照规定着装,佩戴人民警察标志,持有人民警察证件,保持警容严整,举止端庄,指挥规范”的规定,本案协警员刘某第一次对郑某进行检查时,不具备执法主体资格,导致这次的检查行为的主体不合法;本案交警李某第二次对郑某进行检查时,具备了执法主体资格,该行政检查行为的主体是合法的。

二、行政行为的内容合法

内容合法,是指行政主体作出的行政行为所设定的行政法上的权利和义务应当合法。包括两个方面内容:法律事实清楚,证据确凿充分;法律依据适用正确。

行政主体作出行政行为,必须以事实为根据。事实是行为的基础,行政主体只有将事实发生的时间、地点、情节、后果、原因等调查核实清楚,才能作出行政行为。事实不清,作出的行政行为则会违法。证据是以法律规定的形式表现出来的能够证明案件真实情况的一切事实,是行政主体作出行政行为的事实依据,是由行政主体依法收集和认定的事实。行政主体作出行政行为要求证据确凿充分,要求所有证据之间具有关联性,形成证据链条。没有证据或证据不充分、不确凿,就不能作出合法的行政行为。

行政主体作出行政行为,必须以法律为准绳,要正确的适用法律。行政主体在作出行政行为时,必须依照法定的职权和程序,针对行政管理活动中的具体案件事实,适用正确的法律规定。行政主体的行政行为必须有法律的依据,而且严格按照法律的规定来作出。值得一提的是,行政法具有法律渊源众多的特点,选择适用正确的法律依据,不仅取决于行政主体主观上的行政合法的认识和愿望,也取决于行政主体的专业能力和法律素养。

案例4-11

2012年8月17日下午5点,在济源市下冶镇朱庄村,李治会往菜地施肥拉粪,王建平认为李治会将粪水洒到自己井中,因而双方发生争吵,后二人发生厮打。李亚霖看见后将其二人拉开,王建平怕他们父子二人打他就往家里跑,李治会和李亚霖一直追王建平到家,李治会的妻子陈小玲也闻声赶来,看见李治会和李亚霖正在王建平家院前和王建平争吵,后李治会、李亚霖、陈小玲三人一起到王建平家,李亚霖见王建平躲在屋里,李亚霖将屋门撞开后和王建平发生厮打。王建平的妻子李荣粉劝其双方不要厮打，在劝不开的情况下自己喝下农药，后送至医院抢救。该区公安分局认为李治会、李亚霖、陈小玲、王建平的行为均构成殴打他人，决定给予李治会、李亚霖、陈小玲三人各罚款200元、给王建平罚款300元的处罚。[①]

【问题】

本案中公安分局作出的罚款行为的内容是否合法？

【评析】

本案公安分局作出的罚款行为的内容不合法。本案中王建平与李治会在不同时段、地点、场所多次发生冲突，双方均存在不同程度的违法行为。该公安分局应充分考虑整个纠纷发生的起因、过程、作用以及危害后果，对违法者作出相应的处罚决定。而不应如本案中所为，在事实不清，证据不足的情况下，仅以四人均有殴打他人的行为，从而简单的作出了对其分别予以罚款了事的处罚决定。

三、行政行为的程序合法

合法的行政行为，不仅要满足主体合法、内容合法，而且要符合程序合法的要求。程序是作出行政行为所经过的步骤、时限、方法、形式等。任何行政行为都须通过一定的程序表现出来，没有脱离程序的行为。行政行为的程序合法是该行为合法的必备要件。

一般而言，程序合法要求：第一，行政主体作出的行政行为应该符合行政程序的基本原则。比如说，行政公平、公正、公开的原则，行政高效的原则，行政便民的原则等。第二，行政主体作出的行政行为应该符合行政程序的基本制度和具体规定。比如说，信息公开制度，回避制度，听证制度，时效制度等。另外，行政行为必须具备法律所要求的形式。

行政程序法是关于行政行为的方式、步骤以及实施这些方式、步骤的时间、顺序等法律规范的总称。尽管我国目前尚未出台完整的行政程序法典，但在一些单行的行政法律中规定了一些行政程序。行政主体在行使职权时，必须予以遵守，否则该行为将构成违法。比如说，我国《行政处罚法》中规定了行政处罚的一般程序和简易程序，并对行政处罚中需要听证的处罚听证程序作了规定。其中一般程序包括立案调查和审查决定两个步骤。具体划分为：立案、调查取证、审查调查结果、作出行政处罚决定和送达行政处罚决定书等。[②]

---

① 参见《济源市公安局邵州分局与王建平、李治会治安行政处罚案》，http://bmla.chinalawinfo.com/case/displaycontent.asp。

② 详见《行政处罚法》第五章的规定。

案例 4-12

2001 年 10 月宦某与陈某经人介绍相识恋爱。2002 年 2 月 25 日，宦某父亲与陈某哥哥一同在某镇婚姻登记管理机关代宦某和陈某办理了结婚登记，并分别领取了渝万培字〔2002〕第 034 号结婚证书。该结婚证书所载的女方姓名为“宦某某”，出生时间“81 年 2 月 11 日”，身份证件号一栏空白未填，男方姓名“陈某某”，出生时间“76 年 8 月 23 日”。该证所载内容与办理婚姻登记时所提交的当事人婚姻状况证明及结婚登记申请书中的内容相符，但与宦某身份证上真实姓名不符。陈某身份证载明 1974 年 8 月 23 日生。在向该镇婚姻登记管理机关申请办理结婚登记及领取结婚证书时，宦某与陈某皆在广东务工，未亲自到场。①

【问题】

该镇婚姻登记管理机关作出的结婚登记行为在程序上是否合法？

【评析】

该镇婚姻登记管理机关作出的结婚登记行为在程序上严重违法。《婚姻登记管理条例》（原国函〔1994〕6 号）（2003 年 10 月 1 日废止）第 8 条第 1 款规定，“申请婚姻登记的当事人，应当如实向婚姻登记管理机关提供本条例规定的有关证件和证明，不得隐瞒真实情况。”第 9 条第 1 款规定，“当事人结婚的，必须双方亲自到一方户口所在地的婚姻登记机关申请结婚登记，申请时，应当持下列证件和证明：（一）户口；（二）居民身份证；（三）所在单位、村民委员会或者居民委员会出具的婚姻状况证明。”而该镇婚姻登记管理机关在为宦某和陈某办理结婚登记时没有严格依照上述规定，未尽必要的审查义务，在当事人双方均未亲自到场、也未提供户口和身份证的情况下，办理了渝万培字〔2002〕第 034 号结婚登记，其程序严重违法。

第四节 有瑕疵的行政行为的后果

行政行为一经作出，就具有法律效力。但是有些行政行为作出后，由于存在这样或那样的瑕疵，比如说欠缺一般合法要件，就会阻碍行政行为效力的发生。但是，值得注意的是，这些有瑕疵的行政行为，在有权机关依法判断其瑕疵并作出相应处理之前，依然具有上述行政行为的效力，即公定力、确定力、约束力和执行力，也即具有合

① 参见《宦某某诉重庆市万州区民政局婚姻行政登记违法纠纷案》，http://bmla.chinalawinfo.com/case/displaycontent.asp。

法有效的推定效力。具体而言，在我国有瑕疵的行政行为经有权机关依法判断后，主要有以下三种后果：

一、无效的行政行为

行政行为的无效，是指行政行为成立时有明显或重大的违法情形，自始至终不产生法律效力。[①]

（一）行政行为无效的原因

如果任何一个正常理智的普通人的常识性理解都可以判断行政行为存在严重和明显的违法情形，一般而言该行为是无效的。无效的主要原因有：(1)行政行为有特别重大的违法情形。(2)行政行为具有明显的违法情形。(3)行政主体不明确或明显超越职权的行政行为。(4)行政主体受胁迫所为的行政行为。(5)没有可能实施的行政行为。(6)行政行为的实施将导致犯罪。

（二）行政行为无效的后果

行政行为无效的后果有：(1)行政行为被确认无效后即自始至终不发生法律效力。(2)经有权机关确认无效后，原则上应当尽可能恢复到行政行为发布以前的状态。比如说，如果是授益行政行为的，行政主体应收回无效行政行为；如果是负担行政行为的，行政主体应返还其因此得到的利益，给相对人权益造成损失的，应该给予赔偿。[②]

二、撤销的行政行为

行政行为的撤销，是指对已经合法有效的行政行为，如果发现其违法或不当，由有权的国家机关予以撤销，使其失去法律效力。行政行为撤销的原因为行为违法或明显不当。

（一）行政行为撤销的原因

第一，行政行为违法，缺乏合法要件。行政行为的合法要件包括主体合法、内容合法和程序合法等。如果行政行为在作出时，存在主要证据不足、适用法律、法规错误、违反法定程序、超越职权、滥用职权等违法情形的，该行为可以由法定机关予以撤销。

第二，行政行为明显不适当。其实与上述合法要件相比较，这是对行政行为合理

---

① 需要指出的是，我国即使是无效的行政行为也要依法由有权机关（行政复议机关和诉讼机关）来作出判断，而不能由行政相对人自行判断并予以抵抗。换句话说，这里的自始无效，只是溯及以后的失去效力，并不能从一开始就否定行政行为合法有效的推定有效。

② 如上所言，目前我国制定法上的无效制度与大陆法系理论上的无效制度还有一定的差异，这里主要从制定法的角度来解释这一制度。

性的要求。换言之，即使行政行为符合上述的合法要件，但是在内容上存在明显不合理的情形，也可以由法定机关撤销该行为。

（二）行政行为撤销的后果

鉴于行政行为的公定力，撤销的行政行为在法定有权机关作出撤销的决定之前，仍然视为具有法律效力的行为。该行为被撤销后，产生以下法律效果：

第一，该行政行为自撤销之日起失去法律效力。撤销之前仍有公定力、确定力、拘束力和执行力，行政相对人仍应履行该行为为其设定的义务等。但是撤销的行政行为的效力可以一直追溯到行政行为作出之日。

第二，责任后果。如果是由于行政主体的过错而导致行政行为撤销的，行政主体则应当对给相对人造成的损害予以赔偿。如果是由于相对人的过错而导致行政行为撤销的，行政性相对人因此受到的损失应自行负责，行政相对人因此所获得的利益应当予以收回。

案例 4-13

1988 年 8 月 24 日，梅州市人民政府（以下简称梅州市政府）作出梅市府办函〔1988〕28 号《关于梅州市区范围内房屋所有权登记发证工作请示的批复》，成立梅州市区房屋所有权登记发证办公室（以下简称梅州发证办），梅州市区范围内的房屋所有权的登记发证工作由梅州发证办负责。1988 年 11 月 9 日，梅州市政府作出梅市府〔1988〕61 号《关于开展梅州市区房屋登记的通告》（以下简称 61 号通告），规定 1988 年 9 月 1 日以后，任何房管部门在市区范围内所发的房屋所有权证均作无效，由发放单位自行收回，房屋所有人应到梅州发证办重新申请登记发证。

1994 年 7 月 26 日，华龙公司申请办理位于梅州市梅江区三角镇东升工业区网子岌的工业大楼（以下简称工业大楼）房屋产权登记，梅县房地产公司经审核后，于 1994 年 8 月 6 日颁发了 3783725 号证，所有权人为华龙公司，3783725 号证加盖了梅县政府房产证专用章。梅县房地产公司经机构改革后，其职能逐步由梅县房产管理局承担，最终由县住建局承担。

1994 年 12 月 12 日，华龙公司以工业大楼作为抵押物，向华侨公司贷款，签订外汇抵押贷款合同，并在梅县房地产公司办理房屋抵押贷款他项权利登记证。因华龙公司未能偿还贷款，华侨公司向广州市中级人民法院提起诉讼，广州市中级人民法院作出〔1998〕穗中法经初字第 729 号民事判决，判决华龙公司偿还华侨公司贷款本金 194 万美金及利息，后又在执行中作出〔1999〕穗中法经执字第 370 号民事裁定，裁定上述民事判决中止执行。

1996 年 12 月 1 日，华龙公司又将工业大楼向梅州发证办申请办理房地产权登记，梅州发证办经审核后，于 1996 年 12 月 27 日颁发了粤房地字第 0646364 号房地产权证(以下简称0646364号证)。此后,华龙公司又以工业大楼作为抵押物向中国工商银行深圳分行借款。因华龙公司未能偿还借款,引起诉讼,经梅州市中级人民法院审理并进入执行后,经过委托评估、拍卖,于2003年4月将处置工业大楼的款项分配完毕,华侨公司未得到该处置款项的分配。

2012年3月23日,华侨公司向梅州市中级人民法院提起行政诉讼,以梅县政府、县住建局明知对工业大楼无权颁发房产证的情况下,滥用职权擅自颁发房产证明给华龙公司并向华侨公司办理抵押登记,以此误导华侨公司向华龙公司出借194万美元,导致该贷款至今无法收回为由,请求梅州市中级人民法院确认梅县政府、县住建局颁发给华龙公司的3783725号证的行政行为违法并承担诉讼费用。①

【问题】

梅县政府、县住建局颁发给华龙公司的3783725号证的行政行为是否应该予以撤销?为什么?

【评析】

梅县政府、县住建局颁发给华龙公司的3783725号证的行政行为应该予以撤销。理由如下:

同一房产应当只有一份合法的房产所有权证。61号通告第4条第4项规定1988年9月1日以后,任何房管部门在市区范围内所发的房屋所有权证均作无效,由发放单位自行收回,房屋所有人应到梅州发证办重新申请登记发证。由于工业大楼位于梅州市梅江区,不在梅县政府的行政管辖范围内,属于梅州市政府的登记发证范围,梅县政府、县住建局为华龙公司颁发3783725号证是超越职权的违法行政行为。

三、废止的行政行为

行政行为的废止,是指已经发生法律效力的行政行为,因某种法定情形而依法被宣布失去法律效力。一般而言,行政行为因下列情形而被废止:

(一)行政行为废止的原因

第一,法律依据发生了变化。行政行为所依据的法律、法规、规章和政策等已经被有权机关修改、废止或者撤销。行政行为失去了法律依据,因此不能保持其法律效力,否则将与新的规定相冲突或相抵触。

第二,事实依据发生了变化。行政行为所依据的客观事实已经发生了重大变化或者已经不复存在。行政行为失去了事实依据,因此需要废止原来的行政行为的法律效力。

① 参见《梅县人民政府等与广东华侨信托投资公司房屋登记行政纠纷上诉案》,http://bmla.chinalawinfo.com/case/displaycontent.asp。

第三,法律效果已经实现。行政行为所要实现的法律效果已经完成,没有继续存在的必要。

(二)行政行为废止的后果

行政行为废止的后果有:(1)行政行为自废止之日起不发生法律效力。废止与无效、撤销的行政行为不同,不具溯及的效力,该行为仅从废止之日起失效。(2)因废止行政行为而给相对人造成损失的,行政主体应当予以补偿。

【课后练习】

一、单选题

1. 下列行政机关的行为中,哪个属于行政行为?(　　)

A. 租用办公用房的行为　　B. 购买办公用品的行为

C. 制定规章的行为　　D. 征收税款的行为

2. 某工商局任意改变了其所颁发的营业执照中所确定的营业范围。从行政法理论上说,该工商局违反了行政行为效力的哪个方面?(　　)

A. 确定力　　B. 拘束力

C. 执行力　　D. 公定力

3. 某企业依法向其职工收缴个人所得税,此行为(　　)。

A. 违法,企业不是行政主体,不能实施行政征收行为

B. 属于行政征收的代扣、代缴方式

C. 不具有强制性,职工不缴纳所得税,企业不得强制征收

D. 可以不采取书面形式

4. 某省人民政府要实施一项国家重点工程项目,占用某地区农民的土地。省人民政府对被用地的农民给予各种补偿费用与安置费,并对多余的劳动力进行了安置。省人民政府的这一行为属于(　　)。

A. 行政征用　　B. 行政征收

C. 行政征购　　D. 行政没收

5. 我国专利法规定,对未经专利权人许可实施其专利的侵权行为,专利权人或利害关系人可以请求专利管理机关进行处理。专利管理机关在处理时,有权责令侵权人停止侵权行为,并赔偿损失。专利管理机关的这一行为属于(　　)。

A. 行政许可　　B. 行政处罚

C. 行政强制　　D. 行政裁决

6. 依照有关法律规定,具有法人资格的社会团体应自批准成立之日起60日内向登记管理机关备案,登记管理机关自收到备案文件之日起30日内发给《社团登记证书》。登记管理机关的这一行为属于(　　)。

A. 行政立法　　B. 负担的行政行为

C．裁量的行政行为　　D．羁束的行政行为

7．下列哪个选项不属于单方行政行为？（　　）

A．行政合同　　B．行政给付

C．行政许可　　D．行政强制

二、多项选择题

1．行政行为必须具备以下哪些要素？（　　）

A．行为主体必须依法享有行政职权

B．行为的对象针对的是特定的相对人或特定的事项

C．行为的效力是一次性的，是不能反复适用的

D．行为的内容是设立、变更或消灭某项权利或义务

2．下列行政行为哪些是依职权行政行为？（　　）

A．行政处罚　　B．行政许可

C．行政征收　　D．行政强制

3．下列哪些行为属于行政行为？（　　）

A．颁发许可证的行为　　B．减免税收的行为

C．对于婚姻状况的登记行为　　D．对土地使用权作出的确认

4．以下哪些情形属于行政行为无效的情形？（　　）

A．行政主体受胁迫而作出的行政行为　　B．行政行为有重大违法情形

C．行政行为将导致相对人犯罪　　D．行政行为没有实施的可能

5．以下哪些情形会造成行政行为的废止？（　　）

A．法律、法规、规章或政策被修改、废止或者撤销

B．实际情况发生重大变化

C．发现行政行为有重大违法情形

D．原定任务或目标已经完成

6．万家纺织厂系国营企业牡丹机械厂为安置待业人员创办的集体企业。2010年，两厂因隶属关系发生纠纷。市国有资产管理局以国资局字第18号文件的形式对两厂产权作出界定。国资局字第18号文件是（　　）。

A．行政立法　　B．行政行为

C．内部行政行为　　D．行政裁决行为

7．以下有关行政行为和有普遍约束力的决定和命令的表述正确的是（　　）。

A．有普遍约束力的决定和命令一般针对不特定的多数人和事，而行政行为仅仅针对特定的对象

B．有普遍约束力的决定和命令与行政行为的成立和生效要件不同

C．有普遍约束力的决定和命令主要表现为规范性，而行政行为表现为确定性

D. 有普遍约束力的决定和命令可以反复适用,行政行为只能适用一次

8. 下列哪些行为属于行政行为?(　　)

A. 某市政府发布的关于某小区的拆迁决定

B. 北京市政府出台的奥运会期间的交通管制的通告

C. 某市政府制定的关于出入该市的车辆的收费标准

D. 某部委发布的要求所有医院均不得与某企业签订某种药品买卖合同的通知

三、简答题

1. 什么是行政行为?

2. 行政行为的成立要件是什么?

3. 行政行为的一般合法要件是什么?

四、论述题

论述行政行为的效力。

【拓展实训】

实训项目名称:寻找并列举日常生活中常见的行政行为。

实训目标:让学生结合所学行政行为的基础理论知识,认识、了解日常生活中常见的行政行为,从熟悉的行政行为入手,激发学生的学习兴趣,加深对行政法中行政行为理论的认知,为以后的学习打下良好的基础。

实训具体步骤:

(1) 布置学生结合本章所学内容,寻找并列举认为是自己日常生活中常见的行政行为。

(2) 小组讨论。学生分成小组,相互讨论自己小组寻找、列举的行政行为是否属于行政法上的合法的行政行为,并进行提炼总结。

(3) 小组代表汇报。小组代表汇报本组的讨论结果,提出小组中争议的问题,并说明各方的不同理由。

(4) 教师反馈和总结。对各组列举的行为和问题、争议的问题进行点评和说明。

【练习答案】

一、单选题

1. D　2. A　3. B　4. A　5. D　6. D　7. A

二、多项选择题

1. ABCD　2. ACD　3. ABCD　4. ABCD　5. ABD　6. BD　7. ABCD　8. AD

三、简答题

1. 行政主体行使行政职权所作出的能够产生行政法律效果的行为是行政行为。行政行为是行政主体所为的行为,具体而言,行政主体包括行政机关和法律法规授权

组织。行政行为是行使行政职权、进行行政管理的行为，也就是说，行政行为一定与行政职权相关。行政行为是行政主体实施的能够对行政相对人的权利和利益产生影响的行为。

2. 行政行为的成立，是指行政行为的形成或作出，即在法律上存在。行政行为的成立需要具备一定的条件，一般而言，包括以下要件：第一，主体要件。作出行政行为的主体必须是享有行政职权的行政机关，对外表现为拥有行政职权或一定行政职责的国家行政机关的公务人员，或者法律、法规授权的组织的工作人员，或者是接受行政主体委托的受委托组织的工作人员。第二，内容要件。行政行为的内容是行政机关向行政相对人作出的具有法律效果的意思表示。第三，法律效果要件。行政行为作出后能够对外产生一定直接或间接的法律效果，使某种行政法律关系产生、变更或消灭，对行政相对人的权利和义务产生一定的影响。

3. 结合现行法律的规定，一般来说，行政行为的合法要件有主体合法、内容合法和程序合法等。

主体合法，是指作出行政行为的组织必须具备行政主体资格，能以自己的名义作出行政行为，并能独立承担法律责任。根据我国法律法规的规定，能够成为行政主体的应当是依法设置的行政机关或依法被授权的被授权组织。主体合法，除了要求行政行为的主体是行政主体之外，而且还要求行政主体的行为必须在其法定的权限范围之内。具体而言，包括不得超越职权和滥用职权。

内容合法，是指行政主体作出的行政行为所设定的行政法上的权利和义务应当合法。包括两个方面内容：法律事实清楚，证据确凿充分；法律依据适用正确。

程序合法。程序是作出行政行为所经过的步骤、时限、方法、形式等。任何行政行为都须通过一定的程序表现出来，没有脱离程序的行为。行政行为的程序合法是该行为合法的必备要件。

四、论述题

行政行为的效力，是指所有行政行为都固有的一般法律效力。这是对所有行政行为的法律效力的一种理论抽象，是行政行为区别于其他法律行为的关键之所在。一般而言，行政行为一经作出，便具有公定力、确定力、拘束力和执行力。

第一，公定力。行政行为的公定力，是指行政行为一旦成立，原则上推定其有效乃至合法；即使被认为是违法的，在有权行政主体或人民法院予以撤销、废止或者变更之前，相对人、行政主体以及人民法院都必须将其作为合法、有效的行为加以尊重和服从，而不能否认其效力。当然，除了该行政行为的成立具有重大且明显的瑕疵，因而被认为绝对无效除外。

第二，确定力。行政行为的确定力，是指行政行为具有不受任意改变的法律效力。具体而言，包括形式性和实质性的确定力。形式性的确定力，也称不可争力，是指一旦超过对行政行为提起复议和诉讼的期限，行政相对人等便不得就该行政行为提起争议、要求改变该行政行为的效力。不过，这种效力只是对行政相对人提起争议申请的拒绝，并不妨碍行政主体依职权撤销违法或不当的行政行为。实质性的确定力，也称不可变更力，是指行政主体一旦作出行政行为，非依法定的事由和程序，不得任意变更已经作出的行政行为的，或又重新作出行为。

第三，拘束力。行政行为的拘束力，是指行政行为具有法律规定的或者行政主体决定的法律效果，当事人即行政主体和行政相对人对这种法律效果都必须予以尊重并遵守的效力。不仅如此，其他所有包括行政主体在内的国家机关与相对人也都应该对该行政行为的遵守予以尊重，而不能任意的横加干涉。一方面，行政行为拘束行政主体。行政行为一旦作出，只要没有法定的依据，不经法定的程序，任何机关、组织或者担任任何职务的公务员都不得予以撤销或变更。另一方面，行政行为拘束行政相对人。行政相对人对合法成立并已生效的行政行为，负有服从的义务，必须按照行政行为所规定的义务而予以积极的履行，不能推诿、拖延，以及代替、转移等。

第四，执行力。行政行为的执行力，也称行政行为的“自行执行力”，是指行政行为成立生效后，在行政相对人不自觉履行行政行为所设定义务的情况下，行政主体得以自身的力量强制实现行政行为内容的效力。

第五章　行 政 处 罚

【事例回放】

2012 年 6 月 29 日，湖南省邵阳市人民政府发布《关于进一步规范市民日常行为的通知》（市政发〔2012〕8 号，以下简称《通知》），其中规定乱扔果皮、纸屑、烟头、槟榔渣、塑料袋等废弃物的，每次罚款 10 元；随地吐痰的，每次罚款 10 元；随地便溺的，每次罚款 20 元；行人不走斑马线、乱翻护栏的，每人（次）罚款 10 元；非机动车辆不按规定停放的，每台（次）罚款 50 元。

另据邵阳市城管局工作人员表示，全市共招聘 1000 名监督员，每个区各分配几百名，分别由每个社区的街道办事处统一管理。该工作人员向记者提供了一份《市容环境监督员执法手册》，其中在《管理办法》第 13 条写道："监督员实行岗位补贴加奖金的薪酬制度。岗位补贴每人每月 500 元，由市财政统一拨付到区。监督员所收取的罚款和停车费全额上缴区财政，由区财政按票据及时结算，80% 返还奖励给监督员本人……"①

【问题】

（1）《通知》对于行政处罚权的设定是否合法？

（2）邵阳城管监督员的收入分配是否合法？

【评析】

（1）根据《行政处罚法》第 14 条的规定，除法律、法规和规章以外的其他规范性文件不得设定行政处罚。邵阳市政府制定的《通知》属于其他规范性文件，无权设定任何种类的行政处罚。因此，该《通知》对于行政处罚权的设定是违法的。

（2）根据《行政处罚法》第 53 条第 2 款的规定，罚款必须全部上缴国库，任何行政机关或者个人不得以任何形式截留、私分或者变相私分，财政部门不得以任何形式向作出行政处罚决定的行政机关返还罚款。可见，材料中邵阳市财政局将罚款的 80% 作为奖励返还给城管监督员的做法是明显违法的。

---

① 《湖南邵阳聘千人替城管执法，罚款可提成 80%》，载《潇湘晨报》，2012-08-21。

【重点知识】

第一节　行政处罚制度概述

一、行政处罚的概念和特征

行政处罚是指行政主体依照法定权限和程序对实施了违法行为但尚未构成犯罪的公民、法人或者其他组织，通过限制或剥夺其人身、财产、名誉等权利的方法予以惩戒的行为。行政处罚的特征主要有以下几个方面：

（一）行政处罚的主体是行政主体

具体包括行政机关和法律法规授权的组织。行政主体是否享有行政处罚权、享有哪些行政处罚权以及多大范围内的行政处罚权，必须由法律、法规予以明确规定。行政主体要严格依据法定权限和程序行使行政处罚权。

（二）行政处罚的对象是实施了违反行政法律规范行为的相对人

首先，行政处罚的对象是违反了行政法律规范的相对方，而不是行政机关系统内部的公务员，这使其区别于行政处分；其次，行政处罚的对象通常是违反了行政法律规范但尚未构成犯罪的公民、法人或其他组织，这又使其区别于刑事处罚，当然，对于既违反了行政法律规范又违反了刑事法律规范的公民、法人或其他组织，也可能对其实施两种处罚。

（三）行政处罚是一种以惩戒违法为目的的具有制裁性的行政行为

行政主体通过限制或剥夺相对方的人身、名誉、财产等权益来体现其制裁性，当然，行政处罚的最终目的是消除违法，维护公共利益和社会秩序，从而保护公民、法人或其他组织的合法权益。这使其明显区别于行政奖励等授益性的行政行为。

1996 年 3 月 17 日第八届全国人大第四次会议通过、并于 2009 年修订的《行政处罚法》，对行政处罚的设定、实施、执行和法律责任等问题作了规定，从而为行政处罚行为提供了基本法律依据。除此之外，《治安管理处罚法》《道路交通安全法》《出境入境管理法》《外国人入境出境管理条例》等法律、法规，则为部门管理领域的行政处罚行为提供了更为具体、明确的法律规则。

二、行政处罚的基本原则

行政处罚的基本原则是指对行政处罚的设定和实施具有普遍指导意义的基本准则。根据《行政处罚法》的规定，行政处罚的基本原则可以概括为以下几项：

（一）处罚法定原则

《行政处罚法》第 2 条规定："行政处罚的设定和实施，适用本法。"第 3 条规定："公民、法人或者其他组织违反行政管理秩序的行为，应当给予行政处罚的，依照本法由法律、法规或者规章规定，并由行政机关依照本法规定的程序实施。"据此，行政处罚的设定、主体、职权、种类、内容和程序均由法定，没有法定依据或不遵守法定程序的，行政处罚无效。

（二）处罚公正、公开原则

《行政处罚法》第 4 条规定："行政处罚遵循公正、公开的原则。设定和实施行政处罚必须以事实为依据，与违法行为的事实、性质、情节以及社会危害程度相当。对违法行为给予行政处罚的规定必须公布；未经公布的，不得作为行政处罚的依据。"

行政处罚公正原则要求行政处罚的设定和实施应基于合理正当的目的；同样的情况应同等对待；应考虑相关因素而不考虑不相关因素；处罚的轻重程度应与违法行为的事实、性质、情节和社会危害程度相适应。

行政处罚公开原则要求除涉及国家秘密和依法受到保护的商业秘密、个人隐私的外，行政处罚的依据、过程和结果都要公开，为此，《行政处罚法》规定了一系列制度来保障处罚公开原则的实现，如表明身份制度、听取意见制度、听证制度等，以监督行政机关依法行使行政处罚权。《治安管理处罚法》第 5 条第 2 款规定："实施治安管理处罚，应当公开、公正，尊重和保障人权，保护公民的人格尊严。"体现了处罚公开与保护公民合法权益之间的平衡与协调。

案例 5-1

原告鼎盛公司是一家专业从事生产、加工（焙）烘烤制品并销售公司自产产品等的外商独资企业，注册取得"艾维尔 I Will"文字及图商标、"爱维尔"文字商标以及"爱维尔 I Will"文字及图商标，核定使用商品均为第 30 类"蛋糕、面包、月饼等"。第三人东华公司经国家商标局核准于 2009 年 7 月 14 日取得第 5345911 号（以下简称"乐活 LOHAS"）注册商标，核定使用商品为第 30 类"糕点、方便米饭、麦片、冰淇淋"，目前尚未在产品上使用该商标。

2009 年 8 月，鼎盛公司将其当年度所生产的月饼划分为"秋爽"、"美满"以及涉案的"乐活"等总计 23 个类别，同时制作相应的广告宣传目录册。鼎盛公司在涉案"乐活"款月饼的手拎袋、内衬及月饼单粒包装盒外侧左下角显著位置均标注"I Will 爱维尔"与"乐活 LOHAS"连用标识，手拎袋两侧同时标注有生产商鼎盛公司名称、电话、厂址等信息。9 月初，鼎盛公司将上述月饼投放市场，主要通过鼎盛公司在苏州市范围内的 63 家爱维尔直营店、加盟店销售、直接向公司订货及临时聘请外来人员以销售礼品券的方式进行销售。

2009年9月8日，被告苏州工商局接到举报称原告鼎盛公司生产销售的“乐活LOHAS”等月饼有商标侵权嫌疑，故展开相应调查。经过听证，2010年6月11日，苏州工商局作出苏工商案字〔2010〕第00053号行政处罚决定，认定鼎盛公司的行为属于《商标法》第52条第1项所规定的侵犯注册商标专用权的行为，依据《商标法》第53条以及《商标法实施条例》第52条的规定，对鼎盛公司作出了责令停止侵权行为并罚款人民币50万元的行政处罚决定。

该行政行为作出后，鼎盛公司不服并于2010年6月29日向苏州市人民政府申请行政复议。苏州市人民政府在复议决定中维持了苏州市工商局的行政处罚决定。鼎盛公司对此仍不服，遂向人民法院提起行政诉讼。苏州市中级人民法院驳回了原告鼎盛公司的诉讼请求。鼎盛公司不服一审判决，向江苏省高级人民法院提起上诉。江苏省高级人民法院二审认为，上诉人鼎盛公司使用“I Will 爱维尔”与“乐活LOHAS”连用的标识系商标性使用，二者的商标构成近似，其行为侵害了被上诉人东华公司注册商标专用权，但被上诉人苏州市工商局作出的行政处罚显失公正，判决变更苏工商案字〔2010〕第00053号行政处罚决定“1.责令停止侵权行为。2.罚款人民币50万元”为“责令停止侵权行为”。①

【问题】

被告苏州市工商局的行政处罚决定是否符合行政处罚公正原则？

【评析】

根据《行政处罚法》第4条第2款的规定，实施行政处罚必须以事实为依据，与违法行为的事实、性质、情节以及社会危害程度相当，这又被称为行政处罚公正原则或过罚相当原则。如果行政处罚明显违背该原则，使处罚结果与违法程度不相适应，则应当认定属于行政处罚显失公正。

《商标法》第53条规定，工商行政管理部门在处理侵犯注册商标专用权纠纷时，认定侵权行为成立的，责令立即停止侵权行为，并可处以罚款。这意味着，对于商标侵权行为，工商部门在责令立即停止侵权行为的同时，对是否并处罚款享有自由裁量权。在行使该裁量权时应遵循过罚相当原则，即综合考虑处罚相对人的主观过错程度、违法行为的情节、性质、后果及危害程度等因素，在保证行政管理目标实现的同时，兼顾保护行政相对人的合法权益，行政处罚以达到行政执法目的和目标为限，并尽可能使相对人的权益遭受最小的损害。本案中，上诉人鼎盛公司的行为构成商标侵权，苏州工商局有权依据商标法对其违法行为予以查处并作出处罚，但其在责令鼎盛公司停止侵权行为的同时并处50万元罚款，并未考虑以下应当考虑的因素：

---

① 《苏州鼎盛食品公司不服苏州市工商局商标侵权行政处罚案》，载《最高人民法院公报》，2013(10)，36～41页。

第一,在"乐活 LOHAS"注册商标核准之前,上诉人鼎盛公司就进行了相应的包装设计并委托生产,鼎盛公司不存在攀附被上诉人东华公司注册商标声誉的主观恶意。

第二,"乐活 LOHAS"商标于 2009 年 7 月核准注册,被上诉人苏州工商局对上诉人鼎盛公司的侵权行为于 2009 年 9 月查处、2010 年 6 月作出行政处罚决定。因鼎盛公司的侵权时间非常短暂,且涉案注册商标尚未实际使用,故鼎盛公司的侵权行为对商标权人东华公司并未造成实际损害后果。

第三,从"I Will 爱维尔"与"乐活 LOHAS"连用的标识使用情况来看,上诉人鼎盛公司仅是在 2009 年中秋月饼的促销活动中使用该标识,且作为该年度中秋 23 款系列月饼中的一款,鼎盛公司并未对使用该标识的月饼进行专门、广泛、大量的宣传,其对商品的销售模式也仅限于其专卖店销售或直接推销。加之"乐活 LOHAS"注册商标因未使用不存在市场知名度,尚未造成市场中相关公众实际的混淆和误认,故其侵权行为和情节显著轻微。

基于以上因素,被上诉人苏州工商局在对上诉人鼎盛公司进行行政处罚时,责令其停止侵权行为即足以达到保护注册商标专用权以及保障消费者和相关公众利益的行政执法目的,但苏州工商局未考虑鼎盛公司上述主观上无过错,侵权性质、行为和情节显著轻微,尚未造成实际危害后果等因素,同时对鼎盛公司并处 50 万元罚款,使行政处罚的结果与违法行为的社会危害程度之间明显不适当,其行政处罚缺乏妥当性和必要性,应当认定属于显失公正的行政处罚,人民法院有权依法判决变更。

（三）处罚与教育相结合原则

《行政处罚法》第 5 条规定:"实施行政处罚,纠正违法行为,应当坚持处罚与教育相结合,教育公民、法人或者其他组织自觉守法。"行政处罚的目的不仅仅是惩戒已然的违法者,更重要的是教育其以后不再违法,并警示那些潜在的违法者放弃违法,从而达到制止、预防违法的目的。

此外,《行政处罚法》规定的"警告"处罚、对有违法行为的未成年人从轻或减轻处罚,以及对情节轻微并及时纠正、没有造成危害后果的,不予处罚等,都是处罚与教育相结合原则的体现。当然,该原则的落实特别需要行政执法人员提高自身素养,克服居高临下、简单粗暴的执法理念和执法方式,在依法处罚的同时对违法的相对人进行有理有据地说服教育,使其心服口服。

案例 5-2

在京务工人员杜宝良偶然到交通执法站查询违章记录时得知,在 2004 年 7 月 20 日到 2005 年 5 月 23 日期间,因自己驾驶的小货车走了禁行路段,被交管部门的电子眼记录了 105 次,扣了 210 分,累计处以 10 500 元罚款。但杜宝良本人在此期间从未接到过交管部门任何形式的告知、提醒和教育,更不知道自己的行为违反了交通规则。此事经媒体披露后引起社会各界对非现场执法程序正当性的广泛关注和讨论。

【问题】

结合杜宝良案件谈谈你对电子眼执法等非现场执法方式的看法。

【评析】

中国人民大学法学院李元起副教授曾把“电子眼”形象地比喻为交警手中的一支“枪”,枪本身没有好坏,关键要看警察怎么用,打死坏人就达到了执法的目的,误伤好人则效果相反。[①] 这一比喻较好地描述了电子眼执法的处境。

其一,在“车多警少”、交通安全形势日益严峻的现代社会,在传统执法中引入电子眼执法具有必然性,可以极大地提高执法效率,既减轻了民警的工作压力,也为交通管理带来极大的便利。

其二,电子眼执法存在程序瑕疵。一是难以贯彻处罚与教育相结合的原则。电子眼执法虽然如实反映违法情况,但无法当场纠正当事人的违法行为,也不能及时对违法行为人进行教育,无法发挥法的警示和教育功能,从而在客观上造成同一个违法者在同一个时间和地点从事同样的违法行为达 100 多次的“杜宝良现象”。二是告知程序存在瑕疵。《行政处罚法》要求行政机关在作出处罚决定前履行告知义务并听取当事人的陈述和申辩,而在电子眼执法中,行政机关却要求公民自行通过互联网等方式了解其违法情况,从而导致公民因未及时查询违章记录而重复违法。

其三,电子眼执法存在的程序瑕疵可以通过更加完善和人性化的制度设计予以弥补。如倡导“阳光执法”,新修订的《道路交通安全违法行为处理程序规定》要求固定式交通技术监控设备设置地点应当向社会公布,使用固定式交通技术监控设备测速的路段,应当设置测速警告标志。这有利于杜绝“暗中执法”所产生的负面效应,树立行政执法的良好形象。同时,建立并严格执行告知制度,切实保障当事人的陈述权和申辩权。如在“杜宝良事件”发生后不久,北京市交管局改进了执法程序和手段,首次给违章车主邮寄了 71 万份交通违法告知单,按照管理程序,司机收到告知单后,如果对违法记录没有异议,应在 20 日内到任一交通执法站接受处理;如有异议可到违法行为发生地的交通支队执法站窗口核实情况;如再不服,可依法申请行政复议。[②] 广西南宁市交警支队设立“电子警察”交通违法调查室,专门接受当事人提出的申诉,核查“电子警察”摄录资料,尽可能做到有错必纠。

(四)保障相对人权利原则

《行政处罚法》第 6 条规定:“公民、法人或者其他组织对行政机关所给予的行政

---

① 张静:《对交警部门“非现场执法”的法律思考》,载《法制与经济》,2009(7),20~28 页。

② 尹卫国:《执法的必经程序——告知制度》,载《经营与管理》,2005(10),7 页。

处罚,享有陈述权、申辩权;对行政处罚不服的,有权依法申请行政复议或者提起行政诉讼。公民、法人或者其他组织因行政机关违法给予行政处罚受到损害的,有权依法提出赔偿要求。"同时,为了防止相对人因权利意识淡薄或无知而放弃行使权利,法律还赋予处罚机关告知的义务。《行政处罚法》第31条规定:"行政机关在作出行政处罚决定之前,应当告知当事人作出行政处罚决定的事实、理由及依据,并告知当事人依法享有的权利。"行政机关不得因当事人申辩而加重处罚。根据第41条的规定,如果处罚机关拒绝听取当事人的陈述、申辩,行政处罚决定不能成立。这些规定有利于切实保障相对人权利的实现。

(五)一事不再罚原则

《行政处罚法》对一事不再罚原则的规定较为简单,第24条规定:"对当事人的同一个违法行为,不得给予两次以上罚款的行政处罚。"在理论上,通常将一事不再罚原则界定为:对相对方的同一违法行为不得给予两次以上同类的行政处罚。结合实务中的情况,具体可从以下几个方面来理解:

1. 相对人实施的一个违法行为只触犯一个法律规范

相对人实施的一个违法行为只触犯一个法律规范的,行政机关只能进行一次行政处罚,但处罚的内容可以包括多项,如警告、罚款、拘留等。

2. 相对人实施的一个违法行为同时触犯多个法律规范

相对人实施的一个违法行为同时触犯多个法律规范的,各行政机关不得分别给予同一种类的行政处罚,如多次警告、多次罚款、多次拘留等,但可以分别给予不同种类的行政处罚,如不同部门分别处以罚款、没收违法所得、暂扣营业执照等。

3. 相对人实施的违法行为处于连续状态时

相对人实施的违法行为处于连续状态时,如一辆长途货车连续超载或连续超速,是否可以给予多个行政处罚要具体情况具体分析,一是看行政机关是否已经告知相对人其行为的违法性;二是看相对人被告知后是否有条件停止这种违法状态。

4. 该原则主要适用于可以多次执行的处罚类型

该原则主要适用于可以多次执行的处罚类型,如警告、罚款、拘留等,而对于责令停产停业、暂扣或吊销许可证或执照、没收非法所得或非法财物等处罚,无法多次执行,也就不必再次处罚。

案例 5-3

某县一药店购进一批阿莫西林胶囊1000盒,销售了50盒,患者李某购买后发现该药价格过高,遂向当地物价部门举报。物价局经过调查核实,该批阿莫西林胶囊零售价超过最高限价,依法对该药店给予没收违法所得,并处违法所得三倍罚款的处罚。在物价局调查案件过程中,有患者又反映该阿莫西林胶囊的疗效不好,物价部门遂将此情况反映给当地药品监管局。药监局对该药进行了抽检,经检验该药含量不足,为劣质药。根据《药品管理法》第75条的规定,对销售劣药行为,可以作出没收违法销售的药品、没收违法所得、罚款的处罚。

【问题】

药监局能否对该药店销售劣药的行为再次给予行政处罚?是否违反一事不再罚原则?

【评析】

该药店销售的同一批次药品既因零售价格过高而违反了《价格法》的有关规定,又因质量不合格而违反《药品管理法》的规定,即药店实施的一个违法行为同时触犯了多个法律规范,根据一事不再罚原则的内容,物价局和药监局可以分别根据相应的法律规定对该药店进行处罚,但必须是不同种类的行政处罚。材料中物价局已经对该药店给予没收违法所得和罚款的处罚,根据《药品管理法》的规定,药监局只能对该药店作出没收违法药品的处罚。

(六)职能分离原则

职能分离原则是分权制度在行政机关内部的运用,它要求行政机关将其内部的某些相关职能加以分离使之分属于不同的机构或不同的工作人员掌管或行使,以相互制约、遏制腐败。[①]《行政处罚法》从以下几个方面体现了该原则:

1. 行政处罚的设定机关与实施机关相分离。

2. 行政处罚的调查、检查人员与作出处罚决定的人员相分离。

3. 作出罚款决定的机关与收缴罚款的机构相分离。根据《行政处罚法》第46条的规定,除当场收缴的罚款外,作出处罚决定的行政机关及其执法人员不得自行收缴罚款,当事人应在规定期限内到指定的银行缴纳罚款。

4. 行政处罚听证由行政机关指定的非本案调查人员主持。

第二节 行政处罚的种类与设定

一、行政处罚的种类

根据不同的标准可将行政处罚划分为不同的类型,其中最常见的分类是以行政处罚的内容为标准将其分为人身罚、财产罚、行为罚和声誉罚四类,每一大类又表现为多种具体的处罚形式。《行政处罚法》第8条明确列举了警告;罚款;没收违法所

---

① 姜明安主编:《行政法与行政诉讼法》,263页,北京,法律出版社,2003。

得、没收非法财物；责令停产停业；暂扣或吊销许可证、暂扣或吊销执照；行政拘留这六种处罚形式，除此之外，还包括“法律、行政法规规定的其他行政处罚”。

（一）人身罚

又称自由罚，是指行政主体依法限制或剥夺公民在一定期限内的人身自由的行政处罚，它是行政处罚中最为严厉的一类处罚。现行《行政处罚法》只规定了“行政拘留”这一种限制人身自由的处罚形式。还有前不久刚刚被废止的劳动教养制度，也属于典型的限制人身自由的处罚形式。此外，《出境入境管理法》《治安管理处罚法》等部门管理法中还列举了人身罚的其他一些具体形式。

1. 行政拘留

是指由公安机关依法对违反行政法律规范的人，在短期内限制其人身自由的一种处罚。《行政处罚法》第 9 条第 2 款规定：“限制人身自由的行政处罚，只能由法律设定。”目前，《治安管理处罚法》《出境入境管理法》《消防法》《道路交通安全法》《集会游行示威法》《戒严法》《国家安全法》等法律中都有关于行政拘留的规定。

（1）行政拘留的决定必须由县级以上公安机关或安全机关作出，其他任何行政机关都没有作出拘留决定的权力。

（2）行政拘留的期限一般为 1 日以上 15 日以下，行政拘留处罚合并执行的，最长不超过 20 日。

（3）根据《治安管理处罚法》第 21 条的规定，对下列几类违法行为人不执行行政拘留处罚，具体包括已满十四周岁不满十六周岁的；已满十六周岁不满十八周岁，初次违反治安管理的；七十周岁以上的；怀孕或哺乳自己不满一周岁婴儿的。

（4）根据《治安管理处罚法》第 107 条的规定，被处罚人对行政拘留处罚决定不服而申请行政复议或提起行政诉讼的，可在提供符合法定条件的担保人或缴纳一定保证金的情况下向公安机关提出暂缓执行行政拘留的申请，由公安机关依法作出是否准许的决定。

2. 劳动教养

劳动教养是指对有轻微犯罪行为但尚不够刑事处罚又有劳动能力的人，通过限制其人身自由并实行强制性教育改造的一种处罚措施。劳动教养的期限一般为 1 年到 3 年，必要时可延长 1 年。如此严厉的行政处罚，其法律依据的效力层级却非常低，主要是 1957 年国务院《关于劳动教养问题的决定》、1979 年国务院《关于劳动教养的补充规定》和 1982 年公安部《劳动教养试行办法》。这与《行政处罚法》第 9 条和《立法法》第 8 条、第 9 条的规定明显相违背，从“重庆彭水大学生村官任建宇案”到“上访妈妈唐慧案”，劳动教养制度一次次被推上改革舆论的浪尖，在实务界和理论界引起激烈的讨论和争鸣。

2013 年《中共中央关于全面深化改革若干重大问题的决定》明确提出“废止劳动教养制度,完善对违法犯罪行为的惩治和矫正法律,健全社区矫正制度”。这意味着已存在半个多世纪的有中国特色的劳动教养制度终于“寿终正寝”,同时,还要对高达百余部涉及劳动教养的法律规范进行清理或修订,以及构建更为先进而有效的社区矫正制度,这些都需要付出更多的努力。

3. 限制活动范围等其他形式

根据 2012 年修订的《出境入境管理法》第 61 条的规定,对于不适用拘留审查的外国人,可以限制其活动范围。被限制活动范围的外国人,应当按照要求接受审查,未经公安机关批准,不得离开限定的区域。限制活动范围的期限不得超过六十日。对国籍、身份不明的外国人,限制活动范围的期限自查清其国籍、身份之日起计算。可见,限制活动范围也是人身罚的一种表现形式。此外,《出境入境管理法》还规定对违反法定情形的外国人可以遣送出境、限期出境、驱逐出境或不准出境、不准入境等,这些处罚措施由县级以上公安机关或出入境边防检查机关实施。

(二)财产罚

财产罚是指行政主体依法强迫违法者缴纳一定数额的金钱或物品,或者限制、剥夺违法者财产权益的行政处罚。财产罚是适用范围非常广泛的一类处罚,主要有以下几种表现形式:

1. 罚款

罚款是指行政主体依法强制违法者在法定期限内向国家缴纳一定数额的金钱的处罚形式,它在行政处罚中适用最为广泛。行政法律规范在规定罚款数额时通常设定最高额或最低额,并规定减轻或加重的情形和限额。《治安管理处罚法》规定,500 元以下的罚款可以由公安派出所决定。根据《行政处罚法》的规定,除依法可以当场收缴的罚款以外,当事人应当自收到处罚决定书之日起十五日内,到指定的银行缴纳罚款。银行应当收受罚款,并将罚款直接上缴国库。行政机关及其执法人员当场收缴罚款的,必须向当事人出具省、自治区、直辖市财政部门统一制发的罚款收据,否则,当事人有权拒绝缴纳罚款。

2. 没收财物

具体包括没收违法所得和没收非法财物。违法所得是指行为人从事非法经营所获得的各种收益。非法财物是指行为人用于从事违法活动的违法工具、物品或违禁品,如赌具、赌资、毒品、毒品注射器具等。根据《行政处罚法》第 53 条的规定,除依法应当予以销毁的物品外,依法没收的非法财物必须按照国家规定公开拍卖或按照国家有关规定处理,没收违法所得或没收非法财物拍卖的款项,必须全部上缴国库,任何机关或个人不得以任何形式截留、私分或变相私分,财政部门也不得以任何形式向作出处罚决定的行政机关返还拍卖款项。

（三）行为罚

又称能力罚，是指行政主体依法限制或剥夺违法者从事某种行为的能力或资格的行政处罚。行为罚既可以针对自然人，又可以针对组织来实施，这不同于只能针对自然人实施的自由罚。行为罚主要有以下几种表现形式：

1. 责令停产停业

即由行政主体依法责令违法者在一定期限内暂时停止其生产经营活动，待违法者纠正了其违法行为或履行了法定义务后，才可继续从事生产经营活动。该种行政处罚既可单独适用，也可与罚款、没收违法所得等处罚形式并列适用。如 2013 年修订的《消费者权益保护法》第 56 条规定，经营者有提供的商品或服务不符合保障人身、财产安全要求的，对商品或服务作虚假或引人误解的宣传等十种情形之一的，有关行政部门可以根据情节单处或并处警告、罚款、没收违法所得；情节严重的，责令停业整顿、吊销营业执照。在市场竞争激烈的现代社会，责令停产停业的处罚不仅限制了市场主体在一定期限内的经营活动，使其错失诸多商机，而且还会影响到经营者的市场信誉，因此，对相对人的权益影响重大。基于此，《行政处罚法》对该种处罚形式规定了听证程序，以监督行政主体慎用该种处罚，保护相对人的合法权益。

2. 暂扣、吊销许可证或执照

暂扣不同于吊销，暂扣许可证或执照是暂时中止违法者从事某种活动的资格，待其纠正了违法行为或经过一定期限后，再发还证书、恢复资格，允许其继续从事该项活动；而吊销许可证或执照是取消或终止违法者从事某种活动的资格或能力，违法者需要按照法定的程序和条件重新申请获取该资格后才可继续从事该项活动，但永远禁止从事某项活动的除外。可见，吊销许可证或执照是更为严厉的处罚形式。

如根据《道路交通安全法》的规定，饮酒后驾驶机动车的，处暂扣 6 个月机动车驾驶证，并处 1000 元以上 2000 元以下罚款。醉酒驾驶机动车的，由公安交通管理部门约束至酒醒，吊销机动车驾驶证，依法追究刑事责任，五年内不得重新取得机动车驾驶证。饮酒后或醉酒驾驶机动车发生重大交通事故，构成犯罪的，依法追究刑事责任，并由公安交通管理部门吊销机动车驾驶证，终生不得重新取得机动车驾驶证。为了防止行政机关滥用职权，《行政处罚法》也对该种处罚形式规定了听证程序，以保障相对人的合法权益。

（四）声誉罚

又称申诫罚，是指行政主体通过对违法者的名誉、荣誉或信誉造成一定的损害，以警示其以后不再违法的行政处罚。声誉罚既适用于个人也适用于法人组织，既有口头形式也有书面形式，其中，以书面形式公开实施的声誉罚不仅对违法者的精神施加一定的影响，而且对潜在的违法者也起到警戒和预防作用。关于声誉罚，现行《行政处罚法》只规定了“警告”这一种形式，在实践中还包括通报批评等形式。

1. 警告

警告是行政主体对违法较轻的行为人予以谴责和告诫的一种处罚形式。对于较重的违反行政法律规范的行为人,警告也可以与其他处罚形式并列适用。警告包括书面警告和口头警告两种形式。行政机关在给予口头警告的同时通常会进行说服教育。如根据《道路交通安全法》第 93 条的规定,公安机关交通管理部门对违法停放或临时停放的机动车,可以指出违法行为,并予以口头警告,令其立即驶离。但对于书面警告,行政主体应当制作处罚决定书,并向被处罚人宣告或送达后才能生效。根据《治安管理处罚法》的规定,派出所也可以以自己的名义作出警告处罚。

2. 通报批评

通报批评是行政主体以书面形式将对违法者的批评通过政府文件、报刊等途径予以公开的一种处罚方式。因此,通报批评一定是以书面形式表示,而且主要适用于法人或其他组织。《行政处罚法》并没有对通报批评作出规定,但在现代信息社会,通报批评以书面性和较大范围的公开性等特点,有时可以比警告发挥更大的影响力,因而必须严格依法实施,防止对相对人的合法权益造成额外的损害。

案例 5-4

周某的公费合同医院为甲医院。周某近期要到外地出差一段时间,因为平时身体不好,所以想多带些备用药品,以便在外地服用。某日下午,周某来到甲医院,向该院王医生索取了 2 张空白处方笺,并填写了药名、药量。当他到该医院中药房划价时,被药剂员察觉并扣留了处方,随后将周某带到门诊办公室解决问题。但周某拒不认错,还编造各种谎言企图蒙混过关。鉴于此,该医院公费医疗管理委员会在报请县卫生局同意后以卫生局的名义对周某进行了通报批评,并处以药费 180 元的 5 倍罚款,共计 900 元。周某不服,向该县人民政府申请行政复议。

【问题】

(1) 通报批评是一种行政处罚吗?

(2) 通报批评与警告有哪些不同?

【评析】

(1)《行政处罚法》没有规定通报批评,但该法第 8 条第 7 款有一个兜底性规定,即“法律、行政法规规定的其他行政处罚”。从目前的法律规定来看,其他行政处罚的形式有限制活动范围、驱逐出境、不准入境、限期拆除、限期治理、责令赔偿、责令改正、责令经营者限期退还违法所得、强制履行兵役、撤销注册商标、撤销登记、注销城市户口、取缔非法组织、通报批评等。目前,多数行政法教科书都将通报批评作为声誉罚的一种表现形式。

(2) 通报批评和警告都属于声誉罚,都是对违法者的名誉或精神施加一定的影

响,既制裁、教育本人,又警示、告诫他人。二者的区别主要表现在:

第一,适用范围不同。通报批评多适用于法人组织,而警告普遍适用于个人或组织。

第二,处罚内容不同。通报批评主要损害违法者的名誉或声誉,而警告主要是对被处罚人的精神施加一定的影响,尤其是口头警告一般只针对违法者本人,并不对社会公开。

第三,表现形式不同。通报批评只能以书面形式作出,影响范围更为广泛;而警告既包括口头形式又包括书面形式,其影响范围相对较小。

第四,适用方式不同。通报批评往往单独适用,而警告既可以单独适用,又常常与其他处罚方式并用。

二、行政处罚的设定

行政处罚是对违法者某种权益的限制或剥夺,属于典型的侵益性行政行为。因此,为防止行政主体利用职权乱设或滥设行政处罚,《行政处罚法》对行政处罚的设定作出明确规定,法律、法规和规章只能在法定权限和范围内设定行政处罚,规章以外的其他规范性文件不得设定行政处罚。虽然《行政处罚法》并未对行政处罚的设定加以细分,但从理论上分析,行政处罚的设定应包括创设和规定两个方面,其中,行政处罚的创设是指在上位法没有规定的情况下依法创造出一个本不存在的处罚事项;行政处罚的规定是指对上位法已创设的行政处罚事项作出具体规定,二者在权限、范围等方面存在很大不同。

(一)行政处罚的创设

1. 法律的创设

这里的"法律"是狭义的,是指由全国人大和全国人大常委会制定的法律。《行政处罚法》第9条规定:"法律可以设定各种行政处罚。限制人身自由的行政处罚,只能由法律设定。"这意味着法律不仅可以创设各种类型的行政处罚,而且可以创设出新类型的行政处罚。

2. 行政法规的创设

行政法规由国务院依法制定。根据《行政处罚法》第10条的规定,行政法规可以设定除限制人身自由以外的行政处罚。

3. 地方性法规的创设

根据我国《立法法》的规定,有权制定地方性法规的主体包括各省、自治区、直辖市的人大及其常委会;设区的市、自治州的人民代表大会及其常务委员会;省、自治区的人民政府所在地的市(如江苏省南京市)人大及其常委会;经济特区所在地的市(如深圳市)人大及其常委会;经国务院批准的较大的市(如邯郸市、青岛市等)人大及其常委会。《行政处罚法》第11条规定，地方性法规可以设定除限制人身自由、吊销企业营业执照以外的行政处罚。这里特别注意要准确理解“吊销企业营业执照”的语句表达，具体可以分解为三个方面：(1)仅仅指“吊销”企业营业执照，不包括“暂扣”企业营业执照的处罚种类；(2)仅仅指吊销“企业”的营业执照，不包括吊销“个体户”的营业执照；(3)仅仅指吊销企业的“营业执照”，不包括吊销企业的其他执照或驾驶证等许可证。

4. 规章的创设

这里的“规章”包括部门规章和地方政府规章。《行政处罚法》对于这两类规章的处罚设定权作了详细规定。

(1) 部门规章的创设

根据《立法法》第80条的规定，有权制定部门规章的主体包括国务院各部、委员会、中国人民银行、审计署和具有行政管理职能的直属机构。但《行政处罚法》第12条在规定部门规章的处罚设定权时只提到国务院各部、委员会以及国务院直属机构制定的规章。其中，国务院部、委员会制定的规章，可以在法律、行政法规尚未制定的情况下，对违反行政管理秩序的行为设定警告或一定数量罚款的行政处罚。不过，罚款的限额必须由国务院规定，而不能由部委规章自主决定。与部委规章不同，国务院直属机构制定的规章必须经过国务院的授权才能行使规章的上述创设权。

(2) 地方政府规章的创设

根据《立法法》的规定，地方政府规章的制定主体包括省、自治区、直辖市和设区的市、自治州的人民政府；省、自治区人民政府所在地的市人民政府；经济特区所在地的市人民政府；经国务院批准的较大市的人民政府。地方政府规章可以在法律、法规尚未制定的情况下，对违反行政管理秩序的行为设定警告或一定数量罚款的行政处罚。不过，罚款的限额必须由省、自治区、直辖市人大常委会规定。

(二) 行政处罚的规定

根据《行政处罚法》的规定，行政法规、地方性法规和行政规章均可以对上位法已创设的行政处罚事项作出具体规定，但不得违背上位法规定的处罚行为、种类和幅度，具体要求包括：一是不能改变行政处罚的适用范围；二是不能增加或减少上位法规定的处罚种类，但可以规定其适用的具体情况；三是不能改变上位法规定的罚款幅度的上限和下限，但可以规定其适用的具体情况。如《道路交通安全法》规定，行人、乘车人、非机动车驾驶人违反道路交通安全法律、法规关于道路通行规定的，处警告或五元以上五十元以下罚款。对此，《江苏省道路交通安全条例》进一步规定：“行人或者乘车人有下列行为之一的，处以二十元罚款：(一)不按照交通信号灯指示通行的；……(七)向车外抛洒物品的。”此外，与部委规章不同，国务院直属机构制定的规章必须经过国务院的授权才能行使上述规章的行政处罚规定权。

第三节　行政处罚的实施

一、行政处罚的实施主体

行政处罚必须由具有法定权限的主体组织实施，而且对于某一具体的违法行为，还必须由依法具有管辖权的主体才能进行处罚，这就需要适用行政处罚的管辖规则来确定。

（一）行政处罚实施主体的类型

行政处罚的实施主体是指有权依照法定权限和程序对违法者予以处罚的主体。根据《行政处罚法》的规定，有权实施行政处罚权的主体主要有以下几种类型：

1. 行政机关

行政机关是行政处罚的主要实施者，但不是所有的行政机关都有行政处罚权，只有依法具有行政处罚权的行政机关才能在法定职权范围内实施行政处罚。此外，《行政处罚法》第16条规定，由国务院或经国务院授权的省级人民政府可以决定由一个行政机关行使有关行政机关的行政处罚权，但限制人身自由的行政处罚权只能由公安机关行使，这被称为相对集中行政处罚权。

1999年《国务院关于全面推进依法行政的决定》首次明确提出要“继续积极推进相对集中行政处罚的试点工作，并在总结试点经验的基础上，扩大试点范围”。2000年和2002年又先后发布《国务院办公厅关于继续做好相对集中行政处罚权试点工作的通知》和《国务院关于进一步推进相对集中行政处罚权工作的决定》，提出集中行使行政处罚权的行政机关必须是政府的一个行政机关，但国务院部门垂直领导的行政机关（如海关、金融、外汇管理等）行使的行政处罚权和限制人身自由的行政处罚权不得集中。执法人员必须是公务员，行政处罚权相对集中后，有关部门不得再行使该处罚权。一些地方相继在城市管理、文化管理、环境管理等领域开展了相对集中行政处罚权改革工作，如成立城市综合执法局、文化市场行政执法总队等。相对集中行政处罚权制度对于解决行政管理中长期存在的多头执法、职权交叉重复和行政执法机构膨胀等问题，提高行政执法水平和效率，降低行政执法成本，建立精简、统一、效能的行政管理体制，都有重要意义。

2. 法律、法规授权的组织

具体从三个方面来理解：（1）必须由法律、法规授权。这里的“法律、法规”是狭义的，包括全国人大及其常委会制定的法律、行政法规和地方性法规；（2）被授权组织必须是具有管理公共事务职能的组织，而不能是营利性的法人组织。如行政机构、行业协会、群众性组织等;(3)被授权组织必须在法定授权范围内实施行政处罚。

法律、法规授权的组织有权以自己的名义独立行使行政处罚权,并独立承担由此产生的法律责任。如根据《治安管理处罚法》的授权,公安派出所可以以自己的名义对违法者作出警告、五百元以下的罚款。在此意义上,公安派出所就成为法律授权的组织,对该处罚行为独立承担法律责任。

3. 受委托组织

《行政处罚法》第18条、第19条对行政处罚权的委托行使作了详细规定,具体包括下面几项内容:

(1) 委托的主体必须是依法享有行政处罚权的行政机关。

(2) 必须依法委托。即行政处罚权的委托必须依据法律、法规或规章的规定进行。

(3) 委托的对象必须是符合法定条件的组织,行政机关不得委托其他组织或个人实施行政处罚。这些条件是:其一,依法成立的管理公共事务的事业组织;其二,具有熟悉有关法律、法规、规章和业务的工作人员;其三,对违法行为需要进行技术检查或技术鉴定的,应当有条件组织进行相应的技术检查或技术鉴定。

(4) 受委托组织必须在委托范围内,以委托机关的名义实施行政处罚,而且不得再将行政处罚权转委托给其他组织或个人。

(5) 委托机关应当对受委托组织实施处罚的行为进行监督,并对该行为的后果承担法律责任。

(二) 行政处罚的管辖规则

根据《行政处罚法》等相关法律法规的规定和行政实务中的做法,可将行政处罚的管辖规则概括为以下几条:

1. 由违法行为发生地的行政主体管辖,但法律、法规另有规定的除外

如根据《反垄断法》的规定,中华人民共和国境外的垄断行为,对境内市场竞争产生排除、限制影响的,适用本法。这意味着我国反垄断执法机构也有权对发生在境外但对境内市场竞争产生影响的垄断行为进行处罚。此外,如果违法行为发生的地点难以查明的,通常由最先查处的行政主体管辖。如果由违法行为人住所地的行政主体管辖更为方便的话,经与违法行为发生地的行政主体协商,也可以由违法行为人住所地的行政主体管辖。

2. 行政处罚由县级以上行政主体管辖,但法律、法规另有规定的除外

如根据《税收征收管理法》的规定,罚款额在二千元以下的,可以由税务所决定。此外,还有派出所、工商所等派出机构都享有法律授予的行政处罚权,但这些派出机构通常都设在市辖区的街道或各乡镇等县级以下的行政区域。此外,上级行政主体有权管辖下级行政主体管辖的行政违法行为,下级行政主体如果认为确有必要,也可以将应该由其管辖的行政违法行为移交给上级行政主体管辖。

3. 其他管辖规则

(1) 两个以上行政主体对同一违法行为都有管辖权的，应协商解决，协商不成的，报请共同的上一级行政机关指定管辖。

(2) 行政主体发现其管辖的违法行为构成犯罪的，必须将案件移送给司法机关，由司法机关依法追究其刑事责任。

二、行政处罚的实施规则

行政处罚的实施规则是行政主体在行政执法的过程中认定相对人的行为是否构成行政违法行为、应否给予行政处罚以及给予何种行政处罚时所遵循的规则。行政主体在具体实施行政处罚时通常会结合行政违法行为的性质、情节和危害后果，违法者的责任能力、主观过错、认错态度，违法责任的追究是否超过一定的有效期限等因素综合考虑认定。

(一) 不予处罚或免予处罚的规则

1. 不予处罚

不予处罚是指违法者虽然实施了行政违法行为，但因法定事由的存在而不应承担违法责任，因此行政主体不对其适用行政处罚。根据《行政处罚法》《治安管理处罚法》等法律规定，不予处罚的"法定事由"通常表现为以下几种情形：

(1) 不具备责任能力的人违法，不予处罚。如不满十四周岁的人；不能辨认或控制自己行为的精神病人。在不予处罚的同时，应责令其监护人严加管教或看管和治疗。

(2) 有生理缺陷的人违法，不予处罚。如《治安管理处罚法》第 14 条规定，盲人或者又聋又哑的人违反治安管理的，可以不予处罚。

(3) 违法行为轻微并及时纠正，没有造成危害后果的，不予处罚。

(4)《治安管理处罚法》第 19 条列举的其他情形，如情节特别轻微的；主动消除或减轻违法后果，并取得被侵害人谅解的；出于他人胁迫或者诱骗的；主动投案，向公安机关如实陈述自己的违法行为的；有立功表现的，减轻处罚或不予处罚。

案例 5-5

2013 年 5 月 16 日，江苏中国海监连云港市支队执法人员巡查时发现，连云港市连云区某村委会在未取得海域使用权的情况下，从 2013 年 4 月起，自行组织施工队擅自占用某海域实施填海。经执法人员现场测量，填海面积约 1 亩。5 月 17 日，连云港市海洋与渔业局批准立案。经查实，该填海工程目的是为了方便养殖户堆放、晾晒养殖设施。村委会接到检查通知书后，于 6 月 14 日组织施工人员和车辆对填海区域进行拆除，并及时将拆除情况报告连云港市支队。7 月 22 日，原填海区域基本拆除完毕。[1]

【问题】

对该违法填海行为应如何处理？

【评析】

根据《行政处罚法》第 27 条第 2 款的规定，违法行为轻微并及时纠正，没有造成危害后果的，不予行政处罚。因此，不予行政处罚应符合以下三个条件：一是当事人实施的违法行为轻微；二是当事人及时采取了纠正违法行为的措施；三是违法行为造成的危害后果可以弥补或消除。本案中，当事人违法占用的海域面积较小，违法行为轻微，案发后认识到错误并及时拆除非法填海区域，没有造成危害后果，符合依法不予行政处罚的情形。经连云港市海洋与渔业局审查，作出对当事人不予行政处罚的决定。

2. 免予处罚

免予处罚是指违法者实施了行政违法行为并依法应当承担法律责任，但行政主体考虑到法定的特殊情况存在而对其免除行政处罚。

《行政处罚法》没有对免予处罚作出规定，根据《出境入境管理法》第 83 条第 2 款的规定，出境入境交通运输工具载运不准出境入境人员出境入境的，处每载运一人五千元以上一万元以下罚款。交通运输工具负责人证明其已经采取合理预防措施的，可以减轻或者免予处罚。

（二）"应当"处罚与"可以"处罚的规则

"应当"处罚是指行政主体必须依法对相对方的行政违法行为予以处罚，行政主体只能在法律规定的"应当"范围内进行选择。"可以"是指行政主体对行政违法行为可以处罚也可以从轻、减轻或免予处罚，行政主体享有较大的自由裁量权。无论是"应当"处罚还是"可以"处罚，法律都规定了从轻、从重、减轻或免予处罚等情形。其中，对于一些特殊的行政违法行为，法律法规专门作出明确的强制性规定，应当给予处罚。如《治安管理处罚法》规定，间歇性的精神病人在精神正常的时候违反治安管理的，应当给予处罚。醉酒的人违反治安管理的，应当给予处罚。体现了立法者对这类违法行为予以惩戒的鲜明态度。

（三）从轻处罚或减轻处罚的规则

从轻处罚是指行政主体在法定的数种处罚形式和一定的处罚幅度内对违法者适用较轻的处罚形式和幅度较低的处罚。减轻处罚是指行政主体在法定的处罚幅度最低限度以下对违法者适用处罚。如法律规定对于某一行政违法行为应处以警告、50

---

① 王健：《海洋行政处罚中不予行政处罚的适用分析》，载《中国海洋报》，2013-08-30。

元以上 200 元以下罚款或五日以下拘留的行政处罚，如果符合法定的从轻处罚情形的，行政主体可以只给予警告或罚款的处罚，或者只给予 60 元或 2 日行政拘留的处罚。如果符合法定的减轻处罚情形的，行政主体可以只给予 20 元罚款的行政处罚。此外，从轻或减轻处罚还分为“应当”从轻或减轻处罚以及“可以”从轻或减轻处罚，至于如何从轻或减轻处罚，需要行政主体根据法定或酌定的情节适当、合理地进行裁量。

根据有关法律规定，对于已满十四周岁不满十八周岁的人有违法行为的，从轻或减轻处罚。盲人或者又聋又哑的人违反治安管理的，可以从轻或减轻处罚。还有《行政处罚法》第 27 条列举的几种情形，即主动消除或减轻违法行为危害后果的；受他人胁迫有违法行为的；配合行政机关查处违法行为有立功表现的，应当依法从轻或减轻处罚。

（四）从重处罚的规则

从重处罚是指行政主体在法定的数种处罚形式和一定的处罚幅度内对违法者适用较重的处罚形式和幅度较高的处罚。从重处罚不同于加重处罚，后者是指行政主体对违法者处以高于法定最高幅度的处罚。加重处罚使相对方对违法行为承受了超过法定范围的更重的行政处罚，不利于保护公民、法人或其他组织的合法权益，实质上违反了《行政处罚法》的原则和精神。

《行政处罚法》没有对从重处罚作出规定，根据《治安管理处罚法》第 20 条的规定，行政违法行为有下列情形之一的，从重处罚，即有较严重后果的；教唆、胁迫、诱骗他人违反治安管理的；对报案人、控告人、举报人、证人打击报复的；六个月内曾受过治安管理处罚的。另外，《价格违法行为行政处罚规定》第 17 条规定，经营者有价格违法行为严重或者社会影响较大的；屡查屡犯的；伪造、涂改或者转移、销毁证据的；转移与价格违法行为有关的资金或者商品的等情形之一的，也应当从重处罚。

（五）单处与并处的规则

单处是指行政主体对违法者只适用一种行政处罚形式。如《治安管理处罚法》第 34 条第 2 款规定，在使用中的航空器上使用可能影响导航系统正常功能的器具、工具，不听劝阻的，处五日以下拘留或者五百元以下罚款。虽然法律规定了两种处罚形式，但中间用“或者”连接，这意味着行政主体只能适用其中一种处罚方式，而不能同时适用两种处罚方式。

并处是指行政主体对违法者的同一违法行为依法同时适用两种或两种以上的行政处罚形式。并处往往针对违法行为情节较重的情形，而且必须依据法律、法规的明确规定才能适用。如《治安管理处罚法》第 32 条第 1 款规定，非法携带枪支、弹药或者弩、匕首等国家规定的管制器具的，处五日以下拘留，可以并处五百元以下罚款。不过，这里使用的是“可以并处”，这意味着行政主体既可以将拘留与罚款并处，也可以单独处以拘留处罚。

（六）行政处罚与刑事处罚竞合适用的规则

有些较为严重的违法行为既违反了行政法律规范又违反了刑事法律规范，从而产生行政处罚与刑事处罚的竞合。在有些情况下，对于某一违法行为适用刑事处罚后就不再适用行政处罚，如果之前已经适用了行政处罚的，就需要与刑事处罚进行折抵。如《行政处罚法》第 28 条规定："违法行为构成犯罪，人民法院判处拘役或者有期徒刑时，行政机关已经给予当事人行政拘留的，应当依法折抵相应刑期。违法行为构成犯罪，人民法院判处罚金时，行政机关已经给予当事人罚款的，应当折抵相应罚金。"但有时为了达到对违法者进行惩戒的目的，也会同时适用行政处罚与刑事处罚。如对于企业偷逃巨额税款的行为，在除追究该企业直接责任人的刑事责任外，还可以对该企业作出罚款或吊销企业营业执照的行政处罚。

三、行政处罚的实施程序

行政处罚的实施程序是指行政主体对违法者实施行政处罚所遵循的步骤、顺序、方式、方法和时限的总和。《行政处罚法》对行政处罚的实施规定了三种程序，即简易程序、一般程序和听证程序。其中，《行政处罚法》是我国最早从国家层面对听证制度作出系统规定的单行法律。

（一）简易程序

1. 概念

简易程序又称当场处罚程序，是指在法定条件的情况下，由行政主体对违法者当场作出处罚决定并当场执行的处罚程序。简易程序通常适用于那些违法事实比较容易认定、违法情节比较轻微、影响不大的处罚案件，有利于提高行政管理的效率。

2. 适用情形

根据《行政处罚法》第 33 条的规定，简易程序的一般适用情形包括：(1) 违法事实确凿；(2) 有法定依据；(3) 较小数额的罚款或警告处罚。其中，"较小数额的罚款"是指对公民处以五十元以下罚款、对法人或其他组织处以一千元以下罚款的处罚。但根据《治安管理处罚法》第 100 条的规定，"较小数额罚款"是指二百元以下的罚款。

3. 主要内容

与一般程序和听证程序相比，简易程序省略了相关步骤或环节，但仍应遵循下列一些基本的行政程序：

(1) 表明身份

即执法人员应当向当事人出示执法身份证件。这里的"证件"可以是工作证或特定的执法证。当然，如果执法人员本身穿着配有特定标志的制服（如警服）执法，一般情况下不需要出示执法证件即足以表明身份。

（2）确认违法事实、说明处罚理由、给予当事人陈述和申辩的机会

即执法人员应根据当场发现的情况和收集的其他证据，确认违法事实，并向当事人说明作出处罚决定的事实、理由和依据，告知其依法享有的权利并充分听取当事人的意见。

（3）制作并当场交付处罚决定书

即执法人员应填写预订格式、编有号码的行政处罚决定书，并当场交付当事人。在治安管理处罚中，如有被侵害人的，还应将决定书副本抄送被侵害人。处罚决定书应载明当事人的违法行为、行政处罚依据、罚款数额、时间、地点以及行政机关名称，并由执法人员签名或者盖章。

（4）备案

即执法人员当场作出处罚决定的，必须报所属行政机关备案。当场作出治安管理处罚决定的，经办的人民警察应当在二十四小时内报所属公安机关备案。当事人对当场作出的行政处罚决定不服的，可以依法申请行政复议或者提起行政诉讼。

（二）一般程序

1. 概念

一般程序，又称普通程序，是在法律规定应适用简易程序和听证程序以外的情况下，行政主体实施行政处罚所应遵循的基本程序。行政处罚的一般程序具有如下特征：

（1）适用范围更为广泛。

（2）比简易程序更为严格、复杂。

（3）通常作为听证程序的前提程序和后续程序。①

2. 适用情形

根据《行政处罚法》第 36 条的规定，除当场处罚以外的行政处罚的实施，都应当适用一般程序，其中，听证程序也只是作为一般程序中的一道特殊环节，适用于一些特殊类型的处罚案件。鉴于听证程序的特殊性，下面主要介绍除听证程序以外的行政处罚一般程序的几个步骤。

3. 主要内容

（1）立案

立案是行政处罚的启动程序，行政主体对属于其管辖范围内并在追究时效内的行政违法行为，认为有调查处理必要的，应当予以立案。《行政处罚法》第 29 条规定："违法行为在二年内未被发现的，不再给予行政处罚。法律另有规定的除外。"如《治安管理处罚法》第 22 条规定，违反治安管理行为在六个月内没有被公安机关发

---

① 罗豪才、湛中乐主编：《行政法学》，第 3 版，247 页，北京，北京大学出版社，2013。

现的,不再处罚。上述追究时效从违法行为发生之日起计算;违法行为有连续或者继续状态的,从行为终了之日起计算。

《行政处罚法》没有对立案作出规定。在执法实践中,对于符合立案条件的,行政主体应当填写立案审批表或立案决定书,并落实办案人员。对于不符合立案条件的,应制作不予立案决定书并送达利害关系人。

（2）调查

《行政处罚法》对调查作了原则性和概括性规定,但《治安管理处罚法》第四章第一节对"调查"作了详细的规定。根据法律规定,行政机关发现公民、法人或者其他组织有依法应当给予行政处罚的行为的,必须全面、客观、公正地调查,收集有关证据;必要时,依照法律、法规的规定,可以进行检查。行政机关在调查或者进行检查时,执法人员不得少于两人,并应当向当事人或者有关人员出示证件。检查妇女的身体,应当由女性工作人员进行。询问不满十六周岁的违反治安管理行为人,应当通知其父母或者其他监护人到场。询问聋哑的或不通晓当地通用的语言文字的人,应当有通晓手语的人提供帮助或配备翻译人员,并在笔录上注明。当事人或者有关人员应当如实回答询问,并协助调查或者检查,不得阻挠。询问或者检查应当制作笔录。询问笔录应当交被询问人核对,被询问人确认笔录无误后,应当签名或者盖章,询问人员也应当在笔录上签名。

此外,行政机关在收集证据时还可以采取抽样取证的方法。在证据可能灭失或者以后难以取得的情况下,经行政机关负责人批准,可以先行登记保存,并应当在七日内及时作出处理决定。在此期间,当事人或者有关人员不得销毁或者转移证据。公安机关办理治安案件,对与案件有关的需要作为证据的物品,可以扣押。为了查明案情,需要解决案件中有争议的专门性问题的,公安机关应当指派或者聘请具有专门知识的人员进行鉴定。公安机关可以依法使用传唤证传唤或口头传唤违反治安管理的行为人接受调查,对无正当理由不接受传唤或者逃避传唤的人,可以强制传唤。

为了保证行政机关依法公正地调查,《治安管理处罚法》第 79 条规定,严禁公安机关及人民警察在调查中刑讯逼供或者采用威胁、引诱、欺骗等非法手段收集证据。以非法手段收集的证据不得作为处罚的根据。如果行政执法人员与当事人有直接利害关系的,应当回避。《治安管理处罚法》第 81 条对回避的具体情形和决定程序作了明确规定。

（3）说明理由并告知权利

行政机关在作出行政处罚决定之前,应当告知当事人作出行政处罚决定的事实、理由及依据,并告知当事人依法享有的权利。目的是保障相对人的知情权、参与权和及时获得救济的权利,防止错过救济时效。

(4) 听取当事人陈述和申辩

行政主体在作出处罚决定之前,应当充分听取当事人的陈述和申辩。对当事人提出的事实、理由和证据,应当进行复核;当事人提出的事实、理由或者证据成立的,行政机关应当采纳。行政机关不得因当事人申辩而加重处罚。行政机关拒绝听取当事人的陈述、申辩,行政处罚决定不能成立,但当事人放弃陈述或者申辩权利的除外。此外,《治安管理处罚法》第93条规定,公安机关查处治安案件,对没有本人陈述,但其他证据能够证明案件事实的,可以作出治安管理处罚决定。但是,只有本人陈述,没有其他证据证明的,不能作出治安管理处罚决定。

(5) 作出行政处罚决定

行政主体在经过调查和听取当事人的意见以后,即可根据不同情况分别作出如下决定:第一,对情节复杂或重大违法行为应给予较重的行政处罚的,行政机关负责人应当集体讨论决定;第二,对其他应受处罚的违法行为,根据情节轻重及具体情况,作出行政处罚决定;第三,对违法行为轻微,依法可以不予行政处罚的,不予行政处罚;第四,对违法事实不能成立的,不得给予行政处罚;第五,对违法行为已构成犯罪的,移送司法机关处理。

案例 5-6

2009年,郭德胜在未办理土地使用手续的情况下建造养殖场一处,实际占用土地面积220.50平方米。2011年12月5日,河南省卫辉市国土资源管理局(以下简称卫辉市国土局)对原告郭德胜作出行政处罚决定,要求原告拆除在非法占用的220.50平方米土地上新建的建筑物,恢复土地原状,并处罚款4410元。原告认为被告作出的限期拆除建筑物的决定处于较重的行政处罚,《行政处罚法》第38条第2款规定:"对情节复杂或者重大违法行为给予较重的行政处罚,行政机关的负责人应当集体讨论决定。"因此,卫辉市国土局的行政处罚决定也应经过集体讨论,但被告未提供其对原告作出的处罚决定经过了本单位领导集体讨论决定的证据。因此,被告作出的行政处罚决定不符合法定程序,应予撤销。

【问题】

原告的主张是否成立?理由何在?

【评析】

原告的主张成立。除了《行政处罚法》第38条第2款,《土地违法案件查处办法》第27条也规定:"土地违法案件应当由土地管理部门领导集体审议,但实行行政首长负责制。"因此,在对情节复杂或重大违法行为进行较重处罚前,行政机关的负责人通过党组会、联席会议、首长办公会等形式进行集体研究,再作出行政处罚决定。较重的行政处罚,可能对被处罚人的权利造成巨大影响。本案中卫辉市国土局作出的限期拆除建筑物的处罚，该处罚一经执行，将造成房屋灭失等无法逆转的后果，该处罚决定即使经过行政诉讼程序撤销，也不再具有恢复原状的可能性。经过负责人的集体讨论，不仅能够防止个别领导干部滥用权力，还能最大限度地保证行政决策的民主性和科学性，避免决策的随意性。因此，被告对原告作出的处罚决定违反了法定程序，依法应予撤销。

(6) 制作并送达行政处罚决定书

行政主体作出处罚决定时，应依法制作行政处罚决定书。行政处罚决定书应当载明下列事项，包括当事人的姓名或者名称、地址；违反法律、法规或者规章的事实和证据；行政处罚的种类和依据；行政处罚的履行方式和期限；不服行政处罚决定，申请行政复议或者提起行政诉讼的途径和期限；作出行政处罚决定的行政机关名称和作出决定的日期。此外，还应加盖作出处罚决定的行政机关的印章。

行政处罚决定书应当在宣告后当场交付当事人；当事人不在场的，行政机关应当在七日内依照民事诉讼法的有关规定，将行政处罚决定书送达当事人，具体的送达方式有直接送达、留置送达和邮寄送达三种。行政处罚决定书一经送达，便产生一定的法律效果，当事人应当在自送达之日起的法定期限内提起行政复议或行政诉讼。

(三) 听证程序

1. 概念

听证程序不是与简易程序和一般程序相并列的一种独立的、完整的程序，而是行政处罚一般程序中的特别程序，适用听证程序的案件在举行听证前和举行听证后都要经过一般程序的有关步骤，因此，听证程序要依附于一般程序，属于一般程序中的特殊一环。

行政处罚的听证程序是指行政主体在作出某些重大处罚决定之前，公开举行有利害关系人参加的听证会，在专门人员的主持下进行质证和辩论并作出处罚决定的一种程序。其目的在于广泛听取有关各方的意见，监督行政机关依法公正地实施处罚，有效维护相对人的合法权益。

2. 适用情形

听证程序虽然有利于保证行政处罚的公正性和合理性，但也会带来程序上的烦琐、时间上的拖延和执法成本的增加，因此，听证程序在行政处罚中并不是普遍适用的一种程序，而只适用于法律规定的几种重大的行政处罚案件。根据《行政处罚法》第 42 条的规定，行政机关作出责令停产停业、吊销许可证或者执照、较大数额罚款等行政处罚决定之前，应当告知当事人有要求举行听证的权利；当事人要求听证的，行政机关应当组织听证。当事人不承担行政机关组织听证的费用。这里需要注意以下几点：

(1) 行政机关对当事人负有告知听证的义务，如因行政机关未告知而导致当事人没有举行听证，则由行政机关承担责任。另外，一旦当事人要求听证的，行政机关就负有组织听证的义务。

（2）《行政处罚法》在列举听证程序的适用情形时使用了“等”字，此系不完全列举，即听证程序还可能适用于其他一些类似的情形，如没收较大数额财产的行政处罚等，这取决于对法律条文的解释以及其他法律的明确规定。

（3）法律没有对“较大数额罚款”作出明确规定，主要是基于我国各地区经济发展很不平衡的现实考虑，这有待于各省根据本地实际情况作出具体规定。如《四川省行政处罚听证程序暂行规定》第3条规定：“较大数额的罚款是指对非经营活动中的违法行为处以1000元以上，对经营活动中的违法行为处以20 000元以上罚款。”

另外，根据《治安管理处罚法》第98条的规定，当事人对公安机关作出吊销许可证和2000元以上罚款的治安管理处罚，有权要求举行听证。

案例 5-7

2003年12月20日，四川省金堂县图书馆与原告何伯琼之夫黄泽富联办多媒体电子阅览室。2004年4月2日，黄泽富以其子何熠的名义开通了ADSL84992722（期限到2005年6月30日），在金堂县赵镇桔园路一门面房挂牌开业。4月中旬，金堂县文体广电局市场科以整顿网吧为由要求其停办。经金堂县图书馆与黄泽富协商，金堂县图书馆于5月中旬退还黄泽富2 400元管理费，摘除了“金堂县图书馆多媒体电子阅览室”的牌子。2005年6月2日，金堂工商局会同金堂县文体广电局、金堂县公安局对原告金堂县赵镇桔园路门面房进行检查时发现，金堂实验中学初一学生叶某、杨某、郑某和数名成年人在上网打游戏。原告未能出示《网络文化经营许可证》和营业执照。金堂县工商局以原告的行为违反了《互联网上网服务营业场所管理条例》第7条、第27条的规定作出了成工商金堂处字〔2005〕第02026号《行政处罚决定书》，决定“没收在何伯琼商业楼扣留的从事违法经营活动的电脑主机32台”。金堂县工商局在作出处罚决定前按照行政处罚的一般程序告知了黄泽富等三人享有陈述、申辩的权利，但没有告知其听证权利。①

【问题】

金堂县工商局的行政处罚行为是否违反了法定程序？

【评析】

《行政处罚法》第42条规定：“行政机关作出责令停产停业、吊销许可证或者执照、较大数额罚款等行政处罚决定之前，应当告知当事人有要求举行听证的权利。”

---

①《黄泽富、何伯琼、何熠诉四川省成都市金堂工商行政管理局行政处罚案》，载《人民法院报》，2012-02-14。

虽然该条规定没有明确列举“没收财产”，但是该条中的“等”系不完全列举，应当包括与明文列举的“责令停产停业、吊销许可证或者执照、较大数额罚款”类似的其他对相对人权益产生较大影响的行政处罚。为了保证行政相对人充分行使陈述权和申辩权，保障行政处罚决定的合法性和合理性，对没收较大数额财产的行政处罚，也应当根据行政处罚法第42条的规定适用听证程序。关于没收较大数额的财产标准，应比照《四川省行政处罚听证程序暂行规定》第3条“本规定所称较大数额的罚款，是指对非经营活动中的违法行为处以1000元以上，对经营活动中的违法行为处以20 000元以上罚款”中对罚款数额的规定。因此，金堂工商局没收黄泽富等三人32台电脑主机的行政处罚决定，应属没收较大数额的财产，对黄泽富等三人的利益产生重大影响，金堂工商局在作出行政处罚前应当告知被处罚人有要求听证的权利。本案中，金堂工商局在作出处罚决定前只按照行政处罚一般程序告知黄泽富等三人有陈述、申辩的权利，而没有告知听证权利，违反了法定程序，依法应予撤销。

3. 主要内容

根据《行政处罚法》第42条的规定，行政处罚听证依照以下程序组织：

（1）听证的申请与决定。对于应适用听证程序的行政处罚案件，当事人有权在行政机关告知后三日内提出听证申请，由行政机关决定听证的时间、地点，并根据案件是否涉及国家秘密、商业秘密或个人隐私，决定听证是否公开举行。

（2）听证通知。行政机关作出听证的决定后，应当在听证的七日前，通知当事人举行听证的时间、地点和听证主要事项等。

（3）听证的主持和参与。听证主持人由行政机关负责人指定。本案调查人员不得主持听证。当事人认为主持人与本案有直接利害关系的，有权申请回避。听证主持人主要行使指挥听证会的进行、维持听证会秩序及指定记录员等职权。听证主持人不得与当事人、利害关系人及其他听证参与人单方接触。当事人可以亲自参加听证，也可以委托一人至二人代理。参加听证会的当事人人数较多的，应当确定代表人。

（4）听证会的步骤。听证会通常按照下列步骤进行：主持人宣布听证会开始；记录员查明有关人员是否到会并宣布听证会的内容和纪律；调查人员和当事人依次发言；出示证据，进行质证；对争议事实进行辩论；依次最后陈述意见；主持人宣布听证会结束。

（5）听证笔录。听证会应当制作笔录，准确、全面地记录听证会中出示的有关材料及听证参加人的陈述和辩论等内容。听证笔录应在听证会结束后当场经主持人审阅，由主持人和记录人分别签字或盖章后，作为处罚依据上报行政机关决定。

（6）听证费用。行政机关组织听证的目的在于充分听取当事人的意见，保证行政处罚的公正。因此，听证费用由行政机关承担，当事人不承担行政机关组织听证的费用。

第四节　行政处罚的执行

一、行政处罚的履行

行政处罚的履行是指对依法作出的行政处罚决定，当事人应当在法定期限内依照法定方式自觉履行处罚决定中所设定的义务。行政处罚作为一种行政行为，具有执行力，当事人对行政处罚决定不服申请行政复议或提起行政诉讼的，行政处罚不停止执行，但法律另有规定的除外。如《治安管理处罚法》第 107 条规定，被处罚人不服行政拘留处罚决定，申请行政复议、提起行政诉讼的，可以向公安机关提出暂缓执行行政拘留的申请。公安机关认为暂缓执行行政拘留不致发生社会危险的，由被处罚人或其近亲属提出符合本法第 108 条规定条件的担保人，或者按每日行政拘留二百元的标准交纳保证金，行政拘留的处罚决定暂缓执行。

在一般情况下，行政机关作出处罚决定后，当事人应在法定期限内按照法定方式履行缴纳罚款等义务。《行政处罚法》对于行政处罚的履行主要规定了两种具体制度：

（一）罚缴分离制度

罚缴分离是指作出罚款决定的行政机关应当与收缴罚款的机构相分离。根据《行政处罚法》第 46 条的规定，除当场收缴的罚款外，作出行政处罚决定的行政机关及其执法人员不得自行收缴罚款。当事人应当自收到行政处罚决定书之日起十五日内，到指定的银行缴纳罚款。银行应当收受罚款，并将罚款直接上缴国库。

（二）当场收缴制度

当场收缴是指在法定情形下，行政机关及其执法人员在作出一定幅度罚款的处罚决定后，可以当场收缴罚款。根据《行政处罚法》的规定，有以下三种情形之一的，行政机关及其执法人员可以当场收缴罚款：

1. 依法给予二十元以下罚款的。但对于治安处罚，根据《治安管理处罚法》第 104 条的规定，依法处以五十元以下罚款且被处罚人对罚款无异议的，人民警察可以当场收缴罚款。

2. 不当场收缴事后难以执行的。如当事人属于在当地没有固定住所的流动人口。

3. 在边远、水上、交通不便地区，当事人向指定的银行缴纳罚款确有困难的，经当事人提出的。

为有效监督执法人员的当场收缴行为，《行政处罚法》对当场收缴罚款的程序作出明确规定。行政机关及其执法人员当场收缴罚款的,必须向当事人出具省、自治区、直辖市财政部门统一制发的罚款依据;不出具财政部门统一制发的罚款依据的,当事人有权拒绝缴纳罚款。此外,行政执法人员对当场收缴的罚款,应在收缴罚款之日起二日内,交至行政机关;在水上当场收缴的罚款,应自抵岸之日起二日内交至行政机关;行政机关应在二日内将罚款缴付指定的银行。

二、行政处罚的强制执行

行政处罚的强制执行是指对依法作出的行政处罚决定,当事人没有正当理由逾期仍不履行处罚决定所设定的义务的,行政机关依法采取措施予以强制执行。根据《行政处罚法》第 51 条的规定,行政机关可以采取下列具体措施:1. 到期不缴纳罚款的,每日按罚款数额的百分之三加处罚款;2. 依法将查封、扣押的财物拍卖或者将冻结的存款划拨抵缴罚款;3. 申请人民法院强制执行。

如果当事人确有经济困难,需要延期或分期缴纳罚款的,经当事人申请和行政机关批准,可以暂缓或分期缴纳。这可以视为行政处罚强制执行的例外情形。

三、罚没物品及款项的处理

对于行政处罚中的罚款及没收的非法财物、违法所得等财产,应当按照法定方式予以处理。

1. 对于依法没收的非法财物,除应当予以销毁的物品外,必须按照国家规定公开拍卖或按照国家有关规定处理。

2. 对于罚款、没收违法所得或没收非法财物拍卖的款项,必须全部上缴国库,任何行政机关或个人不得以任何形式截留、私分或者变相私分。财政部门也不得以任何形式向作出处罚决定的行政机关返还罚款、没收的违法所得或返还没收非法财物的拍卖款项。

【课后练习】

一、单选题

1. 根据行政处罚法的规定,限制人身自由的行政处罚必须由(　　)。

A. 法律、法规规定　　B. 法律、行政法规规定

C. 法律规定　　D. 法律、法规和规章规定

2. 北京市交警大队以赵某违章停车为由,依据有关规定,决定暂扣赵某一个月的驾驶执照。这一行为属于(　　)。

A. 行政强制执行　　B. 行政监督检查

C. 行政处罚　　D. 行政强制措施

3. 间歇性精神病人在精神正常时有违法行为应当(　　)。

A．给予行政处罚　　B．减轻处罚

C．从轻处罚　　D．不予处罚

4．根据行政处罚法规定，行政拘留权由（　　）。

A．公安机关行使　　B．公安派出所行使

C．法律法规授权的组织行使　　D．公安机关委托的组织行使

5．行政处罚中的责令停产停业的处罚属于（　　）。

A．人身自由罚　　B．能力罚

C．财产罚　　D．申诫罚

6．行政处罚中，已满十四周岁不满十八周岁的人有违法行为的（　　）。

A．从重处罚　　B．加重处罚

C．从轻或者减轻行政处罚　　D．不予处罚

二、多项选择题

1．下列行为不属于行政处罚种类的是（　　）。

A．公安交管局暂扣违章驾车张某的驾驶执照六个月

B．工商局对一企业有效期届满未申请延续的营业执照予以注销

C．卫生局对流行性传染病患者强制隔离

D．食品药品监督局责令某食品生产者召回其已上市销售的不符合食品安全标准的食品

2．下列情形应当不予行政处罚的是（　　）。

A．不满十四周岁的人有违法行为的

B．间歇性精神病人在精神病发时有违法行为的

C．当事人主动承认有违法行为的

D．违法行为轻微并及时纠正，未造成危害后果的

E．醉酒状态下有违法行为的

3．某运输公司指派本单位司机运送白灰膏，由于泄露，造成沿途路面大面积严重污染。司机发现后即向公司汇报。该公司即组织人员清扫被污染路面。下列哪些选项是正确的？（　　）

A．路面被污染的沿途三个区的执法机关对本案均享有管辖权，如发生管辖权争议，由三个区的共同上级机关指定管辖。

B．对该运输公司应当依法从轻或者减轻行政处罚。

C．本案的违法行为人是该运输公司。

D．本案的违法行为人是该运输公司和司机。

4．根据我国《行政处罚法》，应告知相对人有权听证的处罚是（　　）。

A．限制人身自由的处罚　　B．责令停产停业

C. 吊销许可证或者执照　　　　　　D. 较大数额的罚款

三、简答题

1. 行政处罚的原则有哪些?

2. 简述行政处罚一般程序的主要内容?

四、案例分析题

A市某影视城销售盗版光碟和淫秽影像被辖区文化稽查大队查获。该文化稽查大队对影视城的业主依法给予警告并处以2000元的罚款;辖区公安分局得知此事后,来到影视城依法没收了其全部盗版光碟和淫秽影像,并作出没收全部违法所得并处罚款2500元的决定;后来辖区工商分局又对该影视城作出暂扣营业执照并责令停业整顿的处罚决定。

问题:

(1) 辖区公安分局的行政处罚是否违反一事不再罚原则?理由何在?

(2) 辖区工商分局的行政处罚是否违反一事不再罚原则?理由何在?

(3) 影视城对上述处罚决定能否要求听证?理由何在?

【拓展实训】

实训项目名称:列举行政处罚的其他表现形式。

实训目标:准确理解和掌握行政处罚的特征,学会识别行政处罚的形式。

实训具体步骤:

(1) 前期准备:让学生查阅更多文献资料,熟悉行政处罚的种类和特征,理解行政处罚与行政强制、行政处分、刑罚等概念的区别。

(2) 小组分工:将学生分成若干小组,分别负责查阅《治安管理处罚法》《出入境管理法》《道路交通安全法》《海域使用管理法》《环境保护法》《商标法》《劳动合同法》《人口与计划生育法》等部门法中的法律责任条款。

(3) 小组讨论:从前述部门法规定中专门梳理出行政处罚的表现形式,对于有争议的表现形式,在小组内部和小组之间展开讨论和分析,必要时向老师请教。

(4) 汇报总结:对各小组讨论确定的行政处罚形式加以汇总,提炼出识别行政处罚种类的一般规律,深化对行政处罚特征的理解和掌握。

【练习答案】

一、单选题

1. C　　2. C　　3. A　　4. A　　5. B　　6. C

二、多选题

1. BCD　　2. ABD　　3. ABC　　4. BCD

三、简答题

1. 行政处罚的原则包括:(1)处罚法定原则。(2)处罚公正、公开原则。(3)处罚与教育相结合原则。(4)保障相对人权利原则。(5)一事不再罚原则。(6)职能分离原则。

2. 行政处罚的一般程序主要包括以下环节:(1)立案;(2)调查;(3)说明理由并告知权利;(4)听取当事人陈述和申辩,必要时举行听证会;(5)作出行政处罚决定;(6)制作并送达行政处罚决定书。

四、案例分析题

(1) 违反。理由:文化稽查大队和公安分局对行政相对人的同一个违法行为实施了两次以上罚款。

(2) 不违反。理由:工商分局的处罚种类与前两个处罚不同,可以实施。

(3) 根据《行政处罚法》的规定,行政处罚听证程序主要适用于责令停产停业、吊销许可证或执照、较大数额罚款等处罚决定。这里的“较大数额”由地方性法规或规章作出具体规定,而且不限于“较大数额罚款”,如果没收非法所得或非法财物达到“较大数额”的,也可以适用听证程序。本案中,首先,对于文化稽查大队和公安分局作出的罚款、没收非法财物和违法所得的处罚是否适用听证程序,取决于 A 市所在地的地方性法规或规章的具体规定。其次,对于辖区工商分局作出的“暂扣营业执照”的处罚不适用听证程序,但责令停业整顿的处罚应适用听证程序。

第六章 行 政 强 制

【事例回放】

甲市城管部门创造了“注视式”执法手段，即十几个统一着装的城管执法人员将违法经营者围住，行“注视式”礼，直至违法小商贩自动撤离；乙市城管部门也创造了一个新型执法手段——“举牌式”执法，即城管执法人员手举写有提示守法经营语句的牌子，立于违法经营者的摊位之前。大多数情况下，违法经营的小商贩会自动收摊，但仍有个别小商贩熟视无睹，继续违法经营。

【问题】

（1）强制执法手段和非强制执法手段的主要区别是什么？

（2）强制执法手段和非强制执法手段的适用应该如何界定？

【评析】

（1）强制执法手段相对来说，效率高，能够迅速展现行政执法的效果，但容易造成“官民”对立，容易激化矛盾，对行政相对人的自身权益影响较大；非强制手段相对柔和，利于行政相对人的接受和配合，但效率上有所不足，且有时不能有效地实现行政目的。

(2)根据《行政强制法》所确定的基本原则——适当原则，强制执法手段和非强制执法手段存在适用的先后顺序，如果非强制手段能够实现行政目的，就不要使用强制手段；如果非强制手段不能实现行政目的的，才能使用强制手段。而且只有当轻微的强制手段不足以解决问题时，才能使用更为严厉的强制手段。

【重点知识】

第一节　行政强制制度概述

一、行政强制的概念

行政强制是指行政主体为保证行政管理目的的实现，或为了达成某种行政管理常态，运用行政权力对行政相对人的人身自由、财产、行为采取强行限制措施的行政行为。[①] 行政强制是行政行为，是行政主体针对特定的行政相对人、相对人的行为或是特定的物，就特定的事项所作出的，影响相对人的权利和利益，产生特定行政法律效果的行政行为。

行政强制的特征有：

(一)行政强制最重要的特征是强制性

强制性是作为国家公权力体现的行政行为的共同特征，行政行为作为体现国家意志的公法行为都是具有强制性的。但是行政强制的强制性与其他行政行为的强制性的不同之处在于，行政强制的强制是其他一切行政行为强制性的最终保障和体现。如果没有行政强制，其他行政行为也就没有了强制性。

(二)行政强制涉及的领域和对象十分广泛

可以说，凡有行政管理的领域，都存在行政强制。这是因为，强制力是行政管理得以实施的基本条件，无强制则无管理。因此，关于行政强制的分散规定在我国行政法律规范中随处可见。

(三)行政强制是侵益性的行政行为

行政强制是一种限权行为，而不是赋权行为。就被执行强制的行政相对人而言，行政强制对其是不利的，是对当事人权利的一种限制抑或存在一定的损害。例如，在对行政相对人的财产执行扣押后，被扣押人就无法再行使对这部分财产的使用权和处分权了。

---

① 莫于川主编：《案例行政法教程》，170页，北京，中国人民大学出版社，2009。

二、行政强制的种类

根据《行政强制法》第2条的规定，行政强制包括行政强制措施与行政强制执行。

（一）行政强制措施的概念

行政强制措施是指行政机关在行政管理过程中，为制止违法行为、防止证据损毁、避免危害发生、控制危险扩大等情形，依法对公民的人身自由实施暂时性限制，或者对公民、法人或者其他组织的财物实施暂时性控制的行为。

1. 行政强制措施具有预防性

采取行政强制措施的目的是为实现一定的行政目的，具体来说就是为制止违法行为、防止证据损毁、避免危害发生、控制危险扩大等。因此，行政强制措施只是一种预防性的行为。

2. 行政强制措施具有非制裁性

行政强制措施不以制裁违法为直接目的，其目的是为实现某一具体行政目标。因此，行政强制措施并非须以当事人违法为前提。它可以针对违法的当事人作出，也可以针对合法的当事人作出。如果说行政强制措施与当事人的违法行为有联系的话，那也只是为了预防或制止违法，而不是制裁违法。这是它与行政处罚最重要的一个区别。

3. 行政强制措施具有暂时性

行政强制措施只是对行政相对人的权利予以暂时性的限制或者约束，不是对行政相对人权利作出的最终处理；它只是一种手段而不是结果。所以，行政强制措施只是行政主体在未作出其他行政行为之前暂时采取的措施而已，是对当事人的人身、财产或行为进行的暂时限制或约束；一旦包含最终结果的其他行政行为作出，行政强制措施必然解除。

（二）行政强制执行的概念

行政强制执行是指行政机关或者行政机关申请人民法院，对不履行行政决定的公民、法人或者其他组织，依法强制其履行义务的行为。行政强制执行具有以下特点：

1. 行政强制执行以当事人不履行其行政法上的义务为前提

只有行政相对人负有法定义务且又拒不履行，行政机关为了保证行政管理活动正常进行，维护行政权的权威，才能采取一定的强制手段强迫相对人履行义务。

这里行政法上的义务，指的是行政机关所作出的行政决定中所规定的义务。行政法上的义务既有法律、法规、规章中规定的义务，也有行政机关所作出的行政决定中所规定的义务，还有人民法院的行政判决、裁定中确定的由行政相对人履行的义务。法律、法规、规章确定的义务一般不应该导致强制执行,因为其本身是一种抽象规定,针对的是不特定的人。而特定的人要履行该义务,必须要有具体的行政决定,否则普遍的、抽象的义务无法落实到特定对象。法律、法规、规章规定的义务只是一个前提,只有在行政机关根据该规定并结合特定的人和事才能使之具体化。因此,抽象的法定义务是不能成为强制执行的直接前提,仅仅是间接前提。而行政决定则包含了具体的权利和义务,具有确定性。比如说,服兵役、按时纳税等义务,一般应由行政机关先作出一个命令、决定,要求当事人履行义务,而后才能引发强制执行问题。人民法院的行政判决、裁定中确定的由行政相对人履行的义务的强制执行,将在行政诉讼法的强制执行中专门讲到。

这里的"不履行"是指当事人没有充分及时履行行政法义务。具体包括:义务人已超过履行期限未能及时履行;或者虽已开始履行,但在期限到来时未能履行完毕,处于不完全不充分的状态。

2. 行政强制执行的主体除了行政机关外,还包括人民法院

行政强制执行的主体除了行政机关外,还包括人民法院。而行政处罚、行政许可以及行政强制措施的实施主体均不包括人民法院。人民法院是行政强制执行机关,主要是因为行政强制执行对相对人权利影响重大,如果任由行政机关执行,难以保障相对人的权利。

3. 行政强制执行的目的在于促使行政义务得以履行

行政强制执行的目的在于促使行政义务得以履行,迫使义务人履行义务或者达到义务被履行的同一状态。行政机关或科以行政相对人金钱付给义务,或对行政相对人的人身、财产采取强制手段;而对于可替代性的义务,也可以由行政机关或第三人代为履行。可见,行政强制执行是为行政义务得以履行而存在的,因此行政义务履行完毕后,行政强制执行就不复存在了。

4. 在行政强制执行过程中,允许进行执行和解

以前认为,行政强制执行的当事人一方是行政机关,是公权力的代表,不像私权利,能够私自处分或放弃。因此,行政强制执行一般不得和解。但近年来的研究表明,行政权并不是绝对不能处分,行政机关在特定的情况下可以处分行政权。因此,《行政强制法》第42条规定,实施行政强制执行时,行政机关可以在不损害公共利益和他人合法权益的情况下,与当事人达成执行协议。执行协议可以约定分阶段履行;当事人采取补救措施的,可以减免加处的罚款或者滞纳金。执行协议应当履行。如果当事人不履行执行协议,行政机关应当恢复强制执行。

三、行政强制的基本原则

(一)行政强制法定原则

权力法定本身是一项宪法原则,任何公权力都必须有法律的授权,并且在法律所划定的范围内行事。行政强制作为一项重要的行政权力，对行政相对人的影响巨大，其设定和实施都必须遵循法定原则，做到依法行政。《行政强制法》第 4 条规定："行政强制的设定和实施，应当依照法定的权限、范围、条件和程序。"第 10 条规定："行政强制措施由法律设定。尚未制定法律，且属于国务院行政管理职权事项的，行政法规可以设定除本法第九条第一项、第四项和应当由法律规定的行政强制措施以外的其他行政强制措施。尚未制定法律、行政法规，且属于地方性事务的，地方性法规可以设定本法第九条第二项、第三项的行政强制措施。法律、法规以外的其他规范性文件不得设定行政强制措施。"

（二）适当原则

行政权的行使既要合法，又要合理。适当原则亦称合理性原则，是在合法性基础上对行政机关的更高要求，目的是防止自由裁量的随意化。《行政强制法》第 5 条规定："行政强制的设定和实施，应当适当。采用非强制手段可以达到行政管理目的的，不得设定和实施行政强制。"

2012 年 1 月 1 日起施行的《行政强制法》，其目的不在于赋予行政机关动辄就采取行政强制的权力，而在于约束公权力、保障私权利，利益平衡、私权优先，以人为本、行政为民，行政谦抑、减少伤害，穷尽非强制行为。如果非强制的手段能够实现行政目的，就不要采取强制手段；如果轻微的强制手段就能够实现行政目的，就不要采取过重的强制手段。近些年来，一些地方城管部门所采取的"注视式"执法、"举牌式"执法，就是以非强制的、柔性的管理手段来纠正和制止违法占道经营行为，收到了良好的管理效果和社会效益。

（三）教育和强制相结合原则

法律的功能不仅包括惩罚和规范，还有引导和教育。制定法律是为了让人们遵守，而不是让人们违反的，因此惩罚不是最终目的，教育和引导守法才是终极目标。《行政强制法》第 6 条规定："实施行政强制，应当坚持教育与强制相结合。"只有将强制与教育有机结合，才能使行政相对人认同、接受、并自觉遵守行政强制的有关规定，才能促进社会和谐。可见，教育不是自上而下的说教，也不是行政机关的恩赐，而是行政机关应尽的一项法定义务。①

（四）不得滥用强制原则

根据《行政强制法》的规定，行政机关及其工作人员不得利用行政强制权为单位或者个人谋取利益。行政机关不得在夜间或者法定节假日实施行政强制执行。但是，情况紧急的除外。行政机关不得对居民生活采取停止供水、供电、供热、供燃气等方式迫使当事人履行相关行政决定。对违法的建筑物、构筑物、设施等需要强制拆除

① 参见莫于川：《〈中华人民共和国行政强制法〉释义》，44 页，北京，中国法制出版社，2011。

的，应当由行政机关予以公告，限期当事人自行拆除。当事人在法定期限内不申请行政复议或者提起行政诉讼，又不拆除的，行政机关可以依法强制拆除。加处罚款或者滞纳金的数额不得超出金钱给付义务的数额。代履行不得采用暴力、胁迫以及其他非法方式。

（五）权利救济原则

一切权利都需要有救济途径，否则权利就得不到真正的保障，就只能停留在纸面而已。同时，权力也需要监督，而当事人的监督有着不可替代的作用。《行政强制法》第8条规定："公民、法人或者其他组织对行政机关实施行政强制，享有陈述权、申辩权；有权依法申请行政复议或者提起行政诉讼；因行政机关违法实施行政强制受到损害的，有权依法要求赔偿。"

第二节　行政强制措施

一、行政强制措施的种类

（一）限制公民人身自由

"限制公民人身自由"这一行政强制措施限制的是人的基本权利，即人身自由权。就强制的程度而言，是行政强制措施中最重的。根据比例原则，其适用的情形亦应是情节比较严重的对象或者场合。

在我国现行的单行法里，有许多法律规定了限制公民人身自由的行政强制措施。例如，《人民警察法》第9条规定："为了维护社会治安秩序，公安机关的人民警察对有违法犯罪嫌疑的人员，经出示相应证件，可以当场盘问、检查；经盘问、检查，被指控有犯罪行为的、有现场作案嫌疑的、有作案嫌疑身份不明的，携带的物品有可能是赃物的，可以将其带至公安机关，经该公安机关批准，对其继续盘问。"即公安机关有现场盘问和留置盘问的权力，均暂时性地限制了被盘问人的人身自由，性质为行政强制措施。

（二）查封场所、设施或者财物

查封是指行政主体对特定场所、设施或者财物就地查实、封存，以待行政行为作出后加以处理的行政强制措施。查封具有如下特征：第一，查封的主体是行政主体，即行政机关和法律法规授权的组织；第二，查封对象是场所、设施和财物，通常具有不能或者不宜移动性；第三，查封是原地进行的行为，并不改变被查封对象原有的地理位置；第四，查封的结果是原权利人暂时丧失对查封对象占有、使用及其处分的权利，但所有权并没有发生转移。

（三）扣押财物

扣押是指行政主体强制留置行政相对人的财物，限制其继续对其财物进行占有和处分的行政强制措施。扣押和查封的主要区别在于:第一,扣押是把被扣押物品进行物理位置的转移,且是有必要的移动;查封是原地查封,并不移动被查封对象。第二,扣押的对象只能是财物,而查封的对象相对广泛,除了财物,还可以查封场所和设施。但是无论是查封还是扣押,原物所有人都暂时丧失了对被查封物或者被扣押物的实际控制权,都是对原物所有人财产权的限制。

(四)冻结存款、汇款

冻结是指行政主体暂时性地禁止行政相对人使用其在银行等金融机构的存款或者汇款的行政强制措施。冻结虽然也是限制权利人的财产权,但其直接限制的是金钱,而非物品。与查封和扣押的另外一个区别是,冻结的执行还涉及第三方银行等金融机构的法定义务问题。我国《商业银行法》第29条规定:"商业银行办理个人储蓄存款业务,应当遵循存款自愿、取款自由、存款有息、为存款人保密的原则。对个人储蓄存款,商业银行有权拒绝任何单位或者个人查询、冻结、扣划,但法律另有规定的除外。"可见,金融机构负有保障存款权利人存取自由的固有义务,银行等金融机构不得侵害、非法限制存款人存取自由的权利。而冻结恰恰是要求金融机构以违反其原有的法定义务为前提来协助冻结决定的执行,实属法律规定之外的特例。因此相对来说,冻结存款、汇款这一行政强制措施形式实施的要求要高于查封和扣押。

(五)其他行政强制措施

除了上述行政强制措施外,法律、行政法规以及地方性法规还可以依法设定其他行政强制措施。比如说,我国《禁毒法》规定:"吸毒成瘾人员拒绝接受社区戒毒的,在社区戒毒期间吸食、注射毒品的,严重违反社区戒毒协议的或者经社区戒毒、强制隔离戒毒后再次吸食、注射毒品的,县级以上人民政府公安机关有权对其作出强制隔离戒毒的决定。对于吸毒成瘾严重,通过社区戒毒难以戒除毒瘾的人员,公安机关可以直接作出强制隔离戒毒的决定。"[①]再比如说,我国《计量法》第9条明确规定:"县级以上人民政府计量行政部门对社会公用计量标准器具,部门和企业、事业单位使用的最高计量标准器具,以及用于贸易结算、安全防护、医疗卫生、环境监测方面的列入强制检定目录的工作计量器具,实行强制检定。"上述的强制隔离戒毒和强制检定都属于法律设定的其他行政强制措施。

二、行政强制措施的设定

《行政强制法》规定,行政强制措施可以由法律、行政法规、地方性法规这三种法律文件予以设定。

(一)法律

法律是全国人民代表大会及其常务委员会依照法定程序制定的,其效力及于全

① 参见《中华人民共和国禁毒法》第38条。

国。法律可以设定任何形式的行政强制措施,而且限制人身自由、冻结存款和汇款的行政强制措施专属于法律设定,是法律保留对象。

案例 6-1

2004 年 5 月 1 日,被告洛阳市公安局车站分局接到一名叫张峰(后经查证,此人真名叫易定美,又名易贵)的人举报,此人称曾于 2004 年 4 月见到原告薛志欣吸食过毒品“黄皮”,被告遂将原告薛志欣传唤至车站派出所进行讯问,并将原告送至洛阳市戒毒所进行尿样检测。2004 年 5 月 2 日洛阳市戒毒所对薛志欣尿样检验结果为:MOP 阳性。被告据此于同日作出公(车)强戒决字〔2004〕第 12 号强制戒毒决定书,以薛志欣吸食毒品成瘾为由,根据《强制戒毒办法》第 5 条、第 6 条之规定,决定对其强制戒毒三个月,并于当日将薛志欣送往洛阳市戒毒所执行强制戒毒。薛志欣不服此决定,向洛阳市公安局申请行政复议。2004 年 7 月 6 日,洛阳市公安局作出洛公复字〔2004〕第 101 号行政复议决定书,决定维持被告作出的公(车)强戒决字〔2004〕第 12 号强制戒毒决定书。薛志欣仍然不服复议决定,提起诉讼。[①]

【问题】

(1) 强制戒毒属于哪种行政行为?

(2) 根据《行政强制法》的规定,强制戒毒这种方式应该由谁设定呢?

【评析】

(1) 强制戒毒属于行政强制措施的一种。

(2) 根据《行政强制法》的规定,强制戒毒这种方式应该由法律设定,因为它限制了人身自由。

(二) 行政法规

行政法规是国务院基于《宪法》及《立法法》的授权而制定的,其效力及于全国。就法律位阶而言,位于宪法和法律之后。尚未制定法律,且属于国务院行政管理职权事项的,行政法规可以设定除限制公民人身自由、冻结存款及汇款和应当由法律规定的行政强制措施以外的其他行政强制措施。

1. 尚未制定法律且属于国务院行政管理职权事项的

尚未制定法律且属于国务院行政管理职权事项的,国务院为了更好地维护行政秩序,有权依《立法法》或法律的法定授权设定相应的行政强制措施。

2. 行政法规的设定权受到种类方面的限制

由于《立法法》将公民人身自由纳入法律保留的范围,据此行政法规丧失了设定限制公民人身自由的行政强制措施的权力。同时,由于冻结存款和汇款,不仅涉及公

---

① 王晨,等:《实证视角下的行政行为》,85 页,哈尔滨,哈尔滨工业大学出版社,2009。

民最直接的财产权，而且还涉及金融机构法定义务的打破，亦禁止行政法规设定。此外，行政法规也不得设定应当由法律规定的其他行政强制措施。

3. 如果存在上位法律，行政法规只能细化法律规定

法律对行政强制措施的对象、条件、种类作了规定的，行政法规不得作出扩大规定。法律中未设定行政强制措施的，行政法规亦不得设定行政强制措施，法律授权行政法规制定的除外。

（三）地方性法规

根据《立法法》的规定，省、自治区、直辖市、设区的市和自治州以及较大的市的人民代表大会及其常务委员会有权制定地方性法规。通常，地方性法规不得与宪法、法律和行政法规相冲突。《行政强制法》规定，尚未制定法律、行政法规，且属于地方性事务的，地方性法规可以设定查封场所、设施或者财物和扣押财物的行政强制措施。

1. 没有上位法律和行政法规且属于地方性事务的

如果没有上位法律和行政法规，且属于地方性事务，地方相应人大机构根据行政管理的实际需要，通过地方性法规依法设定行政强制措施。

2. "地方性事务"的内涵是特定的，不能作泛泛理解

"地方性事务"一词在我国首次出现于《立法法》中，"地方性法规可以就地方性事务作出规定"。《立法法》全文仅此一处提及"地方性事务"，之后再无涉及，更没有具体说明其内涵。对此问题，亦没有出台相关的司法解释。只有个别学者，进行过初步的学理探讨，认为既然称之为"地方性事务"，那么这个事务就应该是依附于地方的、脱离地方而不复存在的事务，具有高度的地域特色，而不能作泛泛理解。例如，2009 年 4 月 20 日施行的《哈尔滨市西泉眼水库饮用水水源保护条例》就属于哈尔滨市人民代表大会常务委员会通过的关于地方性事务"西泉眼水库饮用水水源保护"的地方性法规。

3. 可以设定查封和扣押

地方性法规可以设定的行政强制措施种类非常有限，即查封和扣押，其他措施一律禁止设定。由于地方政府具有先天的地方保护主义倾向，立法者对于地方性法规并未给予充分的信任。同时现代社会中，尤其是我国加入 WTO 后，法制统一原则的重要性格外突出。而在若干行政强制措施种类中，查封和扣押的强制力度相对较弱，影响相对有限，因此它们就成为"下放"地方立法的对象。①

4. 不得扩大法律的规定

法律对行政强制措施的对象、条件、种类作了规定的，地方性法规不得作出扩大

---

① 当然，我们不能不承认的是，地方性立法的必要性和重要性也是非常突出的。中国幅员辽阔，中央立法无法兼顾所有的地方特色。这就需要发挥地方性立法的作用，来设置符合当地社会发展需要的、针对性和操作性更强、特色化的规范，以加强法规范的适用性，更好地服务于社会。

规定。法律中未设定行政强制措施的，地方性法规不得设定行政强制措施。《行政强制法》中虽然没有明确行政法规与地方性法规在行政强制措施设定方面的关系，但是比照上述规定，同时明确二者在法律位阶中的“上下关系”，可以确定地方性法规亦不得突破行政法规设定的范畴，即地方性法规应与行政法规保持一致，不得增设、改变行政法规对行政强制措施的设定规范。

除上述法律、行政法规、地方性法规以外，其他法律文件，无论是中央的，还是地方的；无论是部门规章，还是地方政府规章，抑或是其他规范性文件，均不得设定行政强制措施。

三、行政强制措施的实施机关

根据《行政强制法》的规定，行政强制措施由法律、法规规定的行政机关在法定职权范围内实施。行政强制措施权不得委托。依据《行政处罚法》的规定行使相对集中行政处罚权的行政机关，可以实施法律、法规规定的与行政处罚权有关的行政强制措施。行政强制措施应当由行政机关具备资格的行政执法人员实施，其他人员不得实施。

（一）行政机关

1. 必须有法律、法规的授权

享有行政强制措施实施权的行政机关必须有法律、法规的授权。也就是说，并不是所有的行政机关都有强制措施实施权的；此处，只有法律、法规的授权才是有效授权，其他授权、包括规章的授权都是无效的。

2. 限制人身自由权、冻结权必须是法律授权

拥有实施限制人身自由权、冻结权的行政机关其权力来源必须是法律，其他法规、规章等法律文件的授权均为无效。

3. 依法实施行政强制措施

行政机关履行行政管理职责，必须依照法律、法规的规定，实施行政强制措施。

4. 不采取强制措施的情形

违法行为情节显著轻微或者没有明显社会危害的，可以不采取行政强制措施。

（二）被授权组织

1. 必须有法律、行政法规的授权

享有行政强制措施实施权的被授权组织其权力必须来源于法律和行政法规。也就是说，我们通常所说的法律、法规、规章授权的组织在行政强制措施领域并非都享有强制措施的实施权，只有其中经由法律和行政法规授权的组织，才依法能够行使行政强制措施权。这里否决了地方性法规和规章的授权权力，可见立法者对行政强制措施的规范力度和规范决心是相当之大的。

2．诸多行政强制措施不可以实施

被授权组织即使拥有法律和行政法规的授权，也并非所有行政强制措施都可以实施，不得实施查封、扣押和冻结。也就是说被授权组织的强制措施实施权限受到了第二重严厉限制，对于公民、法人和其他组织的财产权产生重大影响的查封、扣押和冻结只能由行政机关行使；被授权组织作为行政主体当中的特例，是不能行使这些权力的，而只能依授权行使其他类型的行政强制措施权，例如强行进入等。

（三）集中行使处罚权的行政机关

《行政处罚法》规定了集中行使处罚权制度，据此城管部门等集中行使处罚权的行政主体应运而生。但是它们在行使集中处罚权的过程中，常常面临很尴尬的局面。由于它们只有集中处罚权，而没有与之相配套的强制措施权，所以使得它们在实际工作中，畏手畏脚，无所适从：要么不行为，要么在欠缺法律授权、无法律依据的情形下违法行政。这严重破坏了行政主体的良好形象，也损害了行政相对人的合法权益。而造成这种局面的原因就是《行政处罚法》和以前的行政强制制度之间出现了立法漏洞，导致好的制度没有取得好的效果，没有形成良性循环。因此，行政强制法的立法者注意到了这一立法问题，积极予以弥补，在《行政强制法》第 17 条第 2 款中明确享有相对集中行政处罚权的行政机关，自动享有与其行政处罚权有关的行政强制措施实施权。这样就形成了《行政强制法》和《行政处罚法》的有效衔接，填补了立法空白，解决了实践问题。

由于被集中的行政处罚权并不包括限制人身自由，因此集中行使处罚权的行政机关也并不享有限制人身自由的强制措施权；集中行使处罚权的行政机关主要享有的强制措施权还是在于财产方面的一些权力，如查封、扣押等。

案例 6-2

2003 年 4 月 8 日某县 H 镇政府计划生育工作人员根据县计生委的工作安排，到某村动员村民交纳独生子女保险费，村民张玉应交而未交纳。镇政府工作人员将张玉带至镇计生办，并告知张某“不交费不能回家”。事后张玉以镇政府违法行政为由请求行政赔偿，向该县人民法院提起行政诉讼。张玉诉称，镇政府工作人员以她未交纳独生子女费为由，强行带她到镇计生办公室内，长达 3 小时，强迫其亲属交款 80 元后才放人。张玉请求人民法院判决镇政府的限制人身自由行为违法，并赔偿精神损害费 2000 元。①

---

① 陈新安：《镇政府采取限制人身自由的行政强制措施违法》，载《西安市人民政府公报》，2004（3），23 页。

【问题】

(1) 镇政府工作人员将张玉强行带至镇计生办公室内,长达3小时,上述行为从性质上来看,属于哪类行政行为?

(2) 镇政府工作人员是否有将张玉强行带至镇计生办公室长达3小时的权力?

【评析】

(1) 该行为是行政强制措施。

(2) 无权,因为限制人身自由这种强制措施权力只能由法律授权的行政机关实施,而镇政府并没有获得法律的授权,因此违法。

四、行政强制措施实施程序

(一) 行政强制措施的一般程序

1. 报批

行政机关实施行政强制措施前须向行政机关负责人报告并经批准。情况紧急,需要当场实施行政强制措施的,行政执法人员应当在二十四小时内向行政机关负责人报告,并补办批准手续。行政机关负责人认为不应当采取行政强制措施的,应当立即解除。

2. 表明身份

报批之后,由两名以上行政执法人员具体实施行政强制措施。与《行政处罚法》和《行政许可法》的规定不同的是,此时没有一个执法人员单独执法的可能。实施的时候,要求执法人员主动向行政相对人出示执法身份证件,以表明身份。只有具备资格的行政执法人员才能实施行政强制措施,其他人员不得实施。

3. 通知到场

为了保护当事人的合法权益,行政执法人员应该通知当事人到场。当事人不到场的,此时《行政强制法》特别赋予执法人员一个法定义务,即应当邀请见证人到场,由见证人和行政执法人员在现场笔录上签名或者盖章。类似规定在《行政强制法》出台之前,是没有的。可以说,在此《行政强制法》采取了极其严格的态度,明确了见证人制度,以强化对行政强制措施的实施规范。

4. 告知听取

行政执法人员应当当场告知当事人采取行政强制措施的理由、依据以及当事人依法享有的权利、救济途径,并且听取当事人的陈述和申辩。在此《行政强制法》可以说是继续沿袭了《行政处罚法》和《行政许可法》的相关规定。

5. 制作现场笔录

现场笔录是其他诉讼中所未包括而行政诉讼中独有的特殊证据形式,它是行政工作人员在行政管理过程中对现场处理情况所作的书面记录。在行政程序中,现场笔录也具有非常重要的证据意义，它直接体现了行政程序中行政机关与相对人之间的管理与被管理的关系，即现场笔录是行政机关依据职权制作的证据。但是由于现行法律、法规或者规章对制作现场笔录的规定不完善，致使在诉讼中作为证据时出现不少问题。①

（二）限制公民人民自由的特别程序

依照法律规定实施限制公民人身自由的行政强制措施，除应当履行上述程序外，还应当遵守下列规定：

1．当场告知或者实施行政强制措施后立即通知当事人家属实施行政强制措施的行政机关、地点和期限；

2．在紧急情况下当场实施行政强制措施的，在返回行政机关后，立即向行政机关负责人报告并补办批准手续；

3．法律规定的其他程序。实施限制人身自由的行政强制措施不得超过法定期限。实施行政强制措施的目的已经达到或者条件已经消失，应当立即解除。

（三）查封、扣押的特别程序

查封、扣押应当由法律、法规规定的行政机关实施，其他任何行政机关或者组织、包括被授权组织均不得实施。除应当履行上述一般程序外，还应当遵守下列规定：

1．不得查封、扣押的对象

不得查封、扣押与违法行为无关的场所、设施或者财物，比如说，案外人的财物；不得查封、扣押公民个人及其所扶养家属的生活必需品，也就是说不得影响当事人的正常生活；当事人的场所、设施或者财物已被其他国家机关依法查封的，不得重复查封，以避免查封主体之间、权力与权力之间的冲突。

2．查封、扣押决定书

行政机关决定实施查封、扣押的，应当履行行政强制措施的一般程序，并且制作并当场交付查封、扣押决定书和清单。查封、扣押决定书应当载明下列事项：当事人的姓名或者名称、地址；查封、扣押的理由、依据和期限；查封、扣押场所、设施或者财物的名称、数量等；申请行政复议或者提起行政诉讼的途径和期限；行政机关的名称、印章和日期。查封、扣押清单一式二份，由当事人和行政机关分别保存。

3．查扣期限

查封、扣押的期限不得超过30日；情况复杂的，经行政机关负责人批准，可以延长，但是延长期限不得超过30日。法律、行政法规另有规定的除外。此时需要注意的是，地方性法规虽然享有设定查封和扣押的权力，但是在查封和扣押的期限方面，却没有特别规定的权限。《行政强制法》之所以有这一特殊规定，目的在于控制地方

---

① 王晨，等：《行政救济新论》，266页，哈尔并，哈尔滨工业大学出版社，2008。

性法规的设定权,防止具有地方利益、代表地方利益的地方性法规利用查封和扣押的设定权,进行地方保护主义,打击外地企业的竞争能力。

延长查封、扣押的决定应当及时书面告知当事人,并说明理由。对物品需要进行检测、检验、检疫或者技术鉴定的,查封、扣押的期间不包括检测、检验、检疫或者技术鉴定的期间。检测、检验、检疫或者技术鉴定的期间应当明确,并书面告知当事人。检测、检验、检疫或者技术鉴定的费用由行政机关承担。

4. 查扣人的保管义务

对查封、扣押的场所、设施或者财物,行政机关应当妥善保管,不得使用或者损毁;造成损失的,应当承担赔偿责任。对查封的场所、设施或者财物,行政机关可以委托第三人保管,第三人不得损毁或者擅自转移、处置。因第三人的原因造成的损失,行政机关先行赔付后,有权向第三人追偿。因查封、扣押发生的保管费用由行政机关承担。

5. 查扣结果

行政机关采取查封、扣押措施后,应当及时查清事实,在法定期限内作出处理决定。对违法事实清楚,依法应当没收的非法财物予以没收;法律、行政法规规定应当销毁的,依法销毁;应当解除查封、扣押的,作出解除查封、扣押的决定。

有下列情形之一的,行政机关应当及时作出解除查封、扣押决定:当事人没有违法行为;查封、扣押的场所、设施或者财物与违法行为无关;行政机关对违法行为已经作出处理决定,不再需要查封、扣押;查封、扣押期限已经届满;其他不再需要采取查封、扣押措施的情形。

解除查封、扣押应当立即退还财物;已将鲜活物品或者其他不易保管的财物拍卖或者变卖的,退还拍卖或者变卖所得款项。变卖价格明显低于市场价格,给当事人造成损失的,应当给予补偿。

案例 6-3

2008 年 12 月 15 日胡康平(原告)所有的车辆湘 JGD979 号农用车在由驾驶人郑家秒驾驶过程中,在石门县某路段发生二死一伤的重大交通事故。事故发生后,湖南省石门县公安局(被告)根据《湖南省实施〈道路交通安全法〉办法》第 34 条"公安机关交通管理部门在处理交通事故时,根据需要可以扣留当事人机动车驾驶证,并出具凭证;除依法给予暂扣或者吊销机动车驾驶证的外,应当在十日内返还"的规定,将胡康平所有的上述车辆及该车的行驶证扣留。2008 年 12 月 22 日被告对该车进行检测,随后作出交通事故责任认定书。责任认定后,事故双方均不服。经复核后,维持原事故责任认定。后由县交警队组织双方调解,但未能形成一致意见,2009 年 2 月 25 日调解终结。由于被告始终未解除对原告所有车辆及其行驶证的扣留,原告于 2009 年 4 月 7 日向人民法院提起行政诉讼,请求人民法院责令被告立即解除扣留,并赔偿所造成的经济损失。①

【问题】

(1) 被告对原告所有车辆及其行驶证的扣留属于哪类行政行为?

(2) 被告对原告所有车辆及其行驶证的扣留是否合法?

(3) 被告应是否承担行政赔偿的法律责任?

【评析】

(1) 被告对原告所有车辆及其行驶证的扣留是行政强制措施。

(2) 被告对原告所有车辆及其行驶证的扣留违法,系严重超期。

(3) 被告应当承担行政赔偿的法律责任。由于被告超期扣留,损害了原告方的合法权益,并造成了一定的经济损失,应予以赔偿。

(四) 冻结的特别程序

1. 禁止反复冻结

已被其他国家机关依法冻结的,不得重复冻结。这与《行政强制法》第 23 条第 2 款“当事人的场所、设施或者财物已被其他国家机关依法查封的,不得重复查封”的规定道理相同,都是为了避免公权力之间的冲突。

2. 冻结数额与违法金额相当

《行政强制法》第 29 条第 2 款规定,冻结存款、汇款的数额应当与违法行为涉及的金额相当。这是比例原则在行政强制法中的体现,如果冻结款项的金额明显高于违法金额,就会扩大行政强制对于当事人的不利影响,损害了当事人的合法权益;如果冻结款项的金额明显低于违法金额,就难以实现强制措施所欲达到的行政目标。

3. 特别程序

行政机关依照法律规定实施冻结存款、汇款的,应当履行有关行政强制措施的一般程序规定,并向金融机构交付冻结通知书。金融机构接到行政机关依法作出的冻结通知书后,应当立即予以冻结,不得拖延,不得在冻结前向当事人泄露信息。法律规定以外的行政机关或者组织要求冻结当事人存款、汇款的,金融机构应当拒绝。

依照法律规定冻结存款、汇款的,作出决定的行政机关应当在 3 日内向当事人交付冻结决定书。冻结决定书应当载明下列事项:当事人的姓名或者名称、地址;冻结的理由、依据和期限;冻结的账号和数额;申请行政复议或者提起行政诉讼的途径和期限;行政机关的名称、印章和日期。

4. 冻结期限

自冻结存款、汇款之日起 30 日内,行政机关应当作出处理决定或者作出解除冻结决定;情况复杂的,经行政机关负责人批准,可以延长,但是延长期限不得超过 30

---

① 莫于川:《中华人民共和国行政强制法释义》,347 ~ 348 页,北京,中国法制出版社,2011。

日。法律另有规定的除外。另外,由于冻结只能由法律设定,行政法规和地方性法规均无权设定冻结,因此冻结的特别期限也只能由法律规定,其他法律文件的规定一概无效。此外,延长冻结的决定应当及时书面告知当事人,并说明理由。

5. 冻结解除

有下列情形之一的,行政机关应当及时作出解除冻结决定:当事人没有违法行为;冻结的存款、汇款与违法行为无关;行政机关对违法行为已经作出处理决定,不再需要冻结;冻结期限已经届满;其他不再需要采取冻结措施的情形。行政机关作出解除冻结决定的,应当及时通知金融机构和当事人。金融机构接到通知后,应当立即解除冻结。行政机关逾期未作出处理决定或者解除冻结决定的,金融机构应当自冻结期满之日起解除冻结。

表 6-1　行政强制措施的主要内容

特　点	种　类	设　定	实　施	程　序
① 预防性 ② 暂时性 ③ 非惩罚性	① 限制公民人身自由 ② 查封场所、设施或者财物 ③ 扣押财物 ④ 冻结存款、汇款 ⑤ 其他	① 法律(各种) ② 行政法规(查封、扣押、其他;A 尚无法律且属国务院职权;B 有法律但未创设且特别授权的) ③ 地方性法规(查封、扣押,无法律无行政法规且属地方性事务的)	① 行政机关(法律法规授权);限制人身自由、冻结权只能由法律规定 ② 被授权组织(法律、行政法规;不得实施查封、扣押和冻结) ③ 集中行使处罚权的行政机关(与处罚权有关的强制措施) *禁止委托实施	① 一般程序:报批(负责人);表明身份(2 名以上执法人);通知到场;告知;听取陈述申辩;制作现场笔录(可拒签;当事人不到场的,请见证人签字) 例外—— · 紧急情况,当场实施的(24 小时补批) · 强制人身(通知家属) · 紧急情况下当场强制人身(返回机关后立即补批) ② 查封扣押程序 A:不得查扣:无关对象;生活必需品;已被其他国家机关查封的 B:制作并当场交付决定书和清单 C:不超过 30 日,可延 30 日(告知并说明理由;法律行政法规另规定除外) D:结果 - 没收或销毁;解除(可补偿) ③ 冻结程序 A:已被冻结的,不得反复冻结 B:冻结数额与违法金额相当 C:3 日内交付冻结决定书给当事人;金融机构接到通知后立即冻结;不超过 30 日,可延 30 日(告知并说明理由;法律另规定除外) D:结果:划拨;解除(行政机关逾期,金融机构应自期满日直接解冻)

第三节　行政强制执行

一、行政强制执行的种类

（一）加处罚款或者滞纳金

加处罚款或者滞纳金从性质上看，属于执行罚。执行罚是指行政强制执行人针对拒不履行不作为义务或者不可为他人替代履行的作为义务的被执行人，可以新的金钱给付义务，以督促其自觉履行的行政强制执行方式。执行罚与代履行一样属于间接执行方式，不同之处在于执行罚是以新的金钱缴纳义务达到督促的目的，而不是直接针对应履行的义务本身。执行罚具体体现为加处罚款或者征收滞纳金。比如说，《行政处罚法》规定："当事人到期不缴纳罚款的，作出行政处罚决定的行政机关可以每日按罚款数额的百分之三加处罚款。""加处罚款"虽然名为罚款，但此罚款的性质，并非"行政处罚"中的"罚款"，其性质实为行政强制。

（二）划拨存款、汇款

划拨存款和汇款从性质上讲，属于直接强制执行方式，即从被执行人的账户中直接划扣一定数量的金钱以冲抵被执行人的金钱给付义务。这种方式强制执行的力度大，执行效果直接，执行效率高，相应地，对于被执行人的权益影响也较大且更为直接。

（三）拍卖或者依法处理查封、扣押的场所、设施或者财物

拍卖或者依法处理查封、扣押的场所、设施或者财物是指行政强制执行人根据法律授权，按照法定程序，通过拍卖或者其他法定方式对已经查封、扣押的场所、设施或者财物，进行处理的行政强制执行方式。比如说，《税收征收管理法》规定："从事生产、经营的纳税人、扣缴义务人未按照规定的期限缴纳或者解缴税款，纳税担保人未按照规定的期限缴纳所担保的税款，由税务机关责令限期缴纳，逾期仍未缴纳的，经县以上税务局（分局）局长批准，税务机关可以书面通知其开户银行或者其他金融机构从其存款中扣缴税款；扣押、查封、依法拍卖或者变卖其价值相当于应纳税款的商品、货物或者其他财产，以拍卖或者变卖所得抵缴税款。"①

（四）排除妨碍、恢复原状

排除妨碍是指行政机关有权要求违法当事人排除其造成的对于其他合法权益或者社会公益的妨碍，以保障权利的正常行使和社会秩序的稳定。比如说，《道路交通

① 参见《税收征收管理法》第37条。

安全法》第106条规定:“在道路两侧及隔离带上种植树木、其他植物或者设置广告牌、管线等,遮挡路灯、交通信号灯、交通标志,妨碍安全视距的,由公安机关交通管理部门责令行为人排除妨碍。”

恢复原状即行政机关要求违法当事人将侵害的对象恢复到侵害之前的状态。恢复原状要求存在恢复原状的可能,即在事实上可行且必要。如果恢复原状已在事实上不可能,就不应再坚持这种行政强制执行方式,而改由其他方式来替代。《道路交通安全法》第104条规定,“未经批准,擅自挖掘道路、占用道路施工或者从事其他影响道路交通安全活动的,由道路主管部门责令停止违法行为,并恢复原状,可以依法给予罚款;致使通行的人员、车辆及其他财产遭受损失的,依法承担赔偿责任。”

(五) 代履行

代履行是指行政机关依法作出要求当事人履行排除妨碍、恢复原状等义务的行政决定,当事人逾期不履行,经催告仍不履行,其后果已经或者将危害交通安全、造成环境污染或者破坏自然资源的,行政机关或者行政机关委托的没有利害关系的第三人代替履行被执行人的作为性的行政法义务,由被执行人承担必要费用的行政强制执行方式。

代履行避免了行政机关与被执行人的正面冲突,从而缓解了被执行人的抗拒心理,同时也实现了行政目标。代履行在实践中被广泛运用。比如说,《消防法》中规定,占用、堵塞、封闭疏散通道、安全出口或者有其他妨碍安全疏散行为的,埋压、圈占、遮挡消火栓或者占用防火间距的,占用、堵塞、封闭消防车通道,妨碍消防车通行的,人员密集场所在门窗上设置影响逃生和灭火救援的障碍物的,经责令改正拒不改正的,强制执行,所需费用由违法行为人承担。[①] 但是需要注意的是,代履行的对象限于他人可以代为履行的作为义务,如违法建筑物的强制拆除。而有些义务,如行政拘留的执行,这是其他人所代替不了的,也是禁止其他人替代的,只能由义务人本人履行。

(六) 其他强制执行方式

除上述行政强制执行方式外,法律还可以设定其他形式的行政强制执行方式。例如《中华人民共和国兵役法》第66条赋予县级人民政府对于拒绝、逃避兵役登记和体格检查等行为在一定条件下有强制履行兵役义务的权力。

二、行政强制执行的设定

(一) 创设行政强制执行的权限和范围

《行政强制法》明确规定,行政强制执行由法律设定。如果法律授权行政机关以行政强制执行权,则该特定行政机关享有强制执行权;如果法律没有规定行政机关强

---

① 参见《中华人民共和国消防法》第60条第3款。

制执行的，作出行政决定的行政机关应当申请人民法院强制执行。另外，法律之外的其他法律文件，如行政法规、地方性法规，均无权设定行政强制执行方式。可见，行政强制执行方式的设定层级更高，立法者对它的态度更加谨慎和重视。其主要原因在于行政强制执行较行政强制措施而言，是"更进一步"的权力，它不是暂时性的，而是最终确定了行政相对人的权利义务，完成了行政目标。换言之，与行政强制措施相比，行政强制执行对行政相对人的影响更大、更彻底，因此行政强制执行的理性成分理应更多些，法律规范对它的限制也就理所当然地更加严格。

（二）创设行政强制执行的程序

1. 听证程序

无论是行政强制措施的设定，还是行政强制执行的设定，《行政强制法》均规定，起草法律草案、法规草案，拟设定行政强制的，起草单位应当采取听证会、论证会等形式听取意见，并向制定机关说明设定该行政强制的必要性、可能产生的影响以及听取和采纳意见的情况。

上述规定扩大了"听证会"在我国法律体系中的比重。《行政强制法》颁行之前主要有五部法律对听证会作出了规定——《立法法》《价格法》《行政处罚法》《治安管理处罚法》和《行政许可法》。但是在立法层面，或者进一步说是在权力设定方面，将听证会列为"应当"的，只有《行政许可法》和《行政强制法》。而且也只有这两部法律明确规定了听证会、论证会等听取意见形式的结果对最终立法的直接影响力，即立法者应当重视和着重考虑听证会上的意见，这充分体现了上述两部法律的民主精神和参与理念。除了设定前的上述程序规制外，《行政强制法》还要求立法者在设定前必须明确设定的必要性，对可能产生的影响进行考量和评估，并总结归纳听取意见的情况，以期保证行政强制设定的必要性和可行性。

2. 动态评价程序

此外，《行政强制法》还继承并发展了《行政许可法》的动态评价机制[①]。具体而言，包括三个层面：

（1）行政强制设定机关的定期评价

行政强制设定机关的定期评价，即要求行政强制的设定机关应当定期对其设定的行政强制进行评价；对已设定的行政强制，认为不适当的，应当对设定该行政强制的规定及时予以修改或者废止。

（2）行政强制实施机关的适时评价

行政强制实施机关的适时评价，即行政强制的实施机关可以对已设定的行政强制的实施情况及存在的必要性适时进行评价，并将意见报告该行政强制的设定机关。

---

① 参见《行政许可法》第 20 条。

（3）公民、法人或者其他组织的意见和建议

公民、法人或者其他组织可以向行政强制的设定机关和实施机关就行政强制的设定和实施提出意见和建议。有关机关应当认真研究论证，并以适当方式予以反馈。也就是说，当行政强制丧失了立法时的必要性时，通过上述评价，就可以将其废止；当行政强制本身与现实发展不同步时，则可以进行相应调整。这样就能够保证行政强制的设定始终处于一种监控之下，以适应时代和社会的发展要求。同时也彰显了立法者的发展精神和实事求是的态度，体现了成熟的立法水平和技术。

三、行政强制执行的实施主体

（一）间接强制执行的实施主体

根据行政强制法的规定，间接强制执行包括代履行和执行罚。间接强制执行相对于直接强制执行而言，对行政相对人的人身权和财产权影响较小，因此一般行政机关都享有间接强制执行的实施权。

（二）直接强制执行的实施主体

直接强制执行对于行政相对人的影响最为直接、最为严重，因此被严格限定。其实施主体有如下三种：

1. 法律规定有直接强制执行权的行政机关

享有直接强制执行权的主体原则上要有法律的授权，法规、规章等其他法律文件的授权无效。

2. 虽无法律的授权，但已采取了查封、扣押的行政机关

《行政强制法》第46条规定，没有行政强制执行权的行政机关应当申请人民法院强制执行。但是，当事人在法定期限内不申请行政复议或者提起行政诉讼，经催告仍不履行的，在实施行政管理过程中已经采取查封、扣押措施的行政机关，可以将查封、扣押的财物依法拍卖抵缴罚款。

此时，格外需要注意四点：第一，此类行政机关本身并没有法律赋予的直接强制执行权；第二，此类行政机关享有查封、扣押的强制措施权；第三，该行政机关已经实际行使了查封或者扣押权，控制了相应财产的占有和使用；第四，在前三个条件均具备的情况下，该行政机关根据《行政强制法》自动享有拍卖这一直接强制执行权，且只拥有拍卖权，没有其他直接强制执行权。

《行政强制法》的上述特例规定，充分贯彻了行政效率原则。“行政效率是行政权的生命，没有基本的行政效率，就不可能实现行政权维护社会所需要的基本秩序的功能”①。效率是指“从一个给定的投入量中获得最大的产出，即以最少的资源消耗

---

① 姜明安：《行政法与行政诉讼法》，第2版，376页，北京，北京大学出版社、高等教育出版社，2005。

取得同样多的效果,或以同样的资源消耗取得最大的效果"[①]。《行政强制法》之所以赋予行政机关以查封和扣押的强制措施权,就是为了保障行政机关能够顺利实现既定的行政目标,而不仅仅是单纯授权。如果享有查封、扣押权的行政机关到最后没有直接强制执行的权力,那前面的查封、扣押就显得意义不大了,而且还浪费了行政成本。因此,基于对效率原则的领悟和执行,《行政强制法》采取了"一条龙"的态度,直接赋予享有查封、扣押权的行政机关可以在最终的行政决定作出之后而义务人不自觉履行行政决定时直接将查封、扣押物通过拍卖机构予以依法拍卖,从而较为迅速和快捷地执行了行政决定,维护了行政机关的权威和行政效益。

3. 人民法院

当事人在法定期限内不申请行政复议或者提起行政诉讼,又不履行行政决定的,没有行政强制执行权的行政机关可以自期限届满之日起 3 个月内,依法申请人民法院强制执行。行政机关申请人民法院强制执行前,应当催告当事人履行义务。催告书送达 10 日后当事人仍未履行义务的,行政机关可以向所在地有管辖权的人民法院申请强制执行;执行对象是不动产的,向不动产所在地有管辖权的人民法院申请强制执行。

行政机关向人民法院申请强制执行,应当提供下列材料:第一,强制执行申请书;第二,行政决定书及作出决定的事实、理由和依据;第三,当事人的意见及行政机关催告情况;第四,申请强制执行标的情况;第五,法律、行政法规规定的其他材料。强制执行申请书应当由行政机关负责人签名,加盖行政机关的印章,并注明日期。

人民法院接到行政机关强制执行的申请,应当在 5 日内受理。行政机关对人民法院不予受理的裁定有异议的,可以在 15 日内向上一级人民法院申请复议,上一级人民法院应当自收到复议申请之日起 15 日内作出是否受理的裁定。人民法院对行政机关强制执行的申请进行书面审查,对符合法律规定,且行政决定具备法定执行效力的,人民法院应当自受理之日起 7 日内作出执行裁定。但是人民法院发现有下列情形之一的,在作出裁定前可以听取被执行人和行政机关的意见:第一,明显缺乏事实根据的;第二,明显缺乏法律、法规依据的;第三,其他明显违法并损害被执行人合法权益的。人民法院应当自受理之日起 30 内作出是否执行的裁定。裁定不予执行的,应当说明理由,并在 5 日内将不予执行的裁定送达行政机关。行政机关对人民法院不予执行的裁定有异议的,可以自收到裁定之日起 15 日内向上一级人民法院申请复议,上一级人民法院应当自收到复议申请之日起 30 日内作出是否执行的裁定。因情况紧急,为保障公共安全,行政机关可以申请人民法院立即执行。经人民法院院长批准,人民法院应当自作出执行裁定之日起 5 日内执行。

---

① 张文显:《法理学》,243 页,北京,高等教育出版社、北京大学出版社,1999。

行政机关申请人民法院强制执行,不缴纳申请费。强制执行的费用由被执行人承担。人民法院以划拨、拍卖方式强制执行的,可以在划拨、拍卖后将强制执行的费用扣除。依法拍卖财物,由人民法院委托拍卖机构依照《拍卖法》的规定办理。划拨的存款、汇款以及拍卖和依法处理所得的款项应当上缴国库或者划入财政专户,不得以任何形式截留、私分或者变相私分。

这里需要特别的注意的是:第一,只有那些没有强制执行权的行政机关才能向人民法院申请非诉执行,如果行政机关自身根据法律的授权而拥有行政直接强制执行权,则不得向人民法院申请非诉执行。即使提出申请,人民法院也应依法不予执行。第二,《行政强制法》规定,当事人在法定期限内不申请行政复议或者提起行政诉讼,且不履行行政决定的,没有行政强制执行权的行政机关可以自期限届满之日起3个月内,向人民法院申请强制执行。这里规定的期限是3个月,而不是其他。第三,《行政强制法》将人民法院对于行政机关非诉申请的审查形式确定为两种,而且审查期限不同:一是形式审查,其审查期限为7天,主要进行的是书面审查;二是实质审查,其审查期限为30天,其审查不局限于书面材料,还可以采取类似开庭的方式进行。

案例6-4

于志和原住砖瓦房三间,厢房二间,1991年天津市宁河县潘庄镇东塘村进行新村规划时,其与村委会签订了“批盖新房、拆除老房、交出宅基地”的协议,并获得镇人民政府的批准。但其宅基地建成新房后,迟迟不拆老房,不退还宅基地。经交涉未果,1993年潘庄镇人民政府作出〔1993〕宁潘土法字第1号处罚决定书,要求于志和五日内将原宅基地的老房及其他附着物全部拆除。后来,于志和在法定期间内既未向人民法院起诉,又不履行处罚决定。潘庄镇人民政府申请天津市宁河县人民法院依法予以强制执行。但经人民法院审查查明,于志和与村委会签订的“拆老房、建新房”协议,系于志和背着其弟弟于克昌所为,而且于克昌也提出异议,不承认协议的效力,并向人民法院递交了1986年1月20日购买此房的凭据,主张自己的房屋所有权;坚持宁可拆除于志和的新房,也不应动其老房。[①]

【问题】

(1)潘庄镇人民政府要求于志和五日内将原宅基地的老房及其他附着物全部拆除,这一行为的性质是什么?

(2)潘庄镇人民政府是否有权向天津市宁河县人民法院申请强制执行?

(3)宁河县人民法院应当作出什么决定?为什么?

---

① 莫于川:《中华人民共和国行政强制法释义》,306页,北京,中国法制出版社,2011。

【评析】

(1) 行政处罚。潘庄镇人民政府要求于志和五日内将原宅基地的老房及其他附着物全部拆除,即为责令限期拆除的行为,属于行政处罚。

(2) 有权。

(3) 宁河县人民法院应当作出不予执行的裁定,因为潘庄镇人民政府申请强制执行的行政行为,确认被申请执行的主体有错误,缺乏执行的依据,不具备执行条件。

四、行政机关强制执行程序

(一) 行政强制执行的一般程序

1. 启动

行政机关依法作出行政决定后,当事人在行政机关决定的期限内不履行义务的,具有行政强制执行权的行政机关依法强制执行。

2. 催告

行政机关作出强制执行决定前,应当事先催告当事人履行义务。催告应当以书面形式作出,并载明下列事项:履行义务的期限;履行义务的方式;涉及金钱给付的,应当有明确的金额和给付方式;当事人依法享有的陈述权和申辩权。在催告期间,对有证据证明有转移或者隐匿财物迹象的,行政机关可以作出立即强制执行决定。

3. 听取陈述申辩

行政机关应当充分听取当事人的意见,对当事人提出的事实、理由和证据,应当进行记录、复核。当事人提出的事实、理由或者证据成立的,行政机关应当采纳。

4. 决定

经催告,当事人逾期仍不履行行政决定,且无正当理由的,行政机关可以作出强制执行决定。强制执行决定应当以书面形式作出,并载明下列事项:当事人的姓名或者名称、地址;强制执行的理由和依据;强制执行的方式和时间;申请行政复议或者提起行政诉讼的途径和期限;行政机关的名称、印章和日期。

5. 送达

催告书、行政强制执行决定书应当直接送达当事人。当事人拒绝接收或者无法直接送达当事人的,应当依照《民事诉讼法》的有关规定送达。

6. 执行

有下列情形之一的,中止执行:当事人履行行政决定确有困难或者暂无履行能力的;第三人对执行标的主张权利,确有理由的;执行可能造成难以弥补的损失,且中止执行不损害公共利益的;行政机关认为需要中止执行的其他情形。中止执行的情形消失后,行政机关应当恢复执行。对没有明显社会危害,当事人确无能力履行,中止执行满三年未恢复执行的,行政机关不再执行。

有下列情形之一的,终结执行:公民死亡,无遗产可供执行,又无义务承受人的;法人或者其他组织终止,无财产可供执行,又无义务承受人的;执行标的灭失的;据以执行的行政决定被撤销的;行政机关认为需要终结执行的其他情形。

(二) 金钱给付义务的特别执行程序

1. 执行罚标准的告知义务

执行罚作为一种强制执行的方式,作为对当事人的不利处置,其内容必须是明确具体的,即实施执行罚必须事前告知行政相对人开始执行罚的时间和数额。《行政强制法》第 45 条明确规定:"加处罚款或者滞纳金的标准应当告知当事人。"

2. 执行罚的数额限制

考虑到以往执法实践中出现的天价滞纳金所造成的恶劣社会影响,《行政强制法》第 45 条第 2 款明确规定:"加处罚款或者滞纳金的数额不得超出金钱给付义务的数额。"

3. 执行罚的期限

行政机关依法实施加处罚款或者滞纳金超过 30 日,经催告当事人仍不履行的,具有行政强制执行权的行政机关可以强制执行。没有行政强制执行权的行政机关应当申请人民法院强制执行。

案例 6-5

2006 年 7 月 21 日,河南省郑州市交通规费征稽处稽查人员接到举报:一辆车牌为豫 A11993 的小吊车在荥阳市某建筑工地出现,该车自 1992 年购车以来,一直没缴养路费。当晚 7 时许,在荥阳市汽车南站停车场,稽查人员查获该车。经过双方将近 20 个小时的"争执",稽查人员在 22 日下午 3 时左右,将该车带回郑州。经稽查人员调查,该车属省地矿局第二水文地质工程队车辆,已该报废,但至今没交过交通规费。

根据征稽收费标准,豫 A11993 小吊车至被查扣之日,应缴纳养路费本金 59 040 元、滞纳金 389 894 元、罚款 177 120 元,还应缴客货附加费本金 22 960 元、滞纳金 75 813 元以及运管费本金 7872 元、滞纳金 25 993 元、罚款 1000 元,共计约 76 万元,这还不包括对报废车辆上路处以 3 倍漏税额的罚款。也就是说该车的滞纳金达到 49 万元,而该车系二手车,车款才 8 万多元。[①]

---

① 《郑州交管开出天价罚单 一吊车车主被罚缴 49 万滞纳金》,载《搜狐新闻》,http://news.sohu.com/20060829/n245050828.shtml。

【问题】

(1) 为什么会出现“天价罚款”的现象?

(2) 在类似上述事例的“天价罚款”中,最大的受害者是谁?

【评析】

(1) 因为之前我国并没有关于执行罚时间期限和数量上限的规范,导致执行罚无期限、无上限地、持续性累计。

(2) 在类似上述事例的“天价罚款”中,明显是不合理,其最大的受害者不是行政相对人,而是人民政府的良好形象和公信力。

4. 其他

划拨存款、汇款应当由法律规定的行政机关决定,并书面通知金融机构。金融机构接到行政机关依法作出划拨存款、汇款的决定后,应当立即划拨。法律规定以外的行政机关或者组织要求划拨当事人存款、汇款的,金融机构应当拒绝。依法拍卖财物,由行政机关委托拍卖机构依照《拍卖法》的规定办理。划拨的存款、汇款以及拍卖和依法处理所得的款项应当上缴国库或者划入财政专户。任何行政机关或者个人不得以任何形式截留、私分或者变相私分。

(三) 代履行的特别程序

1. 送达决定

行政机关在代履行之前,应当将决定书依法送达给当事人。代履行决定书应当载明当事人的姓名或者名称、地址,代履行的理由和依据、方式和时间、标的、费用预算以及代履行人。

2. 催告

代履行3日前,行政机关应当催告当事人自觉履行。当事人履行的,停止代履行。

3. 派员监督

经催告,当事人仍然没有自觉履行的,行政机关应当依法代履行。代履行时,作出决定的行政机关应当派员到场监督,以保证代履行的效果。

4. 确认和收费

代履行完毕,行政机关到场监督的工作人员、代履行人和当事人或者见证人应当在执行文书上签名或者盖章。代履行的费用按照成本合理确定,由当事人承担。但是,法律另有规定的除外。代履行不得采用暴力、胁迫以及其他非法方式。

需要立即清除道路、河道、航道或者公共场所的遗洒物、障碍物或者污染物,当事人不能清除的,行政机关可以决定立即实施代履行;当事人不在场的,行政机关应当在事后立即通知当事人,并依法作出处理。

表 6-2　行政强制执行及非诉执行的主要内容

<table>
<tr><th></th><th>特　点</th><th colspan="2">种类</th><th>设定</th><th>实　施</th><th>程　序</th></tr>
<tr><td rowspan="6">行政强制执行</td><td rowspan="6">① 执行性（在先行为）
② 非惩罚性 结果 + 强制</td><td rowspan="2">间接强制</td><td>① 代履行（行政机关或其他受托人）</td><td rowspan="6">法律</td><td rowspan="2">一般行政机关</td><td rowspan="6">① 一般程序：启动；书面催告（如转匿可作出立即执行决定）；陈述申辩；决定书（直接送达）；中止和终结执行（错误时赔偿；执行协议；无明显危害，且无力履行，中止满三年未恢复执行的，不再执行）。
② 夜间及法定节假日不得执行（紧急除外）；不得采取停水电热气的执行方式（居民）。
③ 执行罚的数额不得超出原值，且告知标准；超过 30 日可强执。
④ 代履行程序：送达代履行决定书；催告（3 日前；当事人履行的，停止代履行）；派员监督；签章确认；收费。（禁止暴力胁迫及其他非法方式）
⑤ 需要立即清除障碍物等而当事人不能的，行政机关立即实施；当事人不在场的，事后立即通知。</td></tr>
<tr><td>② 执行罚（加处罚款滞纳金）</td></tr>
<tr><td rowspan="4">直接强制</td><td>③ 划拨（存款汇款）</td><td rowspan="4">① 法律规定有直接强制执行权的行政机关
② 无授权，但已采取了查封、扣押的行政机关（拍卖权）
③ 人民法院</td></tr>
<tr><td>④ 拍卖或依法处理查封扣押的场所设施财物</td></tr>
<tr><td>⑤ 排除妨碍恢复原状</td></tr>
<tr><td>⑥ 其他</td></tr>
</table>

<table>
<tr><th></th><th>执行内容</th><th>申请人</th><th>执行主体</th><th>程　　序</th></tr>
<tr><td>非诉执行</td><td>行政行为</td><td>没有强制执行权的行政机关</td><td>① 申请人所在地的基层人民法院
② 不动产所在地的基层人民法院程序</td><td>① 申请：不救济且不履行，期满后 3 个月内申请（催告书 10 日）
行政机关向人民法院申请强制执行应当提供下列材料：
A. 申请书
B. 行政决定书及其事实、理由、依据
C. 当事人意见及行政机关催告情况
D. 执行标的情况
E. 其他法定材料
② 受理：5 日内；不受理的，可 15 日内复议，复议人民法院 15 日内裁定
③ 审查和裁定：
· 形式审查的，7 日内裁定；（书面审查）
· 实质审查的，30 日内裁定。不执行的，说明理由，5 日内送达，15 日内可复议，复议人民法院 30 日内裁定；（非书面审查）
· 紧急情况可立即执行，院长批准，裁定 5 日内执行
· 执行费用由被执行人承担</td></tr>
</table>

【课后练习】

一、单选题

1. 某海关在对张某进行过关检查时,认为其有走私违法嫌疑,对张某进行人身扣留 24 小时,此行为属于下列哪种?( )

A. 行政强制措施　　B. 行政处罚

C. 行政监督检查　　D. 司法行为

2. 李某长期吸毒,多次自费戒毒均未成功。某公安局在一次检查中发现后,将李某送至强制隔离戒毒所进行强制隔离戒毒。强制隔离戒毒属于下列哪一性质的行为?( )

A. 行政处罚　　B. 行政强制措施

C. 行政强制执行　　D. 行政许可

3. 某区公安分局以非经许可运输烟花爆竹为由,当场扣押孙某杂货店的烟花爆竹 100 件。关于此扣押,下列哪一说法是错误的?( )

A. 执法人员应当在返回该分局后立即向该分局负责人报告并补办批准手续

B. 扣押时应当制作现场笔录

C. 扣押时应当制作并当场交付扣押决定书和清单

D. 扣押应当由某区公安分局具备资格的行政执法人员实施

4. 当事人逾期不履行行政处罚决定,到期不缴纳罚款的,作出行政处罚决定的行政机关可以每日按罚款数额的 3% 加处罚款,这属于( )。

A. 行政处罚　　B. 行政征收

C. 执行罚　　D. 代执行

5. 行政机关代替违法人拆除违章建筑,这一行为属于( )。

A. 行政确认　　B. 执行罚

C. 行政处罚　　D. 代执行

二、多项选择题

1. 某交通局在检查中发现张某所驾驶货车无道路运输证,遂扣留了张某驾驶证和车载货物,要求张某缴纳罚款 1 万元。张某拒绝缴纳,交通局将车载货物拍卖抵缴罚款。下列说法正确的有( )。

A. 扣留驾驶证的行为为行政强制措施

B. 扣留车载货物的行为为行政强制措施

C. 拍卖车载货物的行为为行政强制措施

D. 拍卖车载货物的行为为行政强制执行

2. 关于行政强制措施和行政强制执行的说法,错误的是( )。

A. 行政强制措施可以委托实施,行政强制执行不得委托

B. 行政强制措施可以收费,行政强制执行不得收费

C. 行政强制措施的目的在于实现在先行为,而行政强制执行的目的在于追求最终的结果

D. 法律可以设定行政强制措施和行政强制执行;而法规只能设定行政强制措施,无权设定行政强制执行

3. 某工商局以涉嫌非法销售汽车为由扣押某公司5辆汽车。下列哪些说法是错误的?(　　)

A. 对扣押车辆,工商局可以委托第三人保管

B. 工商局扣押汽车的最长期限为90日

C. 工商局可以委托城管执法局实施扣押

D. 对扣押车辆进行检测的费用,由某公司承担

4. 行政强制措施的种类包括(　　)。

A. 限制公民人身自由　　B. 查封、扣押

C. 划拨　　D. 冻结

5. 行政机关应当及时作出解除冻结决定的情形有(　　)。

A. 当事人没有违法行为

B. 冻结的存款、汇款与违法行为无关

C. 行政机关对违法行为已经作出处理决定,不再需要冻结

D. 冻结期限已经届满

三、案例分析题

1. 张某与林某同为甲市大山有限公司的股东,林某以个人名义在甲市免税进口一辆轿车,由张某代办各类手续,平时归张某使用。后张某将轿车卖给甲市国浩公司,并将所得款35万元人民币划入大山有限公司的账户内。甲市某区工商局认为张某的行为构成倒卖国家禁止或者限制自由买卖的物资、物品行为,决定没收张某销售款;此后又冻结大山有限公司的账款。张某不服,向甲市工商局申请复议。甲市工商局以张某的行为构成偷税为由,维持了原处罚决定。张某遂向人民法院提起行政诉讼。

(1) 本案中甲市某区工商局作出了几个行政行为?分别是什么性质?

(2) 如果大山有限公司对冻结不服,是否享有诉权?

(3) 如果大山有限公司对冻结不服而起诉,人民法院是否应当受理?

2. 钱某患严重传染性疾病,其从境外回国经海关时未如实填写健康申明卡,未如实报告相关情况,致使88名密切接触者被隔离观察,严重违反了相关规定。据此市检验检疫局决定对其予以警告。

(1) 如果钱某拒绝隔离治疗,有关部门是否有权对其强制隔离治疗?

（2）如果钱某拒绝隔离治疗且有关部门对其强制隔离治疗，该行为性质是什么？

（3）如果钱某对强制隔离治疗不服，是否有权提起行政复议或者行政诉讼？

【拓展实训】

实训项目名称：城管行政执法手段调查。

实训目标：以社会调查的方式，率先激发学生的学习兴趣和研究兴趣，使学生切实了解城管行政执法手段的实际情况，从感性认识到理性分析，从书本知识到实践阅历，从而真正认识、了解并深入理解行政强制的基本理论和基本知识点。

实训具体步骤：

（1）把学生分成若干小组，分区域去了解城管部门的行政执法手段，撰写社会调查报告。

（2）将各小组的社会调查报告汇总，提炼，总结和归纳。

（3）仍然以小组为单位，逐一对城管行政执法手段进行分析，分析其利弊得失以及合法性、合理性问题。

（4）针对问题，分析问题的原因，提出解决问题的方案和建议。

（5）和城管部门进行沟通，将方案和建议反馈给城管部门，以推进实践中的进步与改革。

【练习答案】

一、单选题

1. A　2. B　3. A　4. C　5. D

二、多项选择题

1. ABD　2. ABC　3. BCD　4. ABD　5. ABCD

三、案例分析题

1.（1）甲市某区工商局作出了两个行政行为：没收属于行政处罚，冻结属于行政强制措施。

（2）享有诉权，因为冻结直接影响其合法权益。

（3）应当受理，因为行政相对人对行政强制措施不服而起诉的，属于人民法院的受案范围。

2.（1）有权。

（2）行政强制措施。

（3）有权，因为行政相对人对行政强制措施不服时，有权提起行政复议或者行政诉讼。

第七章 行政许可

【事例回放】

2012年4月18日，文化行业职业技能鉴定工作会在京召开，由文化部、劳动和社会保障部等部门筹备5年之久的文化行业职业技能鉴定工作即将推开，这意味着今后从事影视、歌唱、舞蹈等文化行当将需持证上岗。

据介绍，文化行业有60多个职业列入特有职业，首批立项30余个职业，其中18个职业的国家标准、题库和参考教材已开发完毕，如音响调音、电视摄像、舞美制作、艺人经纪、文物鉴定等，而影视演员、歌唱演员、舞蹈演员这些新加入的考核工种尚待开发。文化部文化艺术人才中心主任刘长权解释说，这一规定主要是针对即将进入文化行业的社会人员和文化艺术院校及其他高等院校文化艺术专业在校生。对于国家财政拨款的文化事业单位已有的专业工作人员及民间文化组织从业人员也要逐步做到持证上岗。

刘长权主任指出，推行职业资格证书制度，可以最大限度地选择合格人员进入文化工作者队伍，保证人员专业素质，同时，对社会上各种出于商业目的而举办的选秀活动起到降温作用。文化部职业技能鉴定指导中心将按照“统一标准、统一试题、统一考务、统一发证”的原则，依托在各省区市及重点城市建立的文化行业职业技能鉴定站，有组织、有重点、有计划、有步骤地开展职业技能鉴定工作。

【问题】

请结合行政许可的相关原理和知识谈谈你对影视演员和歌唱演员需持证上岗做法的看法？

【评析】

根据《行政许可法》第12条第3款的规定，并不是所有的职业进入都需要经过许可，只有那些“提供公众服务并且直接关系公共利益的职业、行业，需要确定具备特殊信誉、特殊条件或者特殊技能等资格、资质的事项”，才可以设定行政许可。文化行业种类繁多，对于那些专业技术含量较高，需要经过专门训练和资格认定并具有可操作性的统一的考核标准的职业，才可以纳入职业技能鉴定范畴，如材料中提到的舞美制作、文物鉴定等，而对于影视演员和歌唱演员等职业，基于艺术创作的个体性、差异性以及观众审美需求的多样化，并不适合也无法实行统一标准予以考核认定，否则，不仅浪费公共财政资源，增加权力寻租，而且将扼杀艺术创作的自由性和多元化，最终使艺术发展脱离观众需求。

【重点知识】

第一节　行政许可概述

一、行政许可的概念和特征

（一）行政许可的概念

行政许可是各级行政机关在依法管理经济社会事务过程中对公民、法人或其他组织的活动实行事前控制的一种手段。2003 年 8 月 27 日第十届全国人大常委会第四次会议通过的《行政许可法》，对行政许可的设定、实施和监督检查等内容作了较为系统的规定，这也是世界上第一个针对行政许可进行的专门立法，其他国家通常都是在行政程序法或其他单行法中对行政许可加以规定。《行政许可法》第 2 条规定，行政许可是指行政机关根据公民、法人或者其他组织的申请，经依法审查，准予其从事特定活动的行为。这一概念基本上描述了行政许可的主要特征，但忽略了一个重要前提即法律的一般禁止。

理论界对行政许可的概念各不相同，其中比较有代表性的观点认为，行政许可是指在法律一般禁止的情况下，行政主体根据行政相对人的申请，通过颁发许可证或执照等形式，依法赋予特定的行政相对方从事某种活动或实施某种行为的权利或资格的行政行为。[①]《行政许可法》第 3 条第 2 款将有关行政机关对其他机关或者对其直接管理的事业单位的人事、财务、外事等事项的审批行为排除出本法的适用范围。此外，上级行政机关对与其具有隶属关系的下级行政机关的请示汇报作出的内部审批行为，也不适用《行政许可法》。

（二）行政许可的特征

1．行政许可是一种行政行为

行政许可是有许可权的行政机关依法准许特定的行政相对人从事特定活动的行政行为，其对象是依法提出申请且符合一定条件的特定相对人，因此，是一种行政行为。

2．行政许可是一种外部行政行为

行政许可是行政主体管理经济和社会的一种方式，针对的是处于行政管理关系中的特定相对人，而不是基于行政隶属关系的内部行政行为。因此，如果相对人对行政许可决定不服，可以依法提起行政复议或行政诉讼。

---

① 罗豪才、湛中乐：《行政法学》，第 3 版，186 页，北京，北京大学出版社，2013。

3. 行政许可是一种依申请行政行为

行政许可行为必须在行政相对人提出申请后方能作出，并不能由行政机关主动为之，而且该"申请"取决于法律的明文规定，而不应依据相对人在事实上是否提出申请。当然，尽管行政许可以相对人的申请为前提，但是否批准的最终决定权仍由行政主体掌握，并不取决于提出申请的相对人的意思表示。

4. 行政许可是一种有限设禁和解禁的行政行为

行政许可是以法律的一般禁止为前提的，这意味着对于法律绝对禁止或者法律未予禁止的事项，便不存在行政许可，前者在我国如贩毒、卖淫嫖娼、走私等；后者如唱歌、影视表演、农民自产自销等。行政许可的实施是对符合条件或具备资格的特定对象的解禁，即赋予其从事特定活动的资格或资质，因此，相对于限制或剥夺相对人某种权利的行政处罚和行政强制行为，行政许可也是一种授益性行政行为，但对于与特定相对人具有竞争关系的利害相关人来说，行政许可也可能具有一定的侵益性。如在某街道已有一家诊所 A 的情况下，卫生局又批准另一家诊所 B 在该街道开设，则后一个行政许可行为对于利害相对人（即诊所 B）来说是授益性的，但对于利害相关人（即诊所 A）来说却是侵益性的。因此，笼统地将行政许可行为视为一种授益性行政行为是不够严谨的。

5. 行政许可是一种要式行政行为

行政许可的设定和实施都必须遵循法定的程序，相对人须以书面形式提出申请，行政机关应以许可证或执照等书面形式作出决定。因此，书面的明示许可成为行政许可行为在形式上的主要特点。

二、行政许可的性质和类型

（一）行政许可的性质

目前学界对于行政许可的性质尚没有形成统一的认识，主要有以下几种观点：

1. 赋权说

即认为行政相对人本没有该项权利，只是因为行政机关的允诺和赋予才获得一般人不能享有的权利。

2. 权利恢复说

即认为应受许可的事项是由于法律的一般禁止才使相对人的自由受到限制，行政许可正是对法律一般禁止事项的解除，是对相对人受限制自由或权利的恢复，而非权利的设定或赋予。

3. 折中说

即认为行政许可既是对一般禁止行为的解除，又通过颁发许可证或执照等形式授予特定相对人某种权利或资格，只是人们的认识角度不同而已。

通说认为,行政许可的性质主要是“权利恢复”。从表面上看,行政许可是授予特定人某种权利或资格,具有“赋权”的色彩,但从根本上讲,行政许可的事项在法律没有一般禁止以前,是任何人都可以作为的行为,行政许可是由行政机关遵循法定程序对符合条件的特定相对人依法解除法律的一般禁止,从而恢复相对人从事权利的行为。因此,行政许可是对法律一般禁止的解除,是对相对人某种权利或资格的恢复。

(二)行政许可的类型

1. 一般许可和特别许可

根据法律法规对申请人的要求不同,可分为一般许可和特别许可。一般许可是指法律法规对于许可的申请只规定了一般的条件,而没有施加任何特殊的限制如企业营业许可、驾驶许可等。特别许可是指法律法规对于许可的申请除设定一般条件外,还设置了特别的限制,如持枪许可[①]、烟草专卖许可等。

2. 排他性许可和非排他性许可

根据被许可人对行政许可的占有程度,可分为排他性许可和非排他性许可。排他性许可又称独占许可,是指某个公民、法人或其他组织依法获得某项许可后,其他任何人或组织均不得再申请获得该项许可,如专利许可、商标许可[②]等。非排他性许可是指所有符合法定条件者均可申请获得该项许可,如律师执照、驾驶执照等。需要注意的是,当某一领域中的许可存在数量方面的限制时,一旦达到既定总量,非排他性许可也可以转化为排他性许可。如某市明确要求市区内营运的电动三轮车数量不得超过100辆,一旦达到这一总量,其他符合条件的申请人即使符合条件也无法获得许可。

3. 权利性许可和附义务的许可

根据行政许可是否附有相应的法律义务,可分为权利性许可和附义务的许可。权利性许可是指申请者获得某项许可后可以根据自己的意志来决定是否以及何时行使许可授予的权利或资格,法律对此并不做硬性规定,如营业许可、驾驶许可等。附义务的许可是指申请者获得某项许可的同时,还必须承担在一定时期内从事某项行为的义务,否则将承担不利的法律后果,如建设用地许可[③]、专利许可等。

---

① 根据《枪支管理法》第13~16条的规定,国家对枪支的制造、配售实行特别许可制度。公务用枪,由国家指定的企业制造。制造民用枪支的企业,由国务院有关主管部门提出,由国务院公安部门确定。国家对制造、配售民用枪支的数量,实行限额管理。

② 根据《商标法》第31条的规定,两个或者两个以上的商标注册申请人,在同一种商品或者类似商品上,以相同或者近似的商标申请注册的,初步审定并公告申请在先的商标;同一天申请的,初步审定并公告使用在先的商标,驳回其他人的申请,不予公告。

③ 根据《城乡规划法》第37条、第38条的规定,建设项目经有关部门批准、核准、备案后,建设单位应当申请获得建设用地规划许可证后,方可向县级以上地方人民政府土地主管部门申请用地,经县级以上人民政府审批后,由土地主管部门核拨土地。

4. 公安行政许可、交通行政许可等部门许可

根据行政管理的领域，可分为公安行政许可、交通行政许可、工商行政许可、卫生行政许可、海关行政许可、文化行政许可、环保行政许可等，不同领域的行政许可具有不同的特点，这需要结合部门管理的特点和部门行政法的规定展开深入研究。

5. 普通许可、特许、认可、核准和登记

根据《行政许可法》的规定，大致可分为普通许可、特许、认可、核准和登记五大类，并根据不同的许可类型分别设置了不同的许可程序。

（1）普通许可

根据《行政许可法》第 12 条第 1 项的规定，普通许可主要适用于“直接涉及国家安全、公共安全、经济宏观调控、生态环境保护以及直接关系人身健康、生命财产安全等特定活动，需要按照法定条件予以批准的事项”。普通许可是运用最为广泛的一类许可，只要申请人依法提出申请而且符合法定条件，行政机关即应依法作出许可决定，一般没有数量上的限制。

（2）特许

根据《行政许可法》第 12 条第 2 项的规定，特许主要适用于“自然资源开发利用、公共资源配置以及直接关系公共利益的特定行业的市场准入等，需要赋予特定权利的事项”。特许的主要功能是分配稀缺资源，通常有数量上的限制。

（3）认可

根据《行政许可法》第 12 条第 3 项的规定，认可主要适用于“提供公众服务并且直接关系公共利益的职业、行业，需要确定具备特殊信誉、特殊条件或者特殊技能等资格、资质的事项”。认可的主要功能是提高从业者的技术水平或保障职业信誉和安全，认可通常也没有数量上的限制。

（4）核准

根据《行政许可法》第 12 条第 4 项的规定，核准主要适用于“直接关系公共安全、人身健康、生命财产安全的重要设备、设施、产品、物品，需要按照技术标准、技术规范，通过检验、检测、检疫等方式进行审定的事项”。核准的主要功能是为了保障公共安全以及公民的人身和财产安全，它具有较强的技术性和专业性，通常也没有数量上的限制。

（5）登记

根据《行政许可法》第 12 条第 5 项的规定，登记主要适用于“企业或者其他组织的设立等，需要确定主体资格的事项”。登记的主要功能是确立申请者的主体资格。行政机关对申请人提交的申请材料主要进行形式审查，只要申请材料齐全、符合法定形式，行政机关应当场予以登记。从行政许可的特征看，这里的登记与备案相似，都不具有法律的一般禁止这个前提，行政机关的审查主要是形式审查，并不存在解禁与否的问题。当然,在实践中也有某些登记需要对申请材料的实质内容进行审查,这种登记应视为行政许可。

广义上的行政许可包括登记(备案),但狭义的行政许可与登记(备案)存在一定区别,前者侧重于事前审查,后者更注重事中和事后监管。目前,新一届政府把深化行政审批制度改革作为加快转变政府职能、简政放权的重要抓手和突破口,先后取消和下放一大批行政审批事项,同时加强对取消下放事项的后续监管。2012 年 9 月公布的《国务院关于第六批取消和调整行政审批项目的决定》共取消和调整 314 项行政审批项目,如取消了"高等学校设立、撤销、调整研究生院审批"以及"中小学国家课程教材编写核准"等审批事项;将"举办国际教育展览审批"改为"实行告知性备案";将"开办外籍人员子女学校审批"和"自费出国留学中介服务机构资格认定"等事项下放给省级政府教育行政部门。

2014 年 8 月 27 日《国务院关于深化行政审批制度改革、加快政府职能转变工作情况的报告》提出,按照李克强总理"放管结合、放管并举"的要求,国务院有关部门将政府管理由事前审批更多地转为事中事后监管,实行"宽进严管"。针对取消下放的审批事项,逐项研究提出相应的事中事后监管措施,包括告知性备案、发挥相关行业协会作用、制定行业从业标准、完善信用管理体系、定期不定期抽查和加大行政问责等,努力做到权力和责任同步下放,调控和监管同步强化。因此,登记(备案)这种方式将在行政管理中得到更广泛的运用,如何加强对登记(备案)事项的事中和事后监管,需要进一步展开研究。

三、行政许可的作用

在计划经济体制下,政府管理过多、过细,行政许可成为政府管理经济和社会的主要手段。市场经济体制确立后,要求政府转变职能,坚持放管结合,一方面,减少政府对微观事务的管理,取消或下放一批涉及企业投资项目核准、企业生产经营活动许可以及对企业、社会组织和个人的资质资格认定事项;另一方面,切实管住管好该管的事项,对关系人民群众身体健康、生命财产安全以及可能妨碍市场公平竞争等事项,切实加大监管力度。政府职能的这一准确定位与我们对行政许可作用的正确认识有着密切联系。行政许可作为一种刚柔相济、行之有效的管理方法,在现代国家中既发挥着重要的积极作用,又有着一定的消极作用,对于行政许可的作用既不可过分夸大更不可盲目否定,关键在于行政许可的法制化、程序化、规范化、透明化、效率化和科学合理化①。

---

① 杨建顺:《行政规制与权利保障》,344 ~ 345 页,北京,中国人民大学出版社,2007。

（一）行政许可的积极作用[①]

1. 有利于加强国家对社会经济活动进行宏观调控，引导市场经济沿着正确的轨道发展。市场规律的自发作用会带来产业结构不合理、劳动力分布不均衡等失控现象，通过行政许可这一手段，能够统筹优化生产力布局，协调短期目标与长期发展的关系，推动市场经济持续健康发展。

2. 有利于保护广大消费者的合法权益，制止不法经营活动，维护公平竞争的市场秩序。面对日益激烈的市场竞争，一些急功近利的经营者为了自身利益的需要不惜采取各种违法手段打压其他竞争者或者欺骗消费者，严重扰乱了市场秩序。通过行政许可方式设置有效的市场准入和退出机制，充分发挥企业信用体系的约束机制，打击违法活动和不正当竞争，从而建设统一开放、竞争有序、诚信守法、监管有力的市场监管体系。

3. 有利于保护并合理分配利用有效的资源，保护生态环境，优化资源配置。对于土地、矿藏、森林、渔业等有限的自然资源，通过行政许可制度使其开发利用符合国家和社会利益，避免资源浪费和环境污染。对于教育、医疗、公共交通等稀缺的公共资源，通过行政许可方式能使其得到更优化的配置，从而节约公共财政开支，提高公共服务水平。

4. 有利于调节进出口贸易，发展民族经济，保障国家主权和经济利益。经济全球化时代下，国家之间的贸易往来日益频繁，通过在进出口产品、资本、技术等方面实施行政许可制度，能有效调控对外贸易，促进民族工业的发展，维护国家经济安全。

5. 有利于消除各种危害因素，保护公民的人身健康和生命财产安全，保障社会公共安全。对关系到人民群众身体健康和生命财产安全的食品、药品的生产、运输和销售等加大监管力度，对爆炸性、毒害性、放射性、腐蚀性或传染性等危险物质的保存、持有和使用等加以有效控制，只许可符合法定条件的主体从事这些特殊行业，以维护公共安全，为全面深化改革创造一个良好的社会环境。

（二）行政许可的消极作用[②]

1. 行政许可制度极易滋生腐败现象，损害市场公平竞争，应依法予以规范。行政许可主体有权授予被许可人从事法律一般禁止的事项，如果行政许可制度设计得不够严密，将使得行政机关拥有大量恣意裁量的余地，并呈现自我扩张和自我繁殖的趋势，从而导致腐败现象，增加经营者成本，降低市场监管效率。因此，随着市场经济的发展，在强化重要领域监管的同时，应适时取消、下放或减少一些不必要的行政许可事项，积极引入社会力量，充分发挥市场的决定性作用。

---

① 参见姜明安主编：《行政法与行政诉讼法》，第3版，265页，北京，北京大学出版社、高等教育出版社，2007。

② 同上书，266页。

2. 行政许可制度可能产生限制竞争、抑制创新的弊端，应注意引入激励机制，加强监督检查。被许可人一旦获得从事某项活动的特殊资格或能力，可能会滥用自己的优势地位、损害社会公众利益，或者“裹足不前”、失去竞争活力，而那些没有获得许可的个人或组织，即使达到或超出法定条件，也因数量限制而被排斥在外。因此，行政许可应依法设定，避免过宽、过滥，根据需要采用招投标或公开选拔等竞争性方式，并加强对许可事项的动态评估和监督。

3. 行政许可如果设置不当可能被视为贸易壁垒之一，引起国与国之间的贸易纠纷。目前，我国在部门管理领域的涉外行政许可中还存在一些与中国入世议定书和WTO规则不相一致的地方，需要尽快加以梳理研究和修改完善，同时，对外资准入逐步向负面清单管理模式迈进，进一步把政府不该管、管不好的事项交给市场和社会，减少政府的直接干预，以免在WTO争端解决中处于不利地位。

第二节　行政许可的基本原则

行政许可的基本原则是指对行政许可的设定和实施具有普遍指导意义的基本准则，它为我们更为准确地理解和适用《行政许可法》的有关条文，尤其为行政许可主体行使裁量权提供重要依据，在一定情况下，还可以弥补《行政许可法》对具体事项规定出现的“空白”。《行政许可法》确立的行政许可基本原则主要有以下几个方面：

一、许可法定原则

《行政许可法》第4条规定，设定和实施行政许可，应当依照法定的权限、范围、条件和程序。行政许可涉及对公民或组织从事某项活动的限制或恢复，哪些主体有权设定哪些类型的行政许可，行政许可应由哪些主体依照哪些条件和程序来实施等，都应依法进行，无论是行政机关还是相对人，一旦违反了法定的许可权限、条件和程序，均应承担相应的法律责任。

二、公开、公平、公正原则

《行政许可法》第5条规定，设定和实施行政许可，应当遵循公开、公平、公正的原则。其中，公开原则要求除涉及国家秘密、商业秘密或个人隐私外，有关行政许可的事项、依据、条件、数量、程序、期限、需要提交的全部材料的目录和申请书示范文本等均应在办公场所公示，并负有向申请人说明、解释的义务。有关行政许可的规定未经公布的，不得作为实施行政许可的依据。行政机关作出的准予行政许可决定应当予以公开，公众有权查阅。许可公开原则有利于公民参政议政并监督行政许可权依法行使，增强公民对行政机关的信任，保障被许可人的合法权益。

公平、公正原则要求行政许可的实施应一视同仁，同等情况同样对待，不同情况区别对待，不得对申请人予以歧视，不得考虑不相关因素。根据2014年《商标法》第19条的规定，两个以上的申请人，在同一种商品或者类似商品上，分别以相同或者近似的商标在同一天申请注册的，应授予在先使用商标的申请人。同日使用或均未使用的，由各申请人协商确定；不愿协商或协商不成的，商标局通知各申请人以抽签方式确定。此外，如果行政机关与许可事项有利害关系的，应当回避。行政许可涉及利害关系人重大利益的，如果利害关系人提出申请，行政机关应当举行听证。公平公正原则有利于增强行政许可决定的可接受性，促使行政许可制度走向民主化和科学化。

三、便民原则

《行政许可法》第6条规定，实施行政许可，应当遵循便民的原则，提高办事效率，提供优质服务。便民原则与建设服务型政府的理念相契合，也是现代行政管理体制改革的重要体现，它贯穿于行政许可的全过程。

（一）便民原则在实施主体上的体现

在实施主体上，《行政许可法》第26条规定，行政许可需要行政机关内设的多个机构办理的，该行政机关应当确定一个机构统一办理行政许可申请，统一送达行政许可决定。行政许可依法由地方人民政府两个以上部门分别实施的，本级人民政府可以确定一个部门受理行政许可申请并转告有关部门分别提出意见后统一办理，或者组织有关部门联合办理、集中办理。这在实践中主要体现为各地方政府或部门设立的"行政审批服务中心"或"行政服务大厅"，它极大地节约了申请成本，提高了行政许可效率。

（二）便民原则在实施程序上的体现

在实施程序上，根据《行政许可法》第32条的规定，行政机关应当一次性告知申请材料中需要补正的全部内容，可以当场更正的，应允许申请人当场更正。对于下级行政机关报送的申请材料，上级行政机关不得要求申请人重复提供申请材料。

（三）便民原则在收费规定上的体现

在行政许可费用上，行政机关实施行政许可和对行政许可事项进行监督检查，不得收取任何费用。但是，法律、行政法规另有规定的，依照其规定。行政机关提供行政许可申请书格式文本，不得收费。行政机关实施行政许可所需经费应当列入本行政机关的预算，由本级财政予以保障，按照批准的预算予以核拨。

案例 7-1

2012 年 11 月 9 日，鲁 A48307 号客车的承包商齐某向山东省交通运输厅道路运输局邮寄申请，认为鲁 S30886 号客车超线路经营，侵占了其营运路线，要求：依法查处该车超线路经营行为；禁止该车侵占其路线营运；吊销客运经营者的道路运输经营许可证。该局收到申请后一直未作出答复，理由是其认为，根据《道路运输管理条例》有关规定，客运经营者不按规定路线行驶的，由县级以上道路运输管理机构进行查处，情节严重的，由原许可机关吊销道路运输经营许可证。因此，齐某认为鲁 S30886 客车不按规定路线行驶，应当先向县级道路运输管理机构投诉举报，县级道路运输管理机构认定违法情节严重的，才转交山东省交通厅道路运输局处理。齐某直接要求省级道路运输主管部门处理，不符合上述级别管辖规定。齐某不服遂向人民法院提起行政诉讼。①

【问题】

材料中山东省交通厅道路运输局的理由和做法是否符合行政许可的相关原理和规定？理由何在？

【评析】

不符合。理由如下：其一，根据行政许可便民原则的要求，行政机关对公民、法人或其他组织申请的事项，即使不在被申请机关职责范围之内，也要求该机关给予必要的说明和指导，不能因内部职权划分问题而置之不理，以推进行政权力的公开、高效和便民行使。其二，虽然山东省交通运输厅道路运输局不具有对鲁 S30886 客车是否存在不按规定线路行驶的行为进行路检路查的执法权限，只有在客运经营者存在不按规定线路行驶的行为且情节严重的情况下，该局才具有吊销道路运输经营许可证的权力，但该局作为鲁 S30886 客车道路客运班线经营许可证的颁证机关，依法负有对被许可人从事许可事项的活动进行监督检查的职责，因此，该局收到申请后，应当根据其职权范围的规定作出回应和处理，而不能不作答复。

四、保障相对人权利原则

《行政许可法》第 7 条规定，公民、法人或者其他组织对行政机关实施行政许可，享有陈述权、申辩权；有权依法申请行政复议或者提起行政诉讼；其合法权益因行政机关违法实施行政许可受到损害的，有权依法要求赔偿。保障相对人权利既是行政民主化潮流的体现，也是全面推进依法行政，不断提高政府公信力和执行力的要求。《行政许可法》设置了一系列规定保障相对人对行政许可过程的参与和获得法律救

① 《齐来发诉山东省交通运输厅道路运输局不履行法定职责案》，载《人民法院报》，2014-07-24。

济的权利,以监督行政机关依法实施行政许可,保护自身合法权益。

五、信赖保护原则

《行政许可法》第 8 条规定,公民、法人或者其他组织依法取得的行政许可受法律保护,行政机关不得擅自改变已经生效的行政许可。行政许可所依据的法律、法规、规章修改或者废止,或者准予行政许可所依据的客观情况发生重大变化的,为了公共利益的需要,行政机关可以依法变更或者撤回已经生效的行政许可。由此给公民、法人或者其他组织造成财产损失的,行政机关应当依法给予补偿。虽然此条规定并未明确提及信赖保护的概念,但已将禁止反言、情变补偿等政府诚信和信赖保护的内容大致加以表述,具有重要的行政法制实践指导意义①,并被誉为《行政许可法》立法中的一大亮点。2004 年国务院颁布的《全面推进依法行政实施纲要》虽未正式使用信赖保护的表述,但将"诚实守信"作为依法行政的基本要求之一明确规定下来②,其主要内容又被 2008 年《湖南省行政程序规定》等地方立法予以重申。目前,绝大多数行政法教科书都将信赖保护原则作为行政法的基本原则之一,其最主要的法律依据就是《行政许可法》第 8 条。

信赖保护原则实质上是民法中的诚信原则运用于行政管理中的重要体现,也是建设法治政府、责任政府和诚信政府的要求。具体体现在行政许可制度上,可从以下几个方面加以理解:

第一,由于行政许可的决定关系到相对人和利害关系人的利益,因此,对于已经生效的行政许可,行政机关不得随意变更或撤回。

第二,为了使行政许可不断适应社会形势的变化,法律赋予行政机关在特定情况下调整行政许可的能动性权能。根据《行政许可法》的规定,仅限于行政许可所依据的法律、法规、规章的修改或废止,或者准予行政许可所依据的客观情况发生重大变化。这里注意把握是"法律、法规和规章",不包括规章以外的规范性文件;是"重大变化"而不是一般的变化。

第三,相对人基于对行政许可的信赖,已经作出了信赖行为。如已经投入人力、物力和财力开展了生产经营活动,或者已经对行政许可所赋予的物质利益进行了处分等。如果相对人尚未开展任何活动或未遭受任何损失,则不适用信赖保护原则。

第四,相对人对行政许可的信赖是正当的,即在主观上是善意的。如果信赖是基

---

① 莫于川、林鸿潮:《论当代行政法上的信赖保护原则》,载《法商研究》,2004(5),80~88 页。

② 2004 年《全面推进依法行政实施纲要》将"诚实守信"的具体要求概述为"行政机关公布的信息应当全面、准确、真实。非因法定事由并经法定程序,行政机关不得撤销、变更已经生效的行政决定;因国家利益、公共利益或者其他法定事由需要撤回或者变更行政决定的,应当依照法定权限和程序进行,并对行政管理相对人因此而受到的财产损失依法予以补偿"。

于相对人的恶意欺诈、胁迫或其他不正当方法而获得，或相对人明知或因重大过失而不知信赖基础违法等情形，则属于不正当信赖。[①] 对此，《行政许可法》第69条第2款、第4款规定，被许可人以欺骗、贿赂等不正当手段取得行政许可的，应当予以撤销。依照此规定撤销行政许可的，被许可人基于行政许可取得的利益不受保护。

第五，相对人的信赖利益与公共利益成比例。《行政许可法》第69条第3款规定，依照前两款的规定撤销行政许可，可能对公共利益造成重大损害的，不予撤销。这意味着，如果行政许可所承载的公共利益强于相对人的信赖利益，则不适用信赖保护原则。

信赖保护原则的引入对于规范行政许可权力、保护相对人的基本权利、构建和谐的政民关系和加强法治政府建设都具有重要意义。但由于法律条文的表述较为抽象概括，实践中的具体情况又千差万别，如何准确理解和适用《行政许可法》关于信赖保护的相关规定，还需要学者进一步展开研究，尤其是对其他法律、法规、规章的规定以及相关案例事例加以梳理、提炼和概括，从而不断细化和提高信赖保护原则的可操作性。

案例 7-2

2006年年底，苏耀华与广东省博罗县农业科技示范场签订了《承包土地合同书》，在涉案土地上经营养殖场，养殖猪苗，并先后领取了《税务登记证》《排放污染物许可证》和《个体工商户营业执照》。2012年3月22日，博罗县人民政府发布《关于将罗浮山国家级现代农业科技示范园划入禁养区范围的通告》(以下简称《通告》)，要求此前禁养区内已有的畜禽养殖场(点)于当年6月30日前自行搬迁或清理，违者将依据有关法律、法规进行处理，直至关闭。

此后，博罗县环境保护局、畜牧局均以《通告》为由不予通过养殖场的排污许可证、动物防疫合格证的年审；县国土资源局以养殖场未按规定申请办理用地手续，未取得县人民政府批准同意擅自兴建畜禽养殖房为由，要求养殖场自行关闭并拆除畜禽养殖房，恢复土地原状；县住房和城乡建设局对养殖场发出了《行政处罚告知书》，以养殖场的建筑未取得建设工程规划许可证为由，拟给予限期拆除的处罚。苏耀华对县人民政府作出的上述《通告》不服，提起行政诉讼，请求人民法院判决撤销该《通告》。

人民法院在审理中认为，罗浮山国家级现代农业科技示范园承担着农业科技推广的任务，需要严格的环境保护条件。科技示范园附近的河道连接着当地饮用水源地，在科技示范园内进行畜禽养殖有可能造成空气和水质污染。博罗县人民政府有

① 石佑启、王贵松：《行政信赖保护之立法思考》，载《当代法学》，2004(3)，34～40页。

权依据《畜牧法》《畜禽养殖污染防治管理办法》和《广东省环境保护条例》相关规定，根据环境保护的需要，将其管辖的罗浮山国家级现代农业科技示范园划定为畜禽禁养区。但在是否应对原告苏耀华的损失依法给予补偿的问题上产生不同观点。[1]

【问题】

你认为原告是否有权获得行政补偿？理由何在？

【评析】

原告有权获得行政补偿。理由如下：苏耀华经营养殖场的行为发生在《通告》作出之前，已经依法领取了《税务登记证》《排放污染物许可证》和《个体工商户营业执照》，其合法经营行为应当受到法律保护。虽然县级以上人民政府有权根据环境保护的需要，划定畜禽禁养区，严禁在畜禽禁养区内从事畜禽养殖业，也可要求已有的畜禽养殖场(点)自行搬迁或清理，即变更或撤回养殖户的生产经营许可。但与此同时，也应当考虑到在此之前合法经营的畜禽养殖户的利益保护问题，应根据行政许可法第8条所体现的信赖保护原则精神，对行政许可因环境公共利益需要被变更或撤回而遭受损失的合法养殖户依法给予补偿。

在环境行政管理活动中，政府及环保部门需注重公共利益与私人利益的平衡，不能只考虑环境保护的需要，忽视合法经营者的信赖利益。尤其要防止为了逃避补偿责任，有意找各种理由将合法的生产经营活动认定为"违法"的现象。苏耀华可依照《最高人民法院关于审理行政许可案件若干问题的规定》第14条的规定，另行提出有关行政补偿的申请。

第三节　行政许可的设定

行政许可的设定对人民群众的生产和生活影响很大，必须依法设定、从严控制，切实防止实践中出现的行政许可事项边减边增、明减暗增等现象。行政许可的设定是指有权机关依照法定权限、范围和程序设定行政许可的行为，本质上属于行政立法的范畴。广义上的行政许可设定包括创设和规定两个方面，其中，行政许可的创设是指在上位法没有规定的情况下依法创造出一个本不存在的许可事项；行政许可的规定是指对上位法已创设的行政许可事项作出具体规定，二者在权限、范围等方面存在很大区别。《行政许可法》虽然在条文表述上统一使用"设定"，但在具体内容上却对行政许可的创设和规定分别作出安排。下面对二者分别予以阐述，但在引用法条时

① 《人民法院环境保护行政案件十大案例》，载《人民法院报》，2014-12-21。

仍统一使用“设定”。

一、行政许可的创设

（一）创设行政许可的原则和标准

1. 创设行政许可的原则

根据《行政许可法》第 11 条的规定，设定行政许可应遵循以下原则：(1)应当遵循经济和社会发展规律；(2)应当有利于发挥公民、法人或者其他组织的积极性、主动性；(3)应当有利于维护公共利益和社会秩序；(4)应当有利于促进经济、社会和生态环境协调发展。

2. 创设行政许可的标准

有行政许可创设权的主体也不是对任何事项均设定许可，不同国家对行政许可创设事项的规定有所不同。我国《行政许可法》在第 12 条、第 13 条分别列举了可以设定行政许可的事项和可以不设行政许可的事项，这为行政许可的创设提供了一定标准。此外，为进一步根除行政许可事项边减边增的顽疾，2013 年《国务院关于严格控制新设行政许可的通知》，要求今后起草法律草案、行政法规草案一般不新设行政许可，确需新设的，必须严格遵守行政许可法的规定，严格设定标准。

《行政许可法》第 12 条第 1－6 款分别规定了可以设定普通许可、特许、认可、核准和登记的事项，第 7 款作了兜底性规定，即“法律、行政法规规定可以设定行政许可的事项”。

《行政许可法》第 13 条规定，对于第 12 条所列事项，通过下列方式能够予以规范的，可以不设行政许可：(1)公民、法人或者其他组织能够自主决定的；(2)市场竞争机制能够有效调节的；(3)行业组织或者中介机构能够自律管理的；(4)行政机关采用事后监督等其他行政管理方式能够解决的。需要注意的是，法律条文的表述是“可以不设”，这意味着有关机关对于上述事项是否设立行政许可享有较大的自由裁量权。

为了防止有关机关滥用行政许可设定的裁量权，《国务院关于严格控制新设行政许可的通知》对行政许可的设定作了更为明确细致的规定，如对企业不使用政府性资金的投资活动，除重大和限制类固定资产投资项目外，不得设定行政许可；对确需设定企业、个人资质资格的事项，原则上只能设定基础资质资格；中介服务机构所代理的事项最终需由行政机关或法律、行政法规授权的组织许可的，对该中介服务机构不得设定行政许可；通过对产品大类设定行政许可能够实现管理目的的，对产品子类不得设定行政许可，确需对产品子类设定行政许可的，实行目录管理；通过技术标准、管理规范能够有效管理的事项，不得设定行政许可；对可以由一个行政机关在实施行政许可中征求其他行政机关意见解决的事项，不得设定新的行政许可；对同一事项，在一个管理环节设定行政许可能够解决的，不得在多个管理环节分别设定行政许可；现行法律已经规定了具体管理手段和措施，但未设定行政许可的，起草执行性或配套的行政法规草案时，不得设定行政许可；等等。

（二）创设行政许可的权限和范围

1．对于依法可以设定行政许可的事项，法律可以设定行政许可。这里的“法律”是狭义的，仅包括全国人民代表大会及其常务委员会制定的法律。

2．尚未制定法律的，行政法规设定行政许可。必要时，涉及重大公共利益需要及时实行行政许可管理的，经国务院常务会议讨论通过后，国务院可以采用发布决定的方式设定行政许可。实施后，对于临时性行政许可事项，国务院可以根据形势变化决定停止实施该项许可，确有必要长期实施的，应及时提请全国人民代表大会及其常务委员会制定法律，或者自行制定行政法规。

3．尚未制定法律、行政法规的，地方性法规可以设定行政许可。

4．尚未制定法律、行政法规和地方性法规的，因行政管理的需要，确需立法实施行政许可的，省、自治区、直辖市人民政府规章可以设定临时性的行政许可。临时性的行政许可实施满一年需要继续实施的，应当提请本级人民代表大会及其常务委员会制定地方性法规。需要注意的，有权设定临时性行政许可的规章仅限于省级地方政府规章，不包括“较大市地方政府规章”，也不包括部门规章。

此外，《行政许可法》第 15 条第 2 款还对地方立法的行政许可创设权限作了进一步限制，即“地方性法规和省、自治区、直辖市人民政府规章，不得设定应当由国家统一确定的公民、法人或者其他组织的资格、资质的行政许可；不得设定企业或者其他组织的设立登记及其前置性行政许可。其设定的行政许可，不得限制其他地区的个人或者企业到本地区从事生产经营和提供服务，不得限制其他地区的商品进入本地区市场”。

前述以外的较大的市地方政府规章、国务院部门规章和其他规范性文件一律不得设定行政许可，不得以备案、登记、年检、监制、认定、认证、审定等形式变相设定行政许可，不得以非行政许可审批为名变相设定行政许可。除法律、行政法规外，对行政机关实施行政许可以及监督检查被许可人从事行政许可事项的活动，一律不得设定收费；不得借实施行政许可变相收费。①

（三）创设行政许可的程序

为进一步规范行政许可的创设行为，保障行政许可行为的合法性和合理性，《行政许可法》还要求行政许可的设定应遵循一定的法定程序，如第 18 条规定：“设定行政许可，应当规定行政许可的实施机关、条件、程序、期限。”第 19 条规定，法律、法规和规章草案中拟设定行政许可的，起草单位应当采取听证会、论证会等形式听取意

---

① 《国务院关于严格控制新设行政许可的通知》（国发〔2013〕39 号）。

见，并向制定机关说明设定该许可的必要性、对经济和社会可能产生的影响以及听取和采取意见的情况。《国务院关于严格控制新设行政许可的通知》对行政许可的设定程序作了更为细致的规定，为有权机关依法设定行政许可提供了明确的指引。

1. 起草单位对拟设定的行政许可，应当采取座谈会、论证会、听证会等多种形式，广泛听取有关组织、企业和公民的意见，同时征求国务院相关部门的意见。

2. 起草单位向国务院报送法律草案、行政法规草案送审稿及其说明时，应当附拟设定行政许可的论证材料、各方面对拟设定行政许可的意见和意见采纳情况以及其他国家、地区的相关立法资料。

论证材料应当包括：一是合法性论证材料，重点说明草案拟设定的行政许可符合行政许可法和本通知规定的理由。二是必要性论证材料，重点说明拟设定行政许可的事项属于直接涉及国家安全、公共安全、生态环境安全和生命财产安全，通过市场机制、行业自律、企业和个人自主决定以及其他管理方式不能有效解决问题，以及拟设定的行政许可是解决现有问题或实现行政管理目的有效手段的理由。三是合理性论证材料，重点评估实施该行政许可对经济社会可能产生的影响，说明实施该行政许可的预期效果。

3. 国务院法制办应当对法律草案、行政法规草案拟设定的行政许可进行严格审查论证。国务院法制办应当征求中央编办、国务院相关部门以及地方人民政府的意见；将法律草案、行政法规草案通过中国政府法制信息网向社会公开征求意见时，公开征求意见的材料应当就拟设定行政许可的理由作重点说明。

中央编办对起草单位提出的拟设行政许可意见进行审查，对是否确需通过行政许可方式实施管理、是否有其他替代方式、是否符合行政体制改革和职能转变的基本方向、是否符合行政审批制度改革的原则和要求、是否会造成与其他机构的职责交叉等提出审核意见。

二、行政许可的规定

根据《行政许可法》第 16 条的规定，行政法规、地方性法规和规章均可以在上位法设定的行政许可事项范围内，对实施该行政许可作出具体规定，但对实施上位法设定的行政许可作出的具体规定，不得增设行政许可；对行政许可条件作出的具体规定，不得增设违反上位法的其他条件。如《海域使用管理法》第 16 条规定，申请使用海域的，应当提交下列书面材料：（一）海域使用申请书；（二）海域使用论证材料；（三）相关的资信证明材料；（四）法律、法规规定的其他书面材料。《天津市海域使用管理条例》根据前述授权，在第 11 条规定提交的申请材料中增加“海洋环境影响评价报告的批复文件”一项，第 12 条进一步明确列举需要提交海域使用论证报告书的使用海域项目，包括国家和本市重大建设项目、影响海洋功能区划主导功能的项目等,这些正是对《海域使用管理法》相关规定的具体化。

案例 7-3

2007 年 11 月,原告鲁潍公司从江西等地购进 360 吨工业盐。苏州盐务局认为鲁潍公司进行工业盐购销和运输时,应当按照《江苏盐业实施办法》的规定办理工业盐准运证,鲁潍公司未办理工业盐准运证即从省外购进工业盐涉嫌违法。2009 年 2 月,苏州盐务局经听证、集体讨论后认为,鲁潍公司未经江苏省盐业公司调拨或盐业行政主管部门批准从省外购进盐产品的行为,违反了《盐业管理条例》第 20 条、《江苏盐业实施办法》第 23 条、第 32 条第 2 项的规定,并根据《江苏盐业实施办法》第 42 条的规定,决定没收鲁潍公司违法购进的精制工业盐 121.7 吨、粉盐 93.1 吨,并处罚款 122 363 元。鲁潍公司不服该决定,遂向苏州市某区人民法院提起行政诉讼。

被告苏州盐务局辩称,《江苏盐业实施办法》是根据《盐业管理条例》的授权制定的,属于法规授权制定,整体合法有效。《行政许可法》《行政处罚法》均在《江苏盐业实施办法》之后实施,根据《立法法》法不溯及既往的规定,《江苏盐业实施办法》仍然应当适用。苏州盐务局根据《江苏盐业实施办法》设立准运证制度的规定作出行政处罚并无不当。[①]

【问题】

苏州盐务局的主张是否成立?理由何在?

【评析】

苏州盐务局的主张不成立。理由如下:

其一,根据《行政许可法》第 15 条第 1 款的规定,对依法可以设定的行政许可的事项,只有尚未制定法律、行政法规、地方性法规的,地方政府规章才可以设定临时性的行政许可。根据原国家计委、原国家经贸委《关于改进工业盐供销和价格管理办法的通知》等规定,国家取消了工业盐准运证和准运章制度,法律及《盐业管理条例》没有设定工业盐准运证这一行政许可,地方政府规章不能设定工业盐准运证制度。因此,《江苏盐业实施办法》属于违反上位法设定行政许可。

其二,根据《立法法》的规定,法律的效力高于行政法规、地方性法规、规章;行政法规的效力高于地方性法规、规章。法不溯及既往是指法律的规定仅适用于法律生效以后的事件和行为,对于法律生效以前的事件和行为不适用。《行政许可法》第 83 条第 2 款规定,本法施行前有关行政许可的规定,制定机关应当依照本法规定予以清理;不符合本法规定的,自本法施行之日起停止执行。因此,苏州盐务局有关法不溯

---

① 《鲁潍(福建)盐业进出口有限公司苏州分公司诉江苏省苏州市盐务管理局盐业行政处罚案》,载《人民法院报》,2012-04-14。

及既往的抗辩理由不成立。

三、对行政许可设定的监督

《行政许可法》和《国务院关于严格控制新设行政许可的通知》规定对已设定的行政许可,要加强跟踪评估、监督管理,主要包括以下几个方面:

(一)行政许可设定机关的监督

行政许可的设定机关应当定期对其设定的行政许可进行评价,其中,重点评估其实施情况,对没有达到预期效果或不适应经济社会发展需求的行政许可,或者认为通过本法第13条所列方式能够解决的,应当及时予以修改或废止。

(二)行政许可实施机关的监督

《国务院关于严格控制新设行政许可的通知》明确要求国务院部门要制定本部门负责实施的行政许可目录并向社会公布,而且应根据许可项目的增加、调整、变更等变化及时更新目录。行政许可目录要报中央编办备案。

行政许可的实施机关可以对已设定的行政许可的实施情况及存在的必要性适时进行评价,并将意见报告该行政许可的设定机关。对没有达到预期效果或不适应经济社会发展要求的行政许可,应当及时提出修改或废止建议。

(三)公民、法人或其他组织的监督

公民、法人或者其他组织可以向行政许可的设定机关和实施机关就行政许可的设定和实施提出意见和建议。《国务院关于严格控制新设行政许可的通知》要求国务院有关部门要建立制度、畅通渠道,听取公民、法人或其他组织对其负责实施的行政许可提出的意见和建议。对违法设定行政许可、增设行政许可条件等行为,有关机关要依照行政监察法、行政机关公务员处分条例等法律、行政法规的规定严格追究责任。

第四节　行政许可的实施

行政许可的实施是指有关机关或组织依照法定权限和程序为公民、法人或其他组织办理许可的行为,本质上属于行政执法的范畴。行政许可的实施包括实施主体、实施方式、实施程序等方面的内容。

一、行政许可的实施主体

按照许可法定原则的要求,行政许可权应由法定主体来实施。根据《行政许可法》的规定,行政许可的实施主体主要有以下三种类型:

（一）具有法定职权的行政机关

这是行政许可实施主体中的一种主要类型。《行政许可法》第22条规定，行政许可由具有行政许可权的行政机关在其法定职权范围内实施。可见，不是所有的行政机关均具有行政许可权，具体到哪些行政机关拥有许可权以及拥有哪些许可权，取决于法律法规的明确规定。

现阶段，由于行政许可权分布过于分散，多头审批现象严重，一个申请事项往往需要办理多项许可，涉及多个行政机关，造成许可办理期限过长、申请成本过高，甚至贻误市场商机。为此，《行政许可法》第15条规定，经国务院批准，省、自治区、直辖市人民政府根据精简、统一、效能的原则，可以决定一个行政机关行使有关行政机关的行政许可权。这被称为相对集中行政许可权。2004年《全面推进依法行政实施纲要》第19条重申“积极探索相对集中行政许可权，推进综合执法试点”，从而将相对集中许可权作为各级政府依法行政工作的一项重要任务。

案例7-4

2015年2月10日，在宁夏银川市的市民大厅里，来办事的群众闲暇之余总想亲眼看看传说中被封存的政府公章：透明的玻璃柜里，刻印着发改、建设、食药、文广、工商等主管部门名号，带着红色印泥痕迹的59枚公章，被两张封条彻底封存。这具有代表意义的59枚作废公章，标志着银川市“行政审批多头跑路”的历史终结。

取而代之，在建成运行不久的银川市民大厅里，每层办事区域各分为ABCD四个区，共有12个近2000平方米的办事大厅。A1区办理出入境管理、消防图审、验收及新车入户违章处理等事项；B1是医保大厅，D3是公积金大厅……700多个窗口为市民和企业提供固定资产投资、企业注册登记、房产交易、身份证补办等400多项审批及其他公共服务的“一站式”办理。

“我们通过‘归零式清理’，简化行政审批流程，推行‘一枚印章管审批’。”银川市行政审批服务局副局长齐文胜说。在探索行政审批权相对集中改革过程中，银川市组建了行政审批服务局，将教育、工信、司法、交通、住房保障等26个部门的156大类行政审批事项全部划转到该局的7个业务处室，直接实施职责范围内的行政审批。

据了解，“一口式受理”、“一站式办理”等行政审批模式，实现了60多人完成原来26个部门600多人的行政审批任务。划转的156项行政审批事项的办理时限，由法定的4080个工作日减少到880个工作日，减幅达79%。截至2015年1月底，正式运行28天的银川市民大厅和行政审批服务局共接待群众36.4万人次，受理各类行政审批、公共服务事项17万余件，办结15万余件。

【问题】

（1）试述相对集中行政许可制度与行政许可的联合办理、统一办理、集中办理制度的区别？

(2) 谈谈你对材料中银川市行政审批权相对集中改革实践的看法？

【评析】

(1) 相对集中行政许可制度与《行政许可法》第26条规定的行政许可的联合办理、统一办理和集中办理制度存在很大的区别：

其一，实施主体和程序不同。前者须国务院批准，由省级政府决定实施；后者无须经过国务院批准，直接由具有行政许可权的行政机关决定或由各级人民政府决定。

其二，实施内容不同。前者是将多个行政机关的许可权集中到一个行政机关行使，实质上属于行政许可职权的转移；后者只在形式上将各有关部门的行政许可事项集中到一个大厅统一办理，行政许可的实质批准权仍由各部门掌握，并未从根本上解决多头审批的现象。

其三，实施结果不同。前者涉及机构调整和行政执法权的重新配置，通常新设一个集中行使行政许可权的机关，如"行政许可局"或材料中的"行政审批服务局"等，作为一级政府的组成部门，但具体业务可以接受原部门的指导；后者一般不涉及机构调整，行政许可权仍隶属于各部门，"行政服务中心"或"行政许可大厅"等只是各部门集中办公的场所，窗口工作人员仍隶属于各部门。

(2) 自1998年深圳市成立首个行政服务中心以及2003《行政许可法》颁布以来，我国行政审批制度改革在不断深化，其重要体现之一就是从联合办理、统一办理、集中办理逐渐转向行政许可权的相对集中行使。材料中银川市的改革就是对相对集中行政许可制度的积极探索，银川市不仅重新组建行政审批服务局，而且对众多行政审批事项实行分类管理，形成"一口式受理""一条龙审批""一体化办理"和"网上直通车"等集中受理、集中审批、集中服务的模式，有利于推动简政放权和政府职能转变，有效解决审批难、群众办事多头跑路等问题，极大地提高了行政效率，同时将行政许可的整个工作流程置于"行政审批服务局"的监管之下，使行政许可过程更加透明，有利于强化对行政许可权的监督，预防腐败。需要注意的是，《行政许可法》第25条要求行政许可权的相对集中行使应遵循精简、统一、效能的原则，这意味着相对集中行政许可权改革应与政府职能转变、行政审批事项清理以及行政执法体制改革等相配套，防止重蹈相对集中处罚权试点的"覆辙"。

(二) 法律、法规授权的组织

《行政许可法》第23条规定，法律、法规授权的具有管理公共事务职能的组织，在法定授权范围内，以自己的名义实施行政许可。被授权的组织适用本法有关行政机关的规定。首先，被授权组织只能是管理公共事务的组织，而不能是营利性组织。实践中比较常见的有行政机关的内设机构和派出机构、部分事业单位以及从事检验、检测、检疫的专业技术组织等，企业等以营利为目的的组织不能行使行政许可权。其次,必须有法律、法规的明确授权。最后,被授权组织具有独立的法律地位,能以自己的名义从事行政许可行为并独立承担有关法律责任。如《证券法》授权中国证监会行使公开发行股票的核准权;《水行政许可实施办法》授权国务院水行政主管部门在国家确定的重要江河、湖泊设立的流域管理机构(如长江水利委员会、淮河水利委员会等)以自己的名义行使一定的水行政许可权;《特种设备安全检查条例》授权经核准的特种设备检验检测机构依法对锅炉、大型游乐设施、客运索道等进行检验检测。

《行政许可法》第 28 条进一步规定:"对直接关系公共安全、人身健康、生命财产安全的设备、设施、产品、物品的检验、检测、检疫,除法律、行政法规规定由行政机关实施的外,应当逐步由符合法定条件的专业技术组织实施。专业技术组织及其有关人员对所实施的检验、检测、检疫结论承担法律责任。"2014 年《国务院关于深化行政审批制度改革,加快政府职能转变工作情况的报告》提出,要推进行业协会商会与行政机关脱钩;加快转移适合由行业协会商会承担的职能,开展中国科协所属学会有序承接政府转移职能的试点;全面清理规范行政审批前置环节的技术审查、评估、鉴证、咨询等有偿中介服务事项;促进社会组织健康有序发展,切实发挥其应有作用。

(三)法律、法规、规章委托的机关

《行政许可法》第 24 条第 1 款规定,行政机关在其法定职权范围内,依照法律、法规、规章的规定,可以委托其他行政机关实施行政许可。委托机关应当将受委托行政机关和受委托实施行政许可的内容予以公告。如广东省建设厅根据《城市房地产管理法》第 30 条的规定委托地级以上市房地产行政主管部门实施房地产开发企业二级资质核准权;根据《广东省城市绿化条例》第 25 条、第 27 条的规定委托工程所在地地级以上市园林绿化行政主管部门实施占用城市绿地和砍伐、迁移城市树木的审批权。

根据《行政许可法》的规定,受委托实施行政许可需要注意以下几个方面:第一,委托主体是依法拥有行政许可法定职权的行政机关。第二,委托的依据是法律、法规、规章的规定。第三,受委托主体是其他行政机关。这与行政处罚权的委托行使存在重大区别,后者的受委托主体是依法成立的管理公共事务的事业组织。第四,委托主体只能在其法定职权范围内进行委托,而且应将受委托机关和受委托内容予以公告。这是行政许可公开原则的体现。第五,受委托行政机关应在委托范围内,以委托机关的名义实施行政许可,委托行政机关对受委托行政机关实施行政许可的行为应当负责监督,并对该行为的后果承担法律责任。第六,受委托行政机关不得再委托其他组织或个人实施行政许可,即不得进行转委托。

二、行政许可的实施程序

行政许可的实施程序是指行政机关在实施行政许可的过程中应当遵循的方式、步骤、时限和顺序的总称。广义的行政许可实施程序还包括行政许可变更和延续的程序,本文将其作为行政许可决定的后续程序,纳入行政许可的一般程序中予以阐述。

(一) 行政许可的一般程序

1. 申请程序

行政许可依申请人的申请而启动,《行政许可法》规定,公民、法人或者其他组织从事特定活动,依法需要取得行政许可的,应当向行政机关提出申请。申请书需要采用格式文本的,行政机关应当向申请人提供行政许可申请书格式文本。申请书格式文本中不得包含与申请行政许可事项没有直接关系的内容。

申请人可以委托代理人提出许可申请,但依法应当由申请人到行政机关办公场所提出许可申请的除外。提出申请的方式包括信函、电报、电传、传真、电子数据交换和电子邮件等。为充分保障申请人的权利,《行政许可法》第 33 条还规定行政机关应当建立和完善有关制度,推行电子政务,在行政机关的网站上公布行政许可事项,方便申请人采取数据电文等方式提出行政许可申请;应当与其他行政机关共享有关行政许可信息,提高办事效率。

申请人申请行政许可,应当如实向行政机关提交有关材料和反映真实情况,并对其申请材料实质内容的真实性负责。行政机关不得要求申请人提交与其申请的行政许可事项无关的技术资料和其他材料。如果行政许可申请人隐瞒有关情况或者提供虚假材料申请行政许可的,行政机关不予受理或者不予行政许可,并给予警告;行政许可申请属于直接关系公共安全、人身健康、生命财产安全事项的,申请人在一年内不得再次申请该行政许可。[①] 被许可人以欺骗、贿赂等不正当手段取得行政许可的,行政机关应当依法给予行政处罚;取得的行政许可属于直接关系公共安全、人身健康、生命财产安全事项的,申请人在三年内不得再次申请该行政许可;构成犯罪的,依法追究刑事责任。[②]

2. 受理程序

行政机关收到申请人的申请材料后,应当根据下列情况分别作出处理:

(1) 申请事项依法不需要取得行政许可的,应当即时告知申请人不受理;

(2) 申请事项依法不属于本行政机关职权范围的,应当即时作出不予受理的决定,并告知申请人向有关行政机关申请;

(3) 申请材料存在可以当场更正的错误的,应当允许申请人当场更正;

(4) 申请材料不齐全或者不符合法定形式的,应当当场或者在五日内一次告知申请人需要补正的全部内容,逾期不告知的,自收到申请材料之日起即为受理;

(5) 申请事项属于本行政机关职权范围,申请材料齐全、符合法定形式,或者申请人按照本行政机关的要求提交全部补正申请材料的,应当受理行政许可申请。

---

① 《行政许可法》第 78 条。

② 《行政许可法》第 79 条。

行政机关受理或者不予受理行政许可申请,应当出具加盖本行政机关专用印章和注明日期的书面凭证。

3. 审查程序

(1) 形式审查。主要审查申请人提交的申请材料是否齐全、是否符合法定形式。

(2) 实质审查。主要是对申请材料的实质内容进行核实,如申请人是否具有相应的权利能力和行为能力,申请人提供的证明材料是否真实等。行政机关应当指派两名以上工作人员进行核查。行政机关对行政许可申请进行审查时,发现行政许可事项直接关系他人重大利益的,应当告知该利害关系人。申请人、利害关系人有权进行陈述和申辩。行政机关应当听取申请人、利害关系人的意见。

4. 听证程序

听证程序并不是行政许可实施的必经程序,只适用于特定的行政许可事项。但听证程序并不是一项独立的程序,而是行政许可实施程序中的一个环节。根据《行政许可法》第46条、第47条的规定,行政许可听证主要包括两大类,一类是行政机关主动举行听证。适用于法律、法规、规章规定实施行政许可应当听证的事项,或者行政机关认为需要听证的其他涉及公共利益的重大行政许可事项;另一类是依申请举行听证。适用于直接涉及申请人与他人之间重大利益关系的行政许可,行政机关应在作出行政许可决定前告知申请人、利害关系人享有要求听证的权利。

行政许可听证程序主要包括以下几个方面的内容:

(1) 听证的申请与决定。对于主动举行的听证,行政机关应当向社会公告。对于依申请听证,申请人、利害关系人在被告知听证权利之日起五日内提出听证申请的,行政机关应当在二十日内组织听证。

(2) 听证通知。行政机关应当于举行听证的七日前将举行听证的时间、地点通知申请人、利害关系人,必要时予以公告。

(3) 听证的主持和参与。行政机关应当指定审查该行政许可申请的工作人员以外的人员为听证主持人,申请人、利害关系人认为主持人与该行政许可事项有直接利害关系的,有权申请回避。举行听证时,审查该行政许可申请的工作人员应当提供审查意见的证据、理由,申请人、利害关系人可以提出证据,并进行申辩和质证。

(4) 听证笔录。听证应当制作笔录,听证笔录应当交听证参加人确认无误后签字或者盖章。行政机关应当根据听证笔录,作出行政许可决定。

(5) 听证费用。听证费用由行政机关承担,申请人、利害关系人不承担行政机关组织听证的费用。

案例 7-5

夏某等4人系江苏省东台市A小区19幢的住户,其住宅与四季辉煌沐浴广场(原审第三人)上下相邻。四季辉煌沐浴广场为新建洗浴服务项目,在涉案地段承租了营业用房作为经营场地，先后于2013年2月就涉案建设项目报东台市东台镇人民政府审批，于2013年3月向东台市环保局提交了《建设项目环境影响申报（登记）表》，并根据该局的意见委托东台市环境科学研究所编制相关报告表，其后送至该局进行审批。2013年4月，市环保局作出《关于对东台市东台镇四季辉煌沐浴广场洗浴服务项目环境影响报告表的审批意见》（以下简称《审批意见》），同意四季辉煌沐浴广场在A小区17号楼及19号楼之间新建洗浴服务项目，并对该项目在运营过程中产生的废、污水的处理、场界噪声对邻近环境质量的影响及各类固体废物处置等提出了具体要求。夏某等4人认为市环保局在没有召开座谈会、论证会以及征询公众意见的情况下，即作出《审批意见》，侵犯了其合法权益，故提起行政诉讼，请求人民法院撤销该《审批意见》。[①]

【问题】

市环保局的行政审批行为是否违反了《行政许可法》的有关规定？理由何在？

【评析】

市环保局的行政审批行为违反了《行政许可法》关于听证程序的有关规定。理由如下：《行政许可法》第47条规定："行政许可直接涉及申请人与他人之间重大利益关系的，行政机关在作出行政许可决定前，应当告知申请人、利害关系人享有要求听证的权利……"但对于何谓"重大利益关系"，我国现行法律、法规、规章以及司法解释并没有作出具体规定，由行政机关根据许可事项的具体情况裁量决定。材料中，原告夏某等4人的住宅与第三人四季辉煌沐浴广场相邻。第三人新建的洗浴项目投入运营后所产生的潮湿及热、噪声污染等，不能排除对原告的生活造成重大影响的可能。因此，夏某等4个家庭作为与本案审批项目直接相邻的利害关系人，应当认定与审批项目存在重大利益关系。根据《行政许可法》的规定，市环保局在作出《审批意见》前应当告知夏某等人享有陈述、申辩和听证的权利，并听取其意见。市环保局未告知即径行作出《审批意见》违反了法定程序，应依法撤销该《审批意见》。

5. 决定程序

（1）当场作出许可决定

申请人提交的申请材料齐全、符合法定形式，行政机关能够当场作出决定的，应当当场作出书面的行政许可决定。

（2）限期作出许可决定

限期作出许可决定是行政许可决定程序的主要类型。行政机关应当自受理许可

---

① 《佛山市三英精细材料有限公司诉佛山市顺德区人民政府环保行政处罚案》，载《人民法院报》，2014-12-21。

申请之日起二十日内作出行政许可决定。二十日内不能作出决定的，经本行政机关负责人批准，可以延长十日，并应当将延长期限的理由告知申请人。但是，法律、法规另有规定的，依照其规定。

行政许可采取统一办理或者联合办理、集中办理的，办理的时间不得超过四十五日；四十五日内不能办结的，经本级人民政府负责人批准，可以延长十五日，并应当将延长期限的理由告知申请人。

（3）上级机关作出许可决定

依法应当先经下级行政机关审查后报上级行政机关决定的行政许可，下级行政机关应当自其受理行政许可申请之日起二十日内审查完毕。但是，法律、法规另有规定的，依照其规定。

需要注意的是，行政许可决定依法需要听证、招标、拍卖、检验、检测、检疫、鉴定和专家评审的，所需时间不计算在本节规定的期限内。行政机关依法作出不予行政许可的书面决定的，应当说明理由，并告知申请人享有依法申请行政复议或者提起行政诉讼的权利。

6．变更和延续

这里的“变更和延续”是行政机关基于被许可人的申请作出的决定，而不是行政机关单方面对许可决定进行变更或延续。《行政许可法》第 49 条规定，被许可人要求变更行政许可事项的，应当向作出行政许可决定的行政机关提出申请；符合法定条件、标准的，行政机关应当依法办理变更手续。第 50 条规定，被许可人需要延续依法取得的行政许可的有效期的，应当在该行政许可有效期届满三十日前向作出行政许可决定的行政机关提出申请。但是，法律、法规、规章另有规定的，依照其规定。行政机关应当根据被许可人的申请，在该行政许可有效期届满前作出是否准予延续的决定；逾期未作决定的，视为准予延续。

（二）行政许可的特别程序

行政许可的特别程序是指行政机关在实施特许、认可、核准等其他类型的许可中所遵循的程序。《行政许可法》第 51 条规定，实施行政许可的程序，本节有规定的，适用本节规定；本节没有规定的，适用本章其他有关规定。可见，特别程序是一般程序的补充，优于一般程序而适用，对于特别程序没有规定的环节和情形，仍适用一般程序。《行政许可法》第六节规定了以下几种类型行政许可的特别程序。

1．特许程序

根据《行政许可法》第 53 条的规定，对于本法第 12 条第 2 项规定实行特许的事项，行政机关应当通过招标、拍卖等公平竞争的方式作出决定。但是，法律、行政法规另有规定的，依照其规定。行政机关通过招标、拍卖等方式作出行政许可决定的具体程序，依照《招标投标法》《拍卖法》以及《招标投标法实施条例》等法律、行政法规的规定。如果行政机关违反本条规定,不采用招标、拍卖方式,或者违反招标、拍卖程序,损害申请人合法权益的,申请人可以依法申请行政复议或者提起行政诉讼。

2. 认可程序

根据《行政许可法》第54条的规定,对于本法第12条第3项实行认可的事项,赋予公民特定资格,依法应当举行国家考试的,行政机关根据考试成绩和其他法定条件作出行政许可决定;赋予法人或者其他组织特定的资格、资质的,行政机关根据申请人的专业人员构成、技术条件、经营业绩和管理水平等的考核结果作出行政许可决定。但是,法律、行政法规另有规定的,依照其规定。

公民特定资格的考试依法由行政机关或者行业组织实施,公开举行。行政机关或者行业组织应当事先公布资格考试的报名条件、报考办法、考试科目以及考试大纲。但是,不得组织强制性的资格考试的考前培训,不得指定教材或者其他助考材料。

3. 核准程序

根据《行政许可法》第55条的规定,对于本法第12条第4项实行核准的事项,行政机关实施检验、检测、检疫,应当自受理申请之日起五日内指派两名以上工作人员按照技术标准、技术规范进行检验、检测、检疫。不需要对检验、检测、检疫结果作进一步技术分析即可认定设备、设施、产品、物品是否符合技术标准、技术规范的,行政机关应当当场作出行政许可决定。行政机关根据检验、检测、检疫结果,作出不予行政许可决定的,应当书面说明不予行政许可所依据的技术标准、技术规范。

4. 登记程序

根据《行政许可法》第56条的规定,对于本法第12条第5项实行登记的事项,申请人提交的申请材料齐全、符合法定形式的,行政机关应当当场予以登记。需要对申请材料的实质内容进行核实的,行政机关依照本法第34条第3款的规定办理。

第五节 行政许可的监督检查

《行政许可法》第六章规定的行政许可监督检查包括两种情形:一是上级行政机关对下级行政机关实施行政许可的监督检查,这是行政系统内部的监督,不直接对外发生法律效力,与国家权力机关的监督、司法机关的监督、行政审计和监察等专门机关的监督、行政复议监督、社会力量监督等类型相并列,属于监督行政的范畴。在此不予展开。二是行政机关对被许可人从事行政许可事项活动情况的监督检查,侧重于事中、事后监管,是一种依职权的单方行政行为。下面主要在第二个层面阐述行政许可监督检查。

一、行政许可监督检查的概念和特征

行政许可监督检查是指有权行政机关依照法定权限和程序对被许可人从事许可事项的活动进行了解、检查、监督和纠正的活动。《行政许可法》第 61 条第 1 款规定，行政机关应当建立健全监督制度，通过核查反映被许可人从事行政许可事项活动情况的有关材料，履行监督责任。行政许可监督检查贯穿于行政许可的各个环节。

行政许可监督检查具有以下特征：

（一）主体主要是行政许可的实施主体

行政许可监督检查的主体主要是行政许可的实施主体，具体包括具有法定许可权的行政机关，法律、法规授权的组织以及法律、法规、规章委托的机关，他们都有在行政许可的实施过程中对被许可人进行监督的职责。此外，行政机关的上级机关、委托机关等主体对被许可人的活动也有一定的监督权。

（二）对象是被许可人从事许可事项的活动情况

行政许可监督检查的对象是被许可人从事许可事项的活动情况。《行政许可法》第 61 条第 3 款规定，行政机关应当创造条件，实现与被许可人、其他有关行政机关的计算机档案系统互联，核查被许可人从事行政许可事项活动情况。

（三）检查方式多样

行政许可监督检查的方式包括抽样检查、检验、检测，对生产经营场所进行实地检查，对重要设备、设施进行定期检验等。

（四）检查内容

行政许可监督检查的内容是被许可人遵守法律、法规、规章的规定以及执行行政许可决定的情况，具体内容依不同的许可类型而定。

（五）检查目的

行政许可监督检查的目的是预防和纠正被许可人的违法或不当活动，维护公共利益和社会秩序，保障行政管理目标的实现。

二、行政许可监督检查的程序

《行政许可法》并没有对行政许可监督检查的程序作出具体规定，只是笼统地作出一些限制，如规定行政机关依法对被许可人从事行政许可事项的活动进行监督检查时，应当将监督检查的情况和处理结果予以记录，由监督检查人员签字后归档。公众有权查阅行政机关监督检查记录。行政机关对被许可人生产经营的产品和场所进行检查时，可以依法查阅或者要求被许可人报送有关材料；被许可人应当如实提供有关情况和材料。行政机关实施监督检查，不得妨碍被许可人正常的生产经营活动，不得索取或者收受被许可人的财物,不得谋取其他利益。上述规定有利于规范和监督行政许可行为,保障被许可人的合法权益。

三、行政许可监督检查的法律后果

有权机关根据监督检查的不同情况应依法作出相应的处理,包括责令立即改正或限期改正、督促履行义务、变更行政许可的内容、中止行政许可、宣告行政许可无效、撤销行政许可、注销行政许可等。如根据《行政许可法》第67条的规定,取得直接关系公共利益的特定行业的市场准入行政许可的被许可人不履行普遍服务义务的,行政机关应当责令限期改正,或者依法采取有效措施督促其履行义务。未经作出行政许可决定的行政机关批准,不得擅自停业、歇业。第68条第2款规定,行政机关在监督检查时,发现直接关系公共安全、人身健康、生命财产安全的重要设备、设施存在安全隐患的,应当责令停止建造、安装和使用,并责令设计、建造、安装和使用单位立即改正。下面重点介绍一下行政许可的撤销和注销。

(一)行政许可的撤销

根据《行政许可法》第69条的规定,有下列情形之一的,作出许可决定的行政机关或者其上级机关,根据利害关系人的请求或者依据职权,可以撤销行政许可:(1)行政机关工作人员滥用职权、玩忽职守作出准予行政许可决定的;(2)超越法定职权作出准予行政许可决定的;(3)违反法定程序作出准予行政许可决定的;(4)对不具备申请资格或者不符合法定条件的申请人准予行政许可的;(5)依法可以撤销行政许可的其他情形。在这种情况下,被许可人的合法权益因此受到损害的,行政机关应当依法给予赔偿。

被许可人以欺骗、贿赂等不正当手段取得行政许可的,应当予以撤销。在这种情况下,被许可人基于行政许可取得的利益不受保护。无论是可以撤销还是应当撤销,只要撤销行政许可可能对公共利益造成重大损害的,不予撤销。

行政许可撤销后,其行为通常自始失去法律效力,但在相对人有过错的情况下或者为了公共利益的需要,其行为也可自撤销之日起失效。

(二)行政许可的注销

根据《行政许可法》第70条的规定,有下列情形之一的,行政机关应当依法办理有关行政许可的注销手续:(1)行政许可有效期届满未延续的;(2)赋予公民特定资格的行政许可,该公民死亡或者丧失行为能力的;(3)法人或者其他组织依法终止的;(4)行政许可依法被撤销、撤回,或者行政许可证件依法被吊销的;(5)因不可抗力导致行政许可事项无法实施的;(6)法律、法规规定的应当注销行政许可的其他情形。行政许可的注销属于行政许可废止的一种情形,行政许可注销后,其行为自注销之日起失效。

【课后练习】

一、单选题

1. 下列行为不属于行政许可的是(　　)。

A. 文化行政管理部门发放文物出口许可凭证

B. 北京市工商行政管理局颁发给某企业营业执照

C. 县政府发放证书,确认土地所有权和使用权

D. 国家商标局对商标申请予以核准注册,发给商标注册证

2. 下列各项中属于国家行政机关赋予相对人某种法律资格许可的是(　　)。

A. 持枪许可　　B. 营业许可

C. 驾驶许可　　D. 颁发毕业证书

3. 国家对烟草专卖实施的许可属于(　　)。

A. 一般许可　　B. 特别许可

C. 普通许可　　D. 第三方许可

4. 某市政府因为禽流感的影响要求辖区内的活禽屠宰场所停止营业 3 个月并给予因此遭受损失的经营者一定补偿。市政府的决定体现了行政许可的(　　)。

A. 法定原则　　B. 公开公平公正原则

C. 比例原则　　D. 信赖保护原则

5. 某市安监局向甲公司发放《烟花爆竹生产企业安全生产许可证》后,发现甲公司所提交的申请材料系伪造。对于该许可证的处理,下列哪一选项是正确的?(　　)

A. 吊销　　B. 撤销

C. 撤回　　D. 注销

6. 关于行政许可程序,下列哪一选项是正确的?(　　)

A. 对依法不属于某行政机关职权范围内的行政许可申请,行政机关作出不予受理决定,应向当事人出具加盖该机关专用印章和注明日期的书面凭证。

B. 行政许可听证均为依当事人申请的听证,行政机关不能主动进行听证。

C. 行政机关作出的准予行政许可决定,除涉及国家秘密的,均应一律公开。

D. 所有的行政许可适用范围均没有地域限制,在全国范围内有效。

二、多项选择题

1. 下列属于我国行政许可设定的事项的有(　　)。

A. 直接关系到公共安全、人身安全的重要设备进行审定的事项

B. 企业的设立需要确立主体资格的事项

C. 有限自然资源开发利用需要赋予特定权利的事项

D. 市场竞争机制可以有效调节的事项

E. 行业组织或中介组织能够自律管理的事项

2. 下列关于行政许可的表述正确的有（　　）。

A. 行政许可是授益性的行政行为

B. 行政许可以双方合意为基础

C. 行政许可的前提条件是存在着法律的一般性禁止

D. 行政许可的目的在于抑制公益上的危险或影响秩序的因素

E. 依法取得的行政许可可以自主转让

3. 对下列哪些情形，行政机关应当办理行政许可的注销手续？（　　）

A. 张某取得律师执业证书后，发生交通事故成为植物人。

B. 田某违法经营的网吧被吊销许可证。

C. 李某依法向国土资源管理部门申请延续采矿许可，国土资源管理部门在规定期限内未予答复。

D. 刘某通过行贿取得行政许可证后，被行政机关发现并撤销其许可。

4. 某公司准备在某市郊区建一座化工厂，向某市规划局、土地管理局、环境保护局和建设局等职能部门申请有关证照。下列哪些说法是正确的？（　　）

A. 某公司应当对其申请材料实质内容的真实性负责。

B. 某市人民政府应当组织上述四个职能部门联合为某公司办理手续。

C. 拟建化工厂附近居民对核发该项目许可证照享有听证权利。

D. 如果某公司的申请符合条件，某市人民政府相关职能部门应在45个工作日内为其办结全部证照。

三、简答题

1. 行政许可的原则有哪些？

2. 简述地方立法的行政许可创设权？

四、案例分析题

按照《医疗机构管理条例》和《医疗机构管理条例实施细则》的规定，经卫生行政部门颁发的《医疗机构执业许可证》是各级医疗机构合法执业的唯一登记行为，医疗机构执业只须取得《医疗机构执业许可证》后即可开展相应诊疗活动。A市区甲诊所拥有合法有效的《医疗机构执业许可证》、护士资格证书、护士执业证书，但当地工商局却强制要求甲诊所需另行进行个体工商户登记后方可营业。此外，该工商局也没有在办公场所公示给诊所进行个体工商户登记注册的法律依据和申请材料目录等。

问题：材料中工商局的哪些行为违反了《行政许可法》的规定？理由是什么？

【拓展实训】

实训项目名称：行政审批负面清单制度改革探讨。

实训目标:领会负面清单管理模式所蕴含的法治理念和精神及其对深化行政审批制度改革的重要意义。

实训具体步骤:

(1) 收集阅读相关文献资料

收集并阅读权力清单、负面清单、行政审批制度改革等方面的论文,对权力清单和负面清单形成全面而正确的认识,对当前深化行政审批制度所处的背景和工作安排形成清醒的认识。收集并阅读2013年《国务院关于印发中国(上海)自由贸易实验区总体方案的通知》、2013年《中共中央关于全面深化改革若干重大问题的决定》、2014年《国务院关于深化行政审批制度改革,加快政府职能转变工作情况的报告》等政策性文件以及李克强总理的多次讲话,了解中央关于负面清单制度改革的宏观部署。

(2) 收集整理相关实证素材

收集整理上海自贸区、广东、浙江、江苏、福建、湖北、河北等地方以及工信部、文化部等国家部委开展的行政审批负面清单制度改革素材,初步了解相关改革的现状和全局。在此基础上,将学生分成若干小组,各小组分别负责一个地方或部委,更为全面深入地收集整理其改革的历程、进展、实施情况、社会评价和专家意见等素材。

(3) 分组讨论

各小组分别对其所了解的相关地方或部委的行政审批负面清单制度改革实践展开分析和评述,在此基础上在各小组之间展开进一步讨论和比较分析,并邀请相关专业老师参与讨论、提出指导性意见。

(4) 汇报总结

对我国行政审批负面清单制度改革的现状形成较为完整、清晰和理性的认识,并可在专业老师的指导下对改革存在的问题、原因及对策思路展开进一步的分析,甚至讨论成果。

【练习答案】

一、单选题

1. C　2. C　3. B　4. D　5. B　6. A

二、多选题

1. ABC　2. ACD　3. ABD　4. AC

三、简答题

1. 行政许可的原则包括:(1)许可法定原则;(2)公开、公平、公正原则;(3)便民原则;(4)保障相对人权利原则;(5)信赖保护原则。

2. 根据《行政许可法》的规定,有行政许可创设权的地方立法仅包括地方性法规和省级地方政府规章。其中,对依法可以设定行政许可的事项,尚未制定法律、行政法规的,地方性法规可以设定行政许可。尚未制定法律、行政法规和地方性法规的,因行政管理的需要,确需立法实施行政许可的,省、自治区、直辖市人民政府规章可以设定临时性的行政许可。临时性的行政许可实施满一年需要继续实施的,应当提请本级人民代表大会及其常务委员会制定地方性法规。

此外,地方立法不得设定应当由国家统一确定的公民、法人或者其他组织的资格、资质的行政许可;不得设定企业或者其他组织的设立登记及其前置性行政许可。其设定的行政许可,不得限制其他地区的个人或者企业到本地区从事生产经营和提供服务,不得限制其他地区的商品进入本地区市场。

四、案例分析题

材料中工商局的行为至少在两个方面违反了《行政许可法》的规定:

一是违反了许可公开原则。《行政许可法》第30条规定,行政机关应当将法律、法规、规章规定的有关行政许可的事项、依据、条件、数量、程序、期限以及需要提交的全部材料的目录和申请书示范文本等在办公场所公示。材料中该工商局并未在其办公场所公示相关法律依据和申请材料,违反了上述规定。

二是要求甲诊所另行进行个体户登记注册的行为属于违法设定行政许可。根据《行政许可法》和有关文件的规定,省级政府规章以外的其他规章和其他规范性文件一律不得设定行政许可,也不得以备案、登记、年检、监制、认定、认证、审定等形式变相设定行政许可。根据现行法律规定,医疗机构执业只须取得《医疗机构执业许可证》后即可开展相应诊疗活动,而且,迄今为止,没有一部法律法规要求诊所进行个体工商户登记。此外,诊所并非个体工商户也非企业法人,国家统计局发布的《国民经济行业分类》GB/T4754-2002也将诊所划分在Q类“卫生、社会保障和社会福利业”,而不是个体工商户类别。因此,依据个体工商户和企业法人的有关法律法规来约束诊所是错误的。该工商局要求甲诊所另行办理个体户登记注册属于违法设定行政许可。

第八章　行 政 复 议

【事例回放】

2006 年 2 月 23 日蔡某致成某轻微伤，之后蔡某主动派人在医院护理成某，并支付了全部医药费用，对民事赔偿部分愿意按规定给予赔偿，而且还多次向成某赔礼道歉。3 月 20 日县公安局以蔡某打成某致成轻微伤，依法决定对蔡某罚款 200 元。成某以该处罚偏轻为由，于 2006 年 5 月 12 日向市公安局申请行政复议。同月 17 日，市公安局作出公复字〔2006〕第 105 号行政复议决定书，以县公安局对蔡某处罚畸轻为由，根据《行政复议法》第 28 条“行政行为明显不当”的规定，决定将原罚款 200 元变更为治安拘留 7 日的行政处罚。蔡某不服该复议决定，遂提起诉讼。①

【问题】

(1) 行政复议是什么？它和行政诉讼在受理主体上有什么不同？

---

① 详见重庆市石柱土家族自治县人民法院〔2006〕石行初字第 15 号行政判决书。觅法网：http://www.34law.com/lawal/case/885/case_8989243446.shtml。

（2）本案的复议机关包括哪些？

（3）成某有权提起行政复议吗？

【评析】

（1）行政复议是上级行政机关重新审查下级行政机关行政行为的合法性和合理性的一种制度，而行政诉讼是人民法院对行政行为的审查。

（2）本案的复议机关包括县政府或者市公安局。

（3）成某作为受害人，与行政处罚决定有直接的利害关系，因此享有提起行政复议的权利。

【重点知识】

第一节　行政复议制度概述

一、行政复议的概念

行政复议作为行政系统内部监督与救济措施，是指行政相对人认为行政主体的行政行为侵犯其合法权益，依法向行政复议机关提出复查该行政行为的申请，行政复议机关依照法定程序对被申请的行政行为进行合法性、适当性的审查，并作出行政复议决定的一种法律制度。我国现行有效的规定是1999年制定、2009年修订的《行政复议法》和2007年颁布的《行政复议法实施条例》。

二、行政复议的特征

（一）行政复议是具有一定的司法性的活动

行政复议权与司法权的行使都必须遵循“不告不理”的规则，即如果没有行政相对人依法提出复议申请，就无法启动行政复议程序；在行政复议中，复议机关作为第三方对行政机关和行政相对人之间的行政纠纷进行审查并作出裁决，其地位类似于人民法院在司法审判中的地位；行政复议机关在复议过程中所适用的法定程序非常规范、严格，类似于行政诉讼的司法程序；行政复议的最终目的是解决行政争议，其内容和实质就是解决争议，而解决争议也是司法行为的基本功能之一。

（二）行政复议是具有行政内部监督属性的行为

行政复议是由行政系统内部的行政机关对下级或其所属的行政机关作出的违法或者不当的行政行为实施的一种监督和纠错的行为。相对来说，行政诉讼则是行政系统外的人民法院对行政机关进行的跨越权力体系的外部监督行为。

（三）行政复议还具有对行政相对人合法权益进行救济的属性

行政复议机关在对行政行为进行审查时，如果发现有违法或失当的情形时，可以依申请，也可以依职权对其给予撤销或变更，从而使得行政相对人原被侵犯的合法权益得到救济和保护。可见，行政复议还是国家行政救济机制的重要组成部分。

总之，行政复议作为行政机关的内部监督机制，也是公民合法权益受到侵害后所选择的一种重要的救济路径。

三、行政复议的基本原则

行政复议法第4条规定了行政复议机关履行行政复议职责所应当遵循的原则，即合法原则、公正原则、公开原则、及时原则和便民原则。这些原则规定于行政复议法的第一章总则部分，足以可见其重要程度。同时在行政复议法的其他章节、其他条款对上述原则均有不同程度的体现和具体落实。

（一）合法原则

合法原则要求主体合法、依据合法以及程序合法。具体来讲，主体合法即行政复议机关具有行政复议的权限，大多为行政行为作出机关的上一级机关或者是主管机关；依据合法即实体合法，即行政复议行为必须依据准确且有效的法律规定作出判断；程序合法即形式合法，要求行政复议行为必须依法定的时限、顺序、步骤和方式等规定进行。

（二）公正原则

公正原则是指行政复议机关要从公正的理念出发，既要对被申请的行政行为进行合法性的审查，又要审查其合理性。其基本精神是要求行政复议机关及其工作人员办事公道，不徇私情；合理考虑相关因素，不专断；平等对待不同身份、民族、性别和不同宗教信仰的行政相对人。同时，行政复议机关要遵守回避的有关规定，自己不做自己的“法官”，与纠纷当事人不单方接触。而且不得在事先未通知和听取相对人申辩意见的情况下作出对相对人不利的行政行为，以防止和克服行政复议的片面性和可能的差错，尽量避免冤假错案。

案例 8-1

2000年6月初，某县经贸公司向某县环保局、工商局提出投资建设苦味酸（俗称黄色炸药）生产项目的申请，后获批准。某县经贸公司于2000年8月正式投入生产。2000年11月24日某市环保局接到某县群众举报称：某县经贸公司生产苦味酸，排放污水，造成对其周围环境严重污染。某市环保局经过调查，认为某县经贸公司未按《化学危险品安全管理条例》的规定程序报批，擅自投资生产苦味酸，利用渗坑排放污水，造成厂区附近土壤及饮用水井水质污染。据此，认定该经贸公司的行为违反了国务院《化学危险品安全管理条例》和《水污染防治法》的规定，决定对经贸公司处罚如下：①立即停止苦味酸生产，拆除苦味酸生产设施；②罚款人民币5万元；③在一个月内清除所排废液及已污染的土壤。某县经贸公司不服某市环保局的行政处罚决定，遂向某市政府申请行政复议，请求撤销某市环保局的行政处罚决定。

复议机关查明，根据《民用爆炸物品管理条例》的规定，建立民用爆炸器材工厂，必须符合法定的前置审批条件，某县环保局和工商局审批同意投资建设苦味酸生产项目，属于越权许可行为。因此，某县经贸公司实际上并未真正取得合法的苦味酸生产资格，且在生产过程中造成对周围环境的污染。上述行为违反了《民用爆炸物品管理条例》和《水污染防治法》，应依法予以处罚。但某市环保局作出的行政处罚决定明显适用法律错误；责令拆除生产设施无法律依据；罚款人民币5万元不适当。为此，某市政府决定撤销某市环保局的行政处罚决定，责令其重新作出行政行为。①

【问题】

市政府能否对市环保局罚款不当的行政行为进行审查？为什么？

【评析】

可以，因为行政复议机关有权对行政行为的合理性进行审查。行政复议法第3条第3项规定，行政复议机关的职责之一就是“审查被申请人的行政行为是否合法与适当”。复议审查包括合法性审查和适当性审查，适当性审查即合理性审查。行政复议机关和被申请人之间存在行政上的隶属关系或者是监督关系，其最大的特点就是“全面审查”，因此有权进行全方位的合法性审查和合理性审查。

（三）公开原则

公开原则是指行政复议活动应当公开进行。除涉及国家秘密、商业秘密和个人隐私外，复议案件的受理、审理和决定都应公之于众，使当事人及社会各界充分了解行政复议活动的具体情况，避免暗箱操作导致的腐败与不公正，增强公众对行政复议的认同度和信任度。公开原则主要表现在：

1. 行政复议的过程公开

根据《行政复议法》第22条的规定，行政复议申请人提出要求或者行政复议机关认为有必要时，可以向有关组织和人员调查情况，听取申请人、被申请人和第三人的意见。

2. 行政复议的有关资料资讯公开

行政复议机关应当自行政复议申请受理之日起7日内，将行政复议申请书副本或者行政复议申请笔录复印件发送被申请人。被申请人应当自收到申请书副本或者申请笔录复印件之日起10日内，提出书面答复，并提交当初作出行政行为的证据、依

---

① 莫于川：《行政法原理与案例教程》，332～333页，北京，中国人民大学出版社，2007。

据和其他有关材料。申请人、第三人可以查阅被申请人提出的书面答复、作出行政行为的证据、依据和其他有关材料，除涉及国家秘密、商业秘密或者个人隐私外，行政复议机关不得拒绝。

（四）及时原则

“迟到的正义非正义”，因此行政复议也格外强调及时的重要性。《行政复议法》第31条第1款规定，行政复议机关应当自受理申请之日起60日内作出行政复议决定；但是法律规定的行政复议期限少于60日的除外。具体有以下概念：一是复议审理期限通常为60日；二是法律可以规定特例，其他行政法规、地方性法规等法律文件则没有规定特例的权力；三是法律规定的特例并非所有都优于行政复议法上述60日的规定，而仅仅是法律规定的特例中少于60日的具有优先适用的效力。

此外，对于情况复杂，不能在规定期限内作出行政复议决定的案件，可以延长其审理期限，但必须符合下列要求：一是经行政复议机关的负责人批准；二是告知申请人和被申请人，以保护其知情权；三是延长期限最多不超过30日。

及时原则不仅仅约束行政复议机关，而且也督促行政复议申请人尽快行使其权利。行政复议法第9条规定，公民、法人或者其他组织认为行政行为侵犯其合法权益的，可以自知道该行政行为之日起60日内提出行政复议申请；但是法律规定的申请期限超过60日的除外。

该条款蕴含两层意思：一方面是督促行政相对人及时行使其复议申请权，并明确期限为“60日”；另一方面，与对行政复议机关的要求不同的是，为了更大程度上的保护行政相对人的合法权益，特别允许多于“60日”的法律特例的优先适用。即如果法律特例规定的申请复议的期限多于60日，则适用特例；如果法律特例规定的申请复议的期限少于60日，则适用行政复议法的规定。比如《专利法》规定，申请人对专利局驳回申请的决定不服的，可以在收到通知之日起3个月内，向专利复审委员会请求复审。也就是说对专利局驳回申请的决定不服，其申请复议的期限为3个月，而非60日。可见行政复议法第31条和第9条不仅展现并落实了及时原则，并且通过这一“多”一“少”的规定，彰显了行政复议法对行政复议机关严格要求和对行政复议申请人宽厚相待的立法精神，可谓是用心良苦。

（五）便民原则

便民原则，是指复议机关应当采取方便申请人进行复议的方式、方法，以确保相对人能够有效的行使行政复议的救济权利。具体而言，表现在：

1. 可口头申请行政复议

申请人申请行政复议，可以书面申请，也可以口头申请；口头申请的，行政复议机关应当当场记录申请人的基本情况、行政复议请求、申请行政复议的主要事实、理由和时间。

2. 行政复议不收费

行政复议机关受理行政复议申请，不得向申请人收取任何费用。行政复议活动所需经费，应当列入本机关的行政经费，由本级财政予以保障。

3. 行政复议的受理应当方便申请人

具体行政行为发生地的县级地方人民政府接受了应由其他行政机关受理的行政复议申请，应当自接到该行政复议申请之日起七日内，转送有关行政复议机关，并告知申请人。

第二节　行政复议的范围

行政复议的受案范围是行政复议制度中必不可少的核心内容之一，是指法律规定的行政复议机关受理行政争议案件范围，即公民、法人或者其他组织认为行政机关作出的行政行为侵犯其合法权益，依法提出复议申请，由行政复议机关受理并解决行政争议的权限范围。明确此概念有以下几个方面的意义：首先，它决定了行政相对人的合法权益能够得到行政司法救济的程度；其次，它也决定了行政复议机关实行内部监督的范围；最后，它也确定了与其他监督方式的划分界限。

我国《行政复议法》分别在第6条、第7条从宏观与微观、肯定与否定的层面对行政复议的范围进行了诠释。具体讲，我国对复议范围的规定采用的是混合列举方式，既有概括式规定，又有列举式规定。

一、可申请行政复议的范围

《行政复议法》第6条以列举的形式规定，公民、法人或者其他组织可以对下列事项申请行政复议：

（一）行政处罚

行政处罚是指行政机关或者其他有权机关依法对违反行政法律规范尚未构成犯罪的行政相对人给予法律制裁的行为。行政处罚是政府在管理社会公共事务的活动中，为了保证正常的社会秩序而实施的一种行政行为。它作为一种以国家强制力为后盾的制裁性手段，对保护公民权利，维护国家秩序起着举足轻重的作用，是我国行政法中最重要、影响最广泛的制度之一。常见的行政处罚种类有六种：行政拘留、罚款、没收、责令停产停业、暂扣或者吊销许可证、执照以及警告。实践中，行政处罚的类型还包括驱逐出境、通报批评等。

（二）行政强制措施

行政强制措施是指行政机关在行政管理过程中，为制止违法行为、防止证据损毁、避免危害发生、控制危险扩大等情形,依法对公民的人身自由实施暂时性限制,或者对公民、法人或者其他组织的财物实施暂时性控制的行为。行政强制措施的种类包括限制公民人身自由,查封场所、设施或者财物,扣押财物,冻结存款、汇款和其他行政强制措施。

(三)行政许可

通常行政许可是行政相对人从事某种职业或者行为的前提条件。行政复议法规定,对行政机关作出的有关许可证、执照、资质证、资格证等证书变更、中止、撤销的决定不服的,即对行政机关作出的涉及行政相对人已经获得各种许可证证书的变更、中止、撤销的决定不服的,可以提起行政复议。

(四)行政确权

行政确权,实质为行政裁决,是指行政主体依照法律授权,按照法定程序,对平等主体之间发生的、与行政管理活动密切相关的、不动产权属纠纷进行审查并作出裁决的行政行为。《行政复议法》规定,对行政机关作出的关于确认土地、矿藏、水流、森林、山岭、草原、荒地、滩涂、海域等自然资源的所有权或者使用权的决定,相对人可以提起复议。

(五)侵犯法定经营自主权

每个企业均依法享有经营自主权,这是企业的生命,也是企业的基本权利之一。但实践中常常出现行政机关强制企业合并、强制转让企业知识产权、直接干预企业生产和经营活动的现象,对此行政复议法授予相关企业享有行政复议申请权。

(六)农业承包合同

农业承包合同是行政机关或集体经济组织为发包方,农民为承包方,双方签订的有关农业生产方面的合同。双方按照合同各自享有一定的权利和义务,双方必须如实履行其合同义务。如果行政机关随意变更或者废止农业承包合同,侵犯了农民的合法权益的,则农民享有行政复议的权利。

(七)违法要求履行义务

行政主体要求行政相对人履行的义务必须有法定的依据,或法定义务或约定义务。但实际工作中,行政机关违法集资、征收财物、摊派费用或者违法要求履行其他义务的情形,屡见不鲜。常见的表现形式有:(1)在法律规定之外,行政机关自行制定规范性文件或口头为行政相对人设定某种义务,或者无任何依据要求行政相对人履行义务;(2)行政机关超出法律规定的种类、幅度和方式要求行政相对人履行义务;(3)重复要求行政相对人履行义务;(4)违反法定程序要求行政相对人履行义务。对于上述类似的违法要求履行义务的行为,行政相对人均有权申请行政复议。

(八)不依法办理行政许可

行政许可是指行政机关根据公民、法人或者其他组织的申请,经依法审查,准予其从事特定活动的行为。行政复议法规定,行政相对人认为符合法定条件,申请行政机关颁发许可证、执照、资质证、资格证等证书,或者申请行政机关审批、登记有关事项,行政机关没有依法办理的,行政相对人有权提起行政复议。此时,暗含两种情况,一是行政机关对行政许可申请不予答复,即所谓的行政不作为;二是以明确的方式表示拒绝颁发。

另外,需要说明的是,从立法技术上讲,《行政复议法》第 6 条第 8 项应该与该条第 3 项合并,因为这两个条款讲的都是针对行政许可行为不服而引发的行政复议,只不过一个针对行政许可申请行为,一个针对行政许可管理行为,二者的合并从逻辑上看,没有问题,而且更利于立法的规范和严谨。

(九)不履行法定职责

行政机关必须按照法律规定履行其法定职责,否则就构成不履行,要承担相应的法律责任。比如说,《人民警察法》规定,人民警察遇到公民人身、财产安全受到侵犯或者处于其他危难情形,应当立即救助;对公民提出解决纠纷的要求,应当给予帮助;对公民的报警案件,应当及时查处。人民警察应当积极参加抢险救灾和社会公益工作。如果人民警察怠于履行上述法定职责,则行政相对人有权提起行政复议,追究其法律责任。此外,行政相对人申请行政机关履行保护其受教育权利的法定职责,行政机关没有依法履行的,行政相对人同样有权提起行政复议。这是行政复议法先进性的表现之一,这一改进展现了立法对行政相对人受教育权保障的重视,也是针对我国近年来公民受教育权侵害事件频现而做的立法修改。

(十)行政给付

行政给付是指为保障个人和组织的生存权和受益权,维持和促进国家与社会的稳定和发展,依照法律规定和相关政策向个人和组织,尤其是出现生存困难并且符合法定保障条件的个人和组织,提供物质、安全、环境、精神等各方面保障的行政行为。[①] 在这里需要强调的是,行政给付是国家应尽的一项义务,是现代服务型政府的一项义务,不是国家对公民的恩赐,而是公民的一项权利,是追求社会公平、提高人民福祉的一种措施。比如说,我国《残疾人保障法》第 4 条明确规定,“国家采取辅助方法和扶持措施,对残疾人给予特别扶助,减轻或者消除残疾影响和外界障碍,保障残疾人权利的实现。”该法第 12 条进一步指出,国家和社会对残疾军人、因公致残人员以及其他为维护国家和人民利益致残的人员实行特别保障,给予抚恤和优待。行政复议法规定,申请行政机关依法发放抚恤金、社会保险金或者最低生活保障费,行政机关没有依法发放的,行政相对人可以提起行政复议。

(十一)其他

除了上述十项外,行政复议法还规定行政相对人认为行政机关的其他行政行为

---

① 莫于川:《行政法与行政诉讼法》,224 页,北京,中国人民大学出版社,2012。

侵犯其合法权益的，也可以依法提起行政复议。但值得注意的是，这类行为首先必须是行政行为，一般不包括行政立法等；其次，侵害的必须是行政相对人的合法权益，非法权益不受法律保护。

（十二）附带审查行政法规、规章以外的规范性文件

《行政复议法》进一步对行政复议的受案范围进行了扩展，增加了第 7 条，即公民、法人或者其他组织认为行政机关的行政行为所依据的国务院部门规定、县级以上地方各级人民政府及其工作部门的规定、乡、镇人民政府的规定不合法，在对行政行为申请行政复议时，可以一并向行政复议机关提出对该规定的审查申请，但上述规定不含国务院部、委员会规章和地方人民政府规章。规章的审查依照法律、行政法规办理。这一扩展在行政救济体系中是首创，虽然它排除了对行政规章审查的可能性，但毕竟第一次将行政法规和规章以外的其他行政规范性文件纳入到了行政复议的范畴，有利于进一步扩大对行政相对人合法权益的保护力度，同时这一规定也为行政诉讼受案范围的扩展埋下了伏笔。

表 8-1　行政复议的可议范围

复议范围	行政行为（违法 + 不当）	+	其他规范性文件 附带

二、不可申请行政复议的事项

《行政复议法》不仅从正面、肯定的角度明确了哪些事项是可以提起行政复议的，同时为了更加清晰地勾勒出行政复议的受案范围，进一步用一个条款从反面、否定的层面规定了哪些事项是不可以申请行政复议的。

（一）行政规章

《行政复议法》第 7 条的规定否定了复议机关对国务院部、委员会规章和地方人民政府规章进行审查的权力，将行政规章排除在行政复议的受案范围之外。行政规章包括部门规章和地方政府规章，可以以规定、办法、实施细则和规则等为名称，但不得采用条例为名称。部门规章之间、部门规章与地方政府规章之间具有同等效力，在各自的权限范围内施行。同一机关制定的规章，特别规定与一般规定不一致的，适用特别规定；新的规定与旧的规定不一致的，适用新的规定。人民法院审理行政案件，对于部门规章和地方政府规章采取的是参照态度，而非直接适用。

（二）内部行政行为

行政复议法规定，对行政机关作出的行政处分或者其他人事处理决定不服的，只能依照有关法律、行政法规的规定提出申诉，而不能提起行政复议。行政处分包括警告、记过、记大过、降级、撤职和开除等。这是由于立法者将上述行政处分或者其他人事处理决定视为行政机关的内部行政行为，其不产生对外的法律效果，只是行政机关内部关系处理的表现,因此排除在行政复议的范畴之外。

(三)居间行为

不服行政机关对民事纠纷作出的调解或者其他处理,可以依法申请仲裁或者向人民法院提起民事诉讼,但不得申请行政复议。行政机关对民事纠纷作出的调解或者其他处理行为,是以居间的身份作出的,没有法律拘束力,民事纠纷的当事方对于行政机关的调解,可以接受,也可以不接受,一旦接受了,也可反悔。此种情况下,如果让行政机关为一个没有任何约束力的行为承担不利责任的话,于法理相悖,也容易打击行政机关的积极性,不利于社会秩序的正常维护。

(四)其他行为

对国防、外交等国家行为不服的,也不能申请行政复议。国家行为是指国务院、中央军事委员会、国防部、外交部等根据宪法和法律的授权,以国家的名义实施的有关国防和外交事务的行为,以及经宪法和法律授权的国家机关宣布紧急状态、实施戒严和总动员等行为。

第三节 行政复议的主体

一、行政复议申请人

行政复议申请人是指对行政主体作出的行政行为不服,且与该行政行为存在法律上的利害关系,依据法律法规的规定,以自己的名义向行政复议机关提起行政复议申请的公民、法人或者其他组织。有权申请行政复议的公民死亡的,其近亲属可以申请行政复议。有权申请行政复议的公民为无民事行为能力人或者限制民事行为能力人的,其法定代理人可以代为申请行政复议。有权申请行政复议的法人或者其他组织终止的,承受其权利的法人或者其他组织可以申请行政复议。

作为行政复议申请人,具有以下几点特征:

(一)以自己的名义进行行政复议活动

行政复议申请人是以自己的名义进行行政复议活动的当事人。在行政复议过程中,不是以自己名义而是受他人之托、以他人名义参加行政复议的人,因为其所表达的意志不属于自己的意志,所代表的利益也不属于自己的利益,因此不能作为行政复议申请人。

(二)与被申请行政复议的行政行为有利害关系

行政复议申请人与被申请行政复议的行政行为有利害关系,即有法律上的利益牵连。与行政行为没有利害关系的人,未经有利害关系者授权,即便他对该行政行为有不同意见,也不能作为行政复议申请人。实践中与行政行为存在着利害关系,也可以成为申请人的情况较复杂,常有以下两种情况:一是行政行为的直接对象,即行政相对人;二是行政行为的间接对象,即与之有利害关系,但并非行政行为直接的对象,而是行政相关人。

(三)行政复议申请人是行政相对人

行政复议申请人是行政相对人。行政机关的工作人员认为有关行政行为有错误的,可以通过内部监督程序提请有权机关予以纠正,但是不作为行政复议案件处理,除非利害关系人依法提出行政复议申请。

(四)向行政复议机关申请

行政复议申请人是依法向行政复议机关递交了行政复议申请书或者口头申请行政复议的行政管理相对人。如果行政管理相对人只有不服有关行政行为的内心意愿,但并未依法向行政复议机关提出行政复议申请,就不能实际取得行政复议申请人的地位。

二、行政复议的被申请人

行政复议被申请人是指其行政行为被行政复议的申请人认为违法侵犯其合法权益,并由行政复议机关通知参加行政复议的行政主体。被申请人包括行政机关和法律法规授权的组织。

根据《行政复议法》的规定,被申请人主要有以下几种情形:

1. 申请人对行政机关作出的行政行为不服,直接申请行政复议的,该行政机关是被申请人。

2. 两个或两个以上行政机关以共同名义作出同一行政行为的,共同作出行政行为的行政机关是共同被申请人;行政机关与其他组织以共同名义作出行政行为的,行政机关为被申请人。

3. 法律、法规授权的组织作出的行政行为引起行政复议,该组织是被申请人。

4. 行政机关委托的组织作出的行政行为引起行政复议,委托的行政机关是被申请人。

5. 作出行政行为决定的行政机关被撤销的,继续行使其职权的行政机关是被申请人。如果没有继续行使其职权的行政机关,则由撤销机关作为被申请人。

6. 下级行政机关依照法律、法规、规章规定,经上级行政机关批准作出行政行为的,批准机关为被申请人。

7. 行政机关设立的派出机构、内设机构或者其他组织,未经法律、法规授权,对外以自己名义作出行政行为的,该行政机关为被申请人。

案例 8-2

2000 年 7 月 25 日,巴某购买了位于宣武区(现西城区)的商品房一套。入住后,发现房屋存在墙体裂缝、房顶漏水等质量问题。同年 9 月 6 日,巴某以北京市宣武区建设工程质量站(以下简称质监站)对其所购楼房的工程竣工验收行为违法为由,向区政府申请行政复议。同年 11 月 25 日,区政府作出复议决定,认定该质监站对该楼工程竣工验收实施监督后出具的《工程质量监督报告》事实清楚、适用依据正确、程序合法,决定维持该《工程质量监督报告》。巴某不服,于同年 12 月 10 日对该复议决定提起行政诉讼,请求撤销复议决定,并依法重作。在一审诉讼过程中,区政府又以其复议程序错误为由,自行书面撤销了该行政复议决定,并于同年 1 月 16 日送达巴某。区政府也将该决定书面告知人民法院。但巴某坚持起诉意见。一审人民法院判决确认区政府的行政复议决定程序违法。①

【问题】

(1) 本案中巴某是否享有行政复议申请人的资格?

(2) 本案中的被申请人应该是谁?

【评析】

(1) 本案中巴某享有行政复议申请人的资格,因为他的合法权益受到了被申请人行政行为的影响。

(2) 本案中,行政复议的被申请人应该是宣武区建设局。巴某是因质监站是工程竣工验收行为的主体而以其为被申请人提起行政复议,而质监站作为工程质量监督机构,是按照国家有关规定,经国务院建设行政主管部门或其他专业部门(铁道、交通、水利),或者省、自治区、直辖市人民政府建设行政主管部门(或其他专业部门)考核设立,具有独立法人资格的单位。经考核合格后,质监站可受建设行政主管部门或有关专业部门的委托,对建设工程质量实施具体的监督管理,并对委托的建设行政主管部门或有关部门负责。因此,根据上述法律的规定,质监站本身不是行政机关,工程竣工验收行为的主体是建设行政主管机关,质监站仅仅是接受其委托而作出的《工程质量监督报告》,二者之间形成委托行政法律关系。本案宣武区质监站在受委托的权限范围作出的行为,其法律后果依法应由委托人承担,即由宣武区建设局来承担。

三、行政复议的第三人

行政复议第三人是指因与被申请的行政行为有利害关系,通过申请或者行政复

---

① 王振清:《行政诉讼案例研究》,247 ~ 248 页,北京,中国法制出版社,2008。

议机关通知,参加到行政复议中去的公民、法人或者其他组织。

行政复议期间,行政复议机关认为申请人以外的公民、法人或者其他组织与被审查的行政行为有利害关系的,可以通知其作为第三人参加行政复议。行政复议期间,申请人以外的公民、法人或者其他组织与被审查的行政行为有利害关系的,可以向行政复议机关申请作为第三人参加行政复议。第三人不参加行政复议,不影响行政复议案件的审理。第三人在行政复议中具有独立的法律地位。与申请人和被申请人不同,其参加行政复议是为了维护自己的合法权益,在行政复议中不依附于申请人或者被申请人,享有与申请人基本相同的行政复议权利。

案例 8-3

甲公司享有一项专利技术,后由于拖欠年费,该项专利技术被专利局依法注销。后乙公司开始使用这项专利技术,并且收益颇丰。2 年后,甲公司经济情况好转,于是向专利局申请恢复该项专利技术,并获得批准恢复。乙公司对此不服,申请行政复议。

【问题】

(1) 本案中乙公司是否享有行政复议申请人的资格?

(2) 本案中的被申请人应该是谁?

(3) 甲公司是否是本案的当事人?

【评析】

(1) 本案中乙公司享有行政复议申请人的资格,因为专利局恢复甲公司专利技术的行政行为直接影响到了乙公司的财产权。

(2) 本案中的被申请人应该是专利局,因为是它作出了影响乙公司合法权益的行政行为,并且其系独立的行政主体。

(3) 甲公司是本案的第三人,因为本案的复议结果与甲公司有直接的利害关系,而它既不是申请人,也不是被申请人。

四、行政复议机关

行政复议机关是指依照法律规定,有权受理行政复议的申请,依法对被申请的行政行为进行合法性、适当性审查并作出决定的行政机关。行政复议机关只能是行政机关,不能是法律法规授权组织。

(一) 行政复议机关的确定

根据我国现行法律、法规的规定,行政复议机关的种类主要有:

1. 作出被申请行政行为的行政机关

作出被申请行政行为的行政机关,即此时复议机关与被申请人合二为一。具体情形有:国务院所属部门和省、自治区、直辖市人民政府作出的行政行为引起的行政复议,国务院所属部门和省、自治区、直辖市人民政府就是行政复议机关。对行政复议决定不服的,可以向人民法院提起行政诉讼;也可以向国务院申请裁决,国务院依照本法的规定作出最终裁决。

2. 作出被申请行政行为的行政主体的上一级机关

由作出被申请行政行为的行政主体的上一级行政机关作为行政复议机关,尽管会给行政复议的申请人带来一定的不便,但是可以更好的发挥上一级行政机关的领导权和监督权,提高行政复议的公正性和权威性。具体情形有:对海关、金融、国税、外汇管理等实行垂直领导的行政机关和国家安全机关的行政行为不服的,向上一级主管部门申请行政复议。对地方各级人民政府的行政行为不服的,向上一级地方人民政府申请行政复议。

3. 作出被申请行政行为的行政主体所属的人民政府

由本级人民政府作为行政复议机关,既能方便申请人复议,又能发挥人民政府的领导权和监督权,及时、有效的解决行政争议。具体情形有:对县级以上地方各级人民政府工作部门的行政行为不服的,由申请人选择,可以向该部门的本级人民政府申请行政复议,也可以向上一级主管部门申请行政复议。

4. 其他情形下的行政复议机关

(1) 对县级以上地方人民政府依法设立的派出机关的行政行为不服的,向设立该派出机关的人民政府申请行政复议。对省、自治区人民政府依法设立的派出机关所属的县级地方人民政府的行政行为不服的,向该派出机关申请行政复议。

(2) 对政府工作部门依法设立的派出机构依照法律、法规或者规章规定,以自己的名义作出的行政行为不服的,向设立该派出机构的部门或者该部门的本级地方人民政府申请行政复议。

(3) 对法律、法规授权的组织的行政行为不服的,分别向直接管理该组织的地方人民政府、地方人民政府工作部门或者国务院部门申请行政复议。

(4) 对两个或者两个以上行政机关以共同的名义作出的行政行为不服的,向其共同上一级行政机关申请行政复议。但是,申请人对两个以上国务院部门共同作出的行政行为不服的,可以向其中任何一个国务院部门提出行政复议申请,由作出该行为的国务院部门共同作出行政复议决定。

(5) 对被撤销的行政机关在撤销前所作出的行政行为不服的,向继续行使其职权的行政机关的上一级行政机关申请行政复议。

此外,在上述情形中,申请人也可以向行政行为发生地的县级地方人民政府提出行政复议申请,由接受申请的县级地方人民政府自接到该行政复议申请之日起七日内,转送有关行政复议机关,并告知申请人。

表 8-2　行政复议机关

类型	被申请人	复议机关	备注
条块管辖	县级以上政府的部门	同级政府或上一级主管部门	
条条管辖	省级以下各级政府	上一级人民政府	不服地区行署所属的县政府行为向地区行署复议
	中央垂直领导的机关	上一级主管部门	海关、国税、金融、外汇管理、国安；对于省级以下垂直领导的，一般仍属条块管辖，但省级另有规定的除外
自我管辖	省部级单位	原机关自己	两个以上省部级单位为被申请人，可向其中任一个复议，由被申请人共同作出复议决定
特殊情形	① 政府的派出机关	设立该派出机关的政府	派出机关包括地区行署、区公所、街道办事处
	② 部门的派出机构	设立该机构的部门或该部门的本级政府	
	③ 被授权的组织	其管理者	
	④ 多个行政机关	其共同的上一级机关	
	⑤ 被撤销的机关	其职权继受者的上一级机关	
	注：可向行为发生地的县级政府提出申请，由其转送复议机关（7 日）		

（二）行政复议机构

行政复议机构是行政复议机关内部具体负责办理行政复议事项的工作机构，通常由负责法制工作的机构担任。行政复议机构应履行下列职责：受理行政复议申请；向有关组织和人员调查取证，查阅文件和资料；审查申请行政复议的行政行为是否合法与适当，拟订行政复议决定；处理或者转送对特定抽象行政行为的审查申请；对行政机关违反本法规定的行为依照规定的权限和程序提出处理建议；办理因不服行政复议决定提起行政诉讼的应诉事项；法律、法规规定的其他职责。

第四节　行政复议的申请、受理与审查

一、申请

（一）申请行政复议的条件

1. 申请人合格

行政复议的申请人必须是认为行政行为侵犯其合法权益的行政相对人或者行政

相关人。合伙企业申请行政复议的，应当以核准登记的企业为申请人，由执行合伙事务的合伙人代表该企业参加行政复议；其他合伙组织申请行政复议的，由合伙人共同申请行政复议。此外，不具备法人资格的其他组织申请行政复议的，由该组织的主要负责人代表该组织参加行政复议；没有主要负责人的，由共同推选的其他成员代表该组织参加行政复议。股份制企业的股东大会、股东代表大会、董事会认为行政机关作出的行政行为侵犯企业合法权益的，可以以企业的名义申请行政复议。同一行政复议案件申请人超过5人的，推选1至5名代表参加行政复议。

2. 有明确的被申请人

没有明确的被申请人，行政复议机关可以拒绝受理；如果行政复议机关受理后认为被申请人不合格，则可以告知行政复议申请人依法予以更换。

3. 有具体的行政复议请求和事实根据

行政复议请求是申请人申请行政复议所要达到的目的，它主要有四种情况：请求撤销违法的行政行为决定；请求变更不适当的行政行为决定；请求责成被申请人限期履行法定职责；请求确认行政行为违法或责令被申请人赔偿损失。与此同时，申请人可以提交与复议请求相关的事实根据以及法律依据。

4. 属于受理行政复议机关主管和管辖

当事人选择提供行政复议救济的行政机关应该对该被申请的行政行为享有行政复议的职权。没有行政复议职权的，不能成为该被申请行为的行政复议机关。并且，其他行政复议机关尚未受理同一行政复议申请，人民法院尚未受理同一主体就同一事实提起的行政诉讼。

（二）行政复议申请的形式

申请人书面申请行政复议的，可以采取当面递交、邮寄或者传真等方式提出行政复议申请。有条件的行政复议机关可以接受以电子邮件形式提出的行政复议申请。申请人书面申请行政复议的，应当在行政复议申请书中载明下列事项：(1)申请人的基本情况，包括公民的姓名、性别、年龄、身份证号码、工作单位、住所、邮政编码；法人或者其他组织的名称、住所、邮政编码和法定代表人或者主要负责人的姓名、职务；(2)被申请人的名称；(3)行政复议请求、申请行政复议的主要事实和理由；(4)申请人的签名或者盖章；(5)申请行政复议的日期。申请人口头申请行政复议的，行政复议机构应当依照行政复议条例第19条规定的事项，当场制作行政复议申请笔录交申请人核对或者向申请人宣读，并由申请人签字确认。

（三）行政复议申请的期限

公民、法人或者其他组织认为行政行为侵犯其合法权益的，可以自知道该行政行为之日起60日内提出行政复议申请；但是法律规定的申请期限超过60日的除外。因不可抗力或者其他正当理由耽误法定申请期限的，申请期限自障碍消除之日起继续计算。

二、行政复议的受理

行政复议的受理是指行政复议机关经审查申请人所提出的复议申请是否符合受理的条件而决定是否收案和处理。行政复议机关收到行政复议申请后,应当在5日内进行审查并作出如下处理结果:

1. 对符合申请复议条件的,应当决定受理。

2. 对不符合本法规定的行政复议条件的,决定不予受理,并书面告知申请人不予受理的理由。当然,如果公民、法人或者其他组织认为行政复议机关无正当理由不予受理的,上级行政机关应当责令其受理;必要时,上级行政机关也可以直接受理。

3. 行政复议申请材料不齐全或者表述不清楚的,行政复议机关应书面通知申请人补正。补正通知应当载明需要补正的事项和合理的补正期限。无正当理由逾期不补正的,视为申请人放弃行政复议申请。补正申请材料所用时间不计入行政复议审理期限。

4. 申请人就同一事项向两个或者两个以上有权受理的行政机关申请行政复议的,由最先收到行政复议申请的行政机关受理;同时收到行政复议申请的,由收到行政复议申请的行政机关在10日内协商确定;协商不成的,由其共同上一级行政机关在10日内指定受理机关。协商确定或者指定受理机关所用时间不计入行政复议审理期限。

5. 除了以上情形外,行政复议申请自行政复议机关负责法制工作的机构收到之日起即为受理。

三、行政行为在行政复议期间的执行力

行政复议期间行政行为不停止执行;但是,有下列情形之一的,可以停止执行:被申请人认为需要停止执行的;行政复议机关认为需要停止执行的;申请人申请停止执行,行政复议机关认为其要求合理,决定停止执行的;法律规定停止执行的。

四、行政复议的审查

(一) 审理方式

行政复议原则上采取书面审查的办法,但是申请人提出要求或者行政复议机关负责法制工作的机构认为有必要时,可以向有关组织和人员调查情况,听取申请人、被申请人和第三人的意见。行政复议机构审理行政复议案件,应当由2名以上行政复议人员参加。调查取证时,行政复议人员不得少于2人,并应当向当事人或者有关人员出示证件。被调查单位和人员应当配合行政复议人员的工作,不得拒绝或者

阻挠。

(二)举证责任

被申请人承担对行政行为合法性和适当性的举证责任。被申请人举证范围包括:作出行政行为的事实证据和法律依据等。被申请人应当在收到复议申请书副本10日内,提出书面答复、提交当初作出行政行为的证据、依据和其他有关材料,否则视为该行政行为没有证据、依据,行政复议机关应当决定撤销该行政行为。另外,被申请人在复议过程中,不得自行向申请人和其他有关组织和个人收集证据。

申请人和第三人在行政复议程序中的举证责任是次要的,是第二位的。申请人和第三人对行政行为合法性和适当性不承担举证责任。对于上述被申请人提供的证据材料,申请人和第三人可以要求查阅,除涉及国家秘密、商业秘密或者个人隐私外,行政复议机关不得拒绝。

另外,根据法律的规定,申请人和第三人仅在以下情形下承担举证责任:(1)认为被申请人不履行法定职责的,提供曾经要求被申请人履行法定职责而被申请人未履行的证明材料。(2)申请行政复议时一并提出行政赔偿请求的,提供受具体行政行为侵害而造成损害的证明材料。(3)法律、法规规定需要申请人提供证据材料的其他情形。

(三)撤回申请

行政复议在受理后、复议决定作出前,申请人申请撤回行政复议申请,申请人说明理由后经复议机关批准的,撤回行政复议申请,行政复议终止。

第五节 行政复议的决定与执行

一、行政复议决定

(一)行政复议的审理期限

行政复议机关应当自受理申请之日起60日内作出行政复议决定;但是法律规定的行政复议期限少于60日的除外。情况复杂,不能在规定期限内作出行政复议决定的,经行政复议机关的负责人批准,可以适当延长,并告知申请人和被申请人;但是延长期限最多不超过30日。

案例8-4

2004年4月,鲁某、邓某向北京市工商局东城分局举报,称翰墨中心的法定代表人赵某某伪造身份、家庭住址,非法注册翰墨中心,并骗取二人人民币数十万元,严重侵害了二人的合法权益。东城分局接到举报后立案调查。经查,翰墨中心在办理注册登记时,在法定代表人签字备案书及企业主要负责人基本情况及任职证明中隐藏真实情况,填写了虚构的法定代表人赵某某的家庭住址。经营期间,翰墨中心没有违法所得。据此,东城分局于2004年7月16日对翰墨中心作出行政处罚决定,对翰墨中心罚款3000元。翰墨中心接受了处罚,并缴纳了罚款。二人不服该处罚决定,于同年9月8日提出了行政复议。复议机关受理后,认为根据《行政复议法》第2条的规定,二人提起的行政复议申请及相关证据不能证明东城分局作出的行政处罚行为侵害其合法权益。于同年11月11日作出行政复议决定,驳回二人的行政复议申请。二人不服复议决定,于同年11月25日提起行政诉讼。一审人民法院判决撤销复议决定。二审人民法院维持了一审判决。①

【问题】

(1)鲁某、邓某是否有权提起行政复议?为什么?

(2)本案的复议机关是谁?

(3)本案中复议机关是否遵守了《行政复议法》的时限要求?

【评析】

(1)鲁某、邓某无权提起行政复议。本案中,鲁某和邓某二人认为翰墨中心隐瞒真实情况非法注册并诈骗了自己而向工商部门报案,是举报人。工商部门对翰墨中心的非法注册行为进行处罚,二人显然不是被处罚的相对人。鲁某和邓某认为翰墨中心诈骗,实际上是一个民事纠纷甚至可能构成刑事案件,需要由二人向人民法院提起民事诉讼或由公安机关立案侦查。工商部门只对翰墨中心非法注册行为有权处罚,无权处理二人被诈骗事项。工商部门处罚翰墨中心非法注册行为并不能解决二人的欺诈诉求,二人对此并没有法律上的利害关系。鲁某和邓某既非处罚相对人也非利害关系人,因此无权提起行政复议。

(2)本案的复议机关既可以是北京市工商局东城分局的本级政府,即北京市东城区政府,也可以是其上一级主管部门,即北京市工商局。

(3)鲁某和邓某二人于2004年9月8日提出行政复议,复议机关受理后于同年11月11日作出行政复议决定。根据《行政复议法》第17条2款"行政复议申请自行政复议机关负责法制工作的机构收到之日起即为受理"和第31条"行政复议机关应当自受理申请之日起六十日内作出行政复议决定"的规定,复议机关是否超越了复议法规定的六十日期限,就看复议机关何时受理该申请。如果本案没有相反的证据,二人提出行政复议之日也就意味着行政复议机关负责法制工作的机构收到之日,复

① 王振清:《行政诉讼案例研究》,253~257页,北京,中国法制出版社,2008。

议机关作出复议决定就从该日算起，六十日内就是到 11 月 7 日止，而复议机关于 11 月 11 日才作出行政复议决定，这样算来复议机关就违反了复议法的规定。

（二）行政复议决定的种类

1. 维持决定

维持决定是行政复议机关对行政行为进行审查，认为其认定事实清楚，证据确凿、适用法律规范正确，程序合法，内容适当，从而作出肯定被审查行政行为的合法、合理的维持决定。

2. 履行决定

复议机关经过审查，认定被申请人未履行法律、法规所规定的职责，从而作出责令其在一定期限内履行其法定职责的决定。

3. 变更决定

行政复议机关经过对行政行为的审查，认为该行政行为违法或不当，作出变更原行政行为的决定。变更决定意味着行政复议机关直接对被申请复议的行政行为作出改变，有助于节约时间、提高效率，是行政复议机关对被申请人进行监督的一种重要形态。

4. 撤销决定

撤销决定是指复议机关经过对行政行为的审查，认为行政行为违法或不当，作出否定行政行为的撤销决定。撤销决定可以全部撤销，也可以部分撤销；在作出撤销决定的同时，可以责令被申请人在一定期限内重新作出行政行为。行政复议机关责令被申请人重新作出行政行为的，被申请人不得以同一的事实和理由作出与原行政行为相同或者基本相同的行政行为。

适用撤销决定的情形主要有：(1) 主要事实不清、证据不足；(2) 适用依据错误；(3) 违反法定程序；(4) 超越或者滥用职权；(5) 明显不当。

5. 确认违法决定

确认决定是指复议机关经过审查被申请人的行政行为，认为该行为违法，作出否定行政行为的确认违法决定。与撤销决定一样，复议机关在决定确认该行政行为违法时，可以责令被申请人在一定期限内重新作出行政行为。

6. 驳回申请决定

驳回申请决定是指复议机关经过审查被申请人的行政行为后，作出的驳回申请人申请的决定。适用情形主要有：(1) 申请人认为行政机关不履行法定职责申请行政复议，行政复议机关受理后发现该行政机关没有相应法定职责或者在受理前已经履行了法定职责。(2) 或受理行政复议申请后，发现该行政复议申请不符合行政复议法和本条例规定的受理条件。

7. 赔偿决定

申请人在申请行政复议时可以一并提出行政赔偿请求，行政复议机关对符合国家赔偿法的有关规定应当给予赔偿的，在决定撤销、变更行政行为或者确认行政行为违法时，应当同时决定被申请人依法给予赔偿。申请人在申请行政复议时没有提出行政赔偿请求的，行政复议机关在依法决定撤销或者变更罚款，撤销违法集资、没收财物、征收财物、摊派费用以及对财产的查封、扣押、冻结等行政行为时，应当同时责令被申请人返还财产，解除对财产的查封、扣押、冻结措施，或者赔偿相应的价款。

赔偿决定体现了行政复议中"不告也理"的原则，为了切实保护申请人的合法权益，即便申请人没有提出行政赔偿请求，行政复议机关对特殊类型的行政行为作出相应决定时，也责令被申请人返还财产，并进行相应的赔偿。

8. 对其他规范性文件的处理决定

申请人在申请行政复议时，一并提出对行政行为所依据的国务院部门规定、县级以上地方各级人民政府及其工作部门规定、乡、镇人民政府规定的审查申请的，行政复议机关对该规定有权处理的，应当在30日内依法处理；无权处理的，应当在7日内按照法定程序转送有权处理的行政机关依法处理，有权处理的行政机关应当在60日内依法处理。处理期间，中止对行政行为的审查。

表8-3　对其他规范性文件的处理

	依申请审查（复议决定前可提出）	依职权审查
复议机关有权处理	30日内依法处理	
复议机关无权处理	① 7日内转送有权处理的行政机关 ② 接受机关60日内依法处理	7日内转送有权处理的国家机关
附带审查期间，中止审查行政行为		

案例8-5

刘某对市辖区土地局依据省国土资源厅的规定作出的一项行政处理决定不服提起行政复议，同时要求审查该规定的合法性。

【问题】

（1）本案的行政复议机关是谁？

（2）本案谁有权对省国土资源厅的规定进行处理？

【评析】

（1）本案的行政复议机关是市土地局或者区政府。

（2）本案有权对省国土资源厅的规定进行处理的是省国土资源厅、省政府和国土资源部。

9. 调解结案

调解是我国民事纠纷解决的重要方法。由于行政权是公权力，不具有可处分性，调解一直被排除在解决行政争议之外。但是，在实践中调解被广泛运用并且取得了良好的实际效果。在一些比较重视运用调解手段解决行政争议的地方，近年来通过调解达成和解的行政复议案件一般能够占到行政复议案件数量的两三成。正是基于实践的总结，调解最终成为了一种法定的行政复议决定方式。

行政复议机关可以按照自愿、合法的原则进行调解。调解主要针对以下争议作出：一是公民、法人或者其他组织对行政机关行使法律、法规规定的自由裁量权作出的行政行为不服申请行政复议的；二是当事人之间的行政赔偿或者行政补偿纠纷。当事人经调解达成协议的，行政复议机关应当制作行政复议调解书。调解书应当载明行政复议请求、事实、理由和调解结果，并加盖行政复议机关印章。行政复议调解书经双方当事人签字，即具有法律效力。调解未达成协议或者调解书生效前一方反悔的，行政复议机关应当及时作出行政复议决定。

（三）行政复议决定书的内容

行政复议决定书的内容包括：申请人的姓名、性别、年龄职业、住址；被申请人的名称、地址、法定代表人、职务；申请行政复议的主要请求和理由；行政复议机关认定的事实、理由，适用的法律、法规、规章和具有普遍约束力的决定、命令；行政复议结论；不服行政复议机关向人民法院起诉的期限，或者终局的行政复议决定，当事人履行的期限；作出行政复议决定的年月日；行政复议机关的法定代表人署名，加盖行政复议机关的印章。

（四）行政复议不得加重制裁制度

行政复议机关在申请人的行政复议请求范围内，不得作出对申请人更为不利的行政复议决定。行政复议是法律赋予公民、法人及其他组织的一项救济权利，申请人不能因为行使这项权利而获得在法律上更为不利的地位。这与刑诉中“上诉不加刑”的原则有着相似的道理。

（五）行政复议意见书、建议书

行政复议期间行政复议机关发现被申请人或者其他下级行政机关的相关行政行为违法或者需要做好善后工作的，可以制作行政复议意见书。有关机关应当自收到行政复议意见书之日起60日内将纠正相关行政违法行为或者做好善后工作的情况通报行政复议机关。行政复议期间行政复议机关发现法律、法规、规章实施中带有普遍性的问题,可以制作行政复议建议书,向有关机关提出完善制度和改进行政执法的建议。

表 8-4　行政复议的结果

<table>
<tr><td rowspan="8">复议决定</td><td>① 维持</td><td colspan="2"></td></tr>
<tr><td>② 履行</td><td colspan="2"></td></tr>
<tr><td>③ 变更</td><td colspan="2">(无种类限制;复议不利变更禁止原则;适用于除程序违法之外,被申请人作为违法的其他情形)</td></tr>
<tr><td>④ 撤销</td><td>(不依法提交材料)</td><td rowspan="2">重新作出行为(60 日)</td></tr>
<tr><td>⑤ 确认违法</td><td></td></tr>
<tr><td rowspan="2">⑥ 驳回申请(上级认为不应驳回的,应责令恢复审理)</td><td colspan="2">不履行,实则无履行义务或受理前已履行</td></tr>
<tr><td colspan="2">已受理,但实则不应受理</td></tr>
<tr><td>⑦ 赔偿</td><td colspan="2">A. 依申请提起:申请复议时一并提起;
B. 依职权提起:申请人未提起,复议机关在依法决定撤销或者变更罚款、撤销违法集资、没收财物、征收财物、摊派费用以及对财产的查封、扣押、冻结等行政行为时,应当同时责令被申请人返还财产、解除对财产的查封、扣押、冻结措施,或者赔偿相应的价款</td></tr>
<tr><td>复议意见书</td><td colspan="2">被申请人或其他下级违法,或需要做好善后工作</td><td>60 日内答复</td></tr>
<tr><td>复议建议书</td><td colspan="3">法律法规规章实施的普遍问题</td></tr>
</table>

二、行政复议决定的执行

被申请人应当履行行政复议决定。被申请人不履行或者无正当理由拖延履行行政复议决定的,行政复议机关或者有关上级行政机关应当责令其限期履行。

申请人逾期不起诉又不履行行政复议决定的,或者不履行最终裁决的行政复议决定的,按照下列规定分别处理:

1. 维持行政行为的行政复议决定,由作出行政行为的行政机关依法强制执行,或者申请人民法院强制执行;

2. 变更行政行为的行政复议决定,由行政复议机关依法强制执行,或者申请人民法院强制执行。

表 8-5　行政复议程序

申　　请	知道行政行为之日起 60 日内,法律规定超过 60 日的除外
↓	
受理(5 日)	→　无正当理由不予受理的,由上级机关责令其受理或直接受理
↓	
审　　查 (书面原则)	可以撤回申请,但撤回后不得以同一事实和理由再次申请复议,但能够证明撤回申请违背真实意思表示的除外
↓	
决　　定	自受理之日起 60 日内作出决定,法律规定少于 60 日的除外,经复议机关负责人批准,最多延 30 日
↓	
执　　行	① 被申请人不履行义务:复议机关或者有关上级行政机关应当责令其限期履行 ② 申请人不履行义务:A 维持复议决定的,由作出行政行为的行政机关依法强制执行,或者申请人民法院强制执行;B 变更行政行为的复议决定,由行政复议机关依法强制执行,或者申请人民法院强制执行

【课后练习】

一、单选题

1. 可以申请行政复议的事项是(　　)。

A. 内部行为　　B. 国家行为
C. 行政调解　　D. 行政裁决

2. 行政复议期间行政行为不停止执行的情形是(　　)。

A. 被申请人认为需要停止执行的　　B. 申请人认为需要停止执行的
C. 复议机关认为需要停止执行的　　D. 法律规定停止执行的

3. 一般来说,公民、法人或者其他组织认为行政行为侵犯其合法权益的,可以自知道该行政行为之日起(　　)日内提出行政复议申请。

A. 15　　B. 30
C. 60　　D. 90

4. 对国务院部门的行政行为不服的,向作出该行政行为的国务院部门申请行政复议。对行政复议决定不服的,可以向人民法院提起行政诉讼;也可以向(　　)申请裁决。

A. 该国务院部门　　B. 国务院
C. 全国人大　　D. 全国人大常委会

5．有权申请行政复议的公民死亡的，其(　　)可以申请行政复议。

A．继承人　　B．被赡养人

C．近亲属　　D．债权人

二、多项选择题

1．某市交通管理局发布文件，规定对高速公路过往车辆征收过路费。徐某驾车路过被征收，认为属于乱收费，欲提起复议申请。下列选项中正确的是(　　)。

A．徐某可以直接对该征收行为提起行政复议

B．徐某可以直接对该规范文件提起行政复议

C．徐某可以在申请复议征收行为时要求审查该规范性文件

D．徐某不必经过复议，可以直接向人民法院提起行政诉讼

2．某村瓜农赵某拉一车瓜到县城出卖，遇到一伙人哄抢，其子急忙到城关派出所报案。时值中午，值班民警以不能离开为由推脱，未采取任何措施，致使瓜被抢。赵某申请复议。复议机关不能作出什么复议决定？(　　)

A．维持决定　　B．撤销决定

C．责令被申请人履行职责决定　　D．确认派出所行为违法决定

3．按照行政复议法的规定，行政复议机关对复议案件的审理可以采取下列哪几种方式进行？(　　)

A．根据当事人提供的书面材料进行书面审查

B．将当事人传唤到庭开庭审理

C．在当事人之间进行调解

D．复议机关认为必要的，可以调查和听取意见

4．对下列哪些情形，行政复议机关可以进行调解？(　　)

A．市政府征用某村土地，该村居民认为补偿数额过低申请复议

B．某企业对税务机关所确定的税率及税额不服申请复议

C．公安机关以张某非法种植罂粟为由对其处以拘留10日并处1000元罚款，张某申请复议

D．沈某对建设部门违法拆除其房屋的赔偿决定不服申请复议

5．行政复议机关的工作机构的法定职责包括(　　)。

A．应诉　　B．作出复议决定

C．受理行政复议申请　　D．向有关组织和人员调查取证

6．下列哪些情形，公民、法人或者其他组织可以依法申请行政复议？(　　)

A．对行政强制措施的决定不服的　　B．对行政许可决定不服的

C．对记大过的行政处分决定不服的　　D．对行政确认决定不服的

7．公民、法人或者其他组织认为行政机关的行政行为所依据的(　　)不合法，

在对行政行为申请行政复议时，可以一并向行政复议机关提出对其的审查申请。

A．国务院部门的规定

B．国务院部门的规章

C．县级以上地方各级人民政府及其工作部门的规定

D．乡、镇人民政府的规定

8．国务院某部对一企业作出罚款 50 万元的处罚。该企业不服，向该部申请行政复议。下列哪些说法是不正确的？（　　）

A．在行政复议中，不应对罚款决定的适当性进行审查

B．企业委托代理人参加行政复议的，可以口头委托

C．如在复议过程中企业撤回复议的，即不得再以同一事实和理由提出复议申请

D．如企业对复议决定不服向国务院申请裁决，企业对国务院的裁决不服向人民法院起诉的，人民法院不予受理

9．甲市乙区公安分局所辖派出所以李某制造噪声干扰他人正常生活为由，处以 500 元罚款。李某不服申请复议。下列哪些机关可以成为本案的复议机关？（　　）

A．乙区公安分局　　B．乙区政府

C．甲市公安局　　D．甲市政府

三、案例分析题

2002 年年底，付某按照县国税局要求缴纳税款 12 万元。2008 年年初，付某发现多缴税款 2 万元。同年 7 月 5 日，付某向县国税局提出退税书面申请。7 月 13 日，县国税局向付某送达不予退税决定。付某在复议机关维持县国税局决定后向人民法院起诉。

请问：

1．本案的复议机关是谁？

2．复议机关应在什么时候作出复议决定？

3．是否适用《税收征收管理法》中“纳税人自结算缴纳税款之日起三年内发现的，可以向税务机关要求退还多缴的税款”的规定，是本案审理的焦点之一吗？

【拓展实训】

实训项目名称：行政复议实效调查。

实训目标：以社会调查的方式，激发学生的学习兴趣和研究兴趣，使学生切实了解行政复议实际运作的效果，从感性认识到理性分析，从书本知识到实践阅历，从而真正认识、了解并深入理解行政复议制度。

实训具体步骤：

（1）把学生分成若干小组，分区域去了解行政复议的实际运作效果，撰写调查总结。

（2）将各小组的社会调查总结汇总，提炼，总结和归纳。

（3）仍然以小组为单位，逐一对行政复议的实际运作效果进行分析。

（4）针对问题，分析问题的原因，提出完善的意见和建议。

（5）和相关的行政复议机关进行沟通，将意见和建议反馈给复议机关，以推进实践中的进步与改革。

【练习答案】

一、单项选择题

1. D　2. B　3. C　4. B　5. C

二、多项选择题

1. ACD　2. ABC　3. ABCD　4. ACD　5. ACD　6. ABD　7. ACD　8. ABC　9. AB

三、案例分析题

1. 本案的复议机关是市国税局。

2. 复议机关应在受理之日起60日内作出复议决定。

3. 是。因为该规定是被申请人作出行政行为的法律依据，是本案的焦点问题。

第九章　行政诉讼

【事例回放】

2013年7月11日，浙江律师吴有水向广东省卫计委申请公开2012年度广东社会抚养费征收及使用情况。广东卫计委7月31日作出《政府信息不予公开告知书》，称上述信息是“内部事项管理”，决定不予公开。吴有水认为该告知书违反政府信息公开条例，于是将广东省卫计委告上法庭，请求判令对方公开2012年度广东省社会抚养费的征收总额、预算情况、实际开支情况以及社会抚养费使用情况的审计报告。2014年3月，广州中院作出一审判决，撤销广东省卫计委去年7月31日作出的《不予公开告知书》，并责令在判决发生法律效力之日起15个工作日内，对吴有水的政府信息公开申请重新作出处理。①

【问题】

申请政府信息公开的案件是否属于人民法院的受案范围？

【评析】

虽然行政诉讼法没有明确将申请政府信息公开的诉讼纳入人民法院受案范围，但其第11条规定“人民法院受理法律、法规规定可以提起诉讼的其他行政案件”。

---

① 《拒公开抚养费 粤卫计委败诉》，载《新京报》，2014-04-02。

又根据《政府信息公开条例》第33条第2款的规定,"公民、法人或者其他组织认为行政机关在政府信息公开工作中的行政行为侵犯其合法权益的,可以依法申请行政复议或者提起行政诉讼"。因此,申请政府信息公开的案件属于人民法院的受案范围。

【重点知识】

第一节 行政诉讼制度概述

一、行政诉讼和行政诉讼法

(一)行政诉讼的概念

行政诉讼是人民法院应行政相对人的请求,依照法定程序对被诉的行政行为进行合法性审查,解决特定范围内的行政争议并作出裁判的活动,俗称"民告官"。在我国,行政诉讼与刑事诉讼、民事诉讼并称为三大诉讼,是国家诉讼制度的基本形式之一。

(二)行政诉讼的特征

1. 行政诉讼是人民法院实施的司法活动

行政诉讼专指人民法院动用诉讼程序解决行政争议的司法活动。一方面解决行政争议的方式和途径不止司法一种,有行政复议机关的复议活动,也有行政申诉处理活动,还有权力机关的监督处理活动。根据我国宪法规定,各级人民法院是国家的审判机关,人民法院是通过审判方式解决行政争议的唯一机关。另一方面,这种司法活动必须由人民法院主持,当事人各方参加,采用开庭举证、质证、辩论、陈述和人民法院裁判等诉讼形式解决行政争议。因此,只有人民法院解决行政争议的司法活动才能称之为行政诉讼。

2. 行政诉讼的原告恒定

行政诉讼的原告恒定为作为行政相对人的公民、法人或者其他组织。作为行政管理相对一方的公民、法人或者其他组织有义务服从行政管理,不得直接与行政机关相对抗,这是保障行政机关实施管理、行使权力、维护社会秩序和公共利益的重要前提。如果公民、法人或者其他组织认为行政机关的行政行为侵犯其权益,可以通过行政复议或行政诉讼等方式寻求救济,请求人民法院审查行政行为的合法性并作出裁判。

3. 行政诉讼的被告恒定

行政诉讼的被告恒定为作为行政主体的行政机关和法律、法规授权的组织。当行政机关与法律、法规授权的组织不是作为行政主体,而是作为管理相对人时,也可以成为行政诉讼原告。在我国,行政机关享有法律赋予的命令权、强制权等,行政机关完全可通过自身享有的这些权力迫使当事人服从行政命令,履行行政义务,行政机关无须通过向人民法院起诉的方式达到行政目标。

4. 行政诉讼当事人的诉讼权利义务具有特殊性

行政诉讼原告享有起诉权、撤诉权，而被告不享有起诉权和反诉权，同时对行政行为合法性承担举证责任。

5. 行政诉讼解决特定范围内的行政争议

行政争议是行政机关行使职权实施公务活动时引发的纠纷。此类争议形式多样、种类繁多，既有行政机关与行政机关之间、行政机关与公务人员之间的内部争议，也有行政机关与公民、法人或者其他组织之间的外部争议；既有行政机关实施法律行为引起的争议，也有行政机关实施事实行为引起的争议。并非所有的行政争议都能够通过人民法院的诉讼活动得到解决，人民法院解决的行政争议是特定范围内的争议。

（三）行政诉讼法

行政诉讼法是为了规范和保障人民法院能够正确、及时地审理行政案件，监督行政机关依法行使行政职权，保障公民、法人和其他组织合法权益，根据宪法的规定制定的一部程序性法律。行政诉讼法是人民法院审理行政案件和行政诉讼参加人进行诉讼活动必须遵守的法律规范的总称。

1982 年颁布的《民事诉讼法》首次使人民法院对行政案件的审理得以具体化和制度化，该法第 3 条第 2 款规定："法律规定由人民法院审理的行政案件，适用本法规定"，自此开始了行政诉讼制度创建的历程。在适用民事诉讼程序审理裁判行政案件 7 年之后，1989 年 4 月 4 日第七届全国人民代表大会第二次会议又制定通过了专门的《行政诉讼法》，该法于 1990 年 10 月 1 日生效施行，由此标志着独立的行政诉讼制度得以全面建立。

2014 年 10 月，全国人大常委会对《行政诉讼法》进行了重大修改，这是该法实施 24 年来的首次大修，修改后的行政诉讼法于 2015 年 5 月 1 日起施行。此次修改主要从保障当事人的诉讼权利、完善管辖制度、诉讼参加人制度等方面进行了完善。

二、行政诉讼的基本原则

（一）基本原则的概念

基本原则是指由宪法和法律规定的，反映行政诉讼基本特点、一般规律与精神实质，贯穿于行政诉讼整个过程或主要阶段，对行政诉讼活动具有普遍指导意义的基本行为准则。

行政诉讼的基本原则可以分为两类，一类是民事诉讼、行政诉讼和刑事诉讼共同遵循的原则；另一类是行政诉讼特有的原则。

（二）诉讼制度共有的原则

1. 人民法院依法独立行使行政审判权原则

人民法院依法独立行使审判权，是我国宪法规定的一项重要原则，行政诉讼也必须遵循。《行政诉讼法》规定，人民法院依法对行政案件独立行使审判权，不受行政机关、社会团体和个人的干涉；行政机关及其工作人员不得干预、阻碍人民法院受理行政案件；被诉行政机关负责人应当出庭应诉。

2. 以事实为根据、以法律为准绳原则

人民法院审理行政案件应当查明案件事实，准确适用法律，对行政行为合法性进行判断。

3. 当事人的法律地位平等原则

在行政诉讼中，行政机关与公民、法人或者其他组织一样都是行政诉讼的当事人，诉讼地位平等。人民法院应当保障当事人平等地享有参与行政诉讼的机会，防止行政机关给公民、法人或者其他组织施加压力，同时也应当防止原告滥诉，无理纠缠。人民法院作出裁判时应当同等情况同等对待，对当事人在适用法律上一律平等，不能因人而异。

4. 使用民族语言文字原则

当事人有权用本民族语言、文字进行行政诉讼。人民法院应当用当地民族通用的语言、文字进行审理和发布法律文书。人民法院应当为不通晓当地民族通用语言、文字的诉讼参与人提供翻译。

5. 当事人有权辩论原则

《行政诉讼法》第 10 条规定："当事人在行政诉讼中有权进行辩论。"所谓辩论，是指当事人在审判人员的主持下，就案件的事实和法律问题各自陈述主张和意见，互相反驳，进一步辨明真伪和是非。当事人有权辩论的原则是我国行政诉讼民主性的体现和诉讼公正的要求。

6. 检察监督原则

《行政诉讼法》第 11 条规定："人民检察院有权对行政诉讼实行法律监督。"检察院对行政诉讼实行法律监督，是为了保障行政诉讼活动依法进行。在目前我国司法体制不尽完善的情况下，强调这一原则具有更重要的意义。

（三）行政诉讼特有的原则

1. 保障行政相对人起诉权利原则

《行政诉讼法》第 3 条规定："人民法院应当保障公民、法人和其他组织的起诉权利，对应当受理的行政案件依法受理。行政机关及其工作人员不得干预、阻碍人民法院受理行政案件。"行政案件由于行政机关的干扰出现立案难的现象在实践中时有发生。为保障公民、法人和其他组织的起诉权利，修订后的行政诉讼法一方面规定了人民法院依法受理相对人起诉的义务；另一方面，为排除行政机关的干扰，增加了行政机关不得干预人民法院受理行政案件的禁止性规定。

2. 对行政行为合法性审查原则

《行政诉讼法》第 6 条规定："人民法院审理行政案件，对行政行为是否合法进行审查。”与刑事诉讼和民事诉讼相比，行政行为合法性审查原则是行政诉讼独特的原则。从客体来看，人民法院只审查行政行为，不审查行政立法行为和行政诉讼原告的行为。从内容来看，人民法院以审查行政行为的合法性为原则，以审查行政行为的合理性为例外。

3. 由被告承担举证责任原则

由被告承担举证责任原则，是指作为行政诉讼被告的行政机关在行政诉讼中，对其实施的行政行为负有向人民法院提交事实证据和法律法规等规范性文件依据的责任，对被诉行政行为的事实依据和法律法规依据如不进行举证以及举证不充足，则可能承担败诉的法律后果。

4. 行政行为不因诉讼而停止执行原则

《行政诉讼法》第 56 条规定“诉讼期间，不停止行政行为的执行”。这是与民事诉讼相区别的重要原则。即使相对人认为行政行为违法并向人民法院起诉，要求撤销或者改变违法行政行为，但在人民法院代表国家依据有关法律、法规作出生效判决之前，行政行为仍然被推定为合法有效，也就要求得到执行。

与此同时，《行政诉讼法》也规定了在某些特殊情况下，行政行为在诉讼过程中应当停止执行。这是不停止执行的例外。

5. 不适用调解原则

人民法院审理行政案件过程中，以不得调解为原则，以调解为例外。行政诉讼之所以不能适用调解，其根本原因在于，行政机关作出行政行为，是其行使法定职权的表现，而对于这种法定职权，行政机关不得放弃或者让步，否则即构成失职。与此同时，《行政诉讼法》规定：“行政赔偿、补偿以及行政机关行使法律、法规规定的自由裁量权的案件可以调解。”这是适用调解的例外。

三、行政诉讼的基本制度

合议、回避、公开审判和两审终审制度存在于三大诉讼法之中，又被称为诉讼的基本制度。《行政诉讼法》第 7 条规定，“人民法院审理行政案件，依法实行合议、回避、公开审判和两审终审制度。”

（一）合议制度

合议制度是指人民法院对行政案件的审理，由审判员或审判员与陪审员依照法定人数和组织形式组成合议庭进行。《行政诉讼法》第 7 条规定了该制度，并在第 68 条进一步明确，即“人民法院审理行政案件，由审判员组成合议庭，或者由审判员、陪审员组成合议庭。合议庭的成员，应当是三人以上的单数”。一般来讲，行政案件技术性、知识性较强，而且行政诉讼的当事人一方为行政机关，采用合议制有利于行政案件的公正解决。这一制度的例外是，对于事实清楚、权利义务关系明确、争议不大的行政案件,采取由审判员一人独任审理。

(二)回避制度

在行政诉讼中,回避制度是指承办行政案件的审判人员和其他有关人员遇有法律规定应当回避的情形时,应当经过法定程序退出行政诉讼活动。回避适用于审判人员、书记员、勘验人、鉴定人和翻译人员等。根据《行政诉讼法》第55条的规定,回避的条件是审判人员或其他有关人员与本案有利害关系或者有其他关系可能影响公正审判。回避分为申请回避和自行回避两种。

(三)公开审判制度

公开审判是我国宪法确定的一项基本制度。在行政诉讼中,公开审判是指人民法院审理行政案件,除法律规定的特殊情况外,一律公开进行。《行政诉讼法》第54条规定,“人民法院公开审理行政案件,但涉及国家秘密、个人隐私和法律另有规定的除外。涉及商业秘密的案件,当事人申请不公开审理的,可以不公开审理。”公开审判制度包括审判过程公开和审判结果公开。

(四)两审终审制度

在行政诉讼中,两审终审是指行政案件经过两级人民法院的审理即告终结。按照这一制度,当事人对第一审行政判决、裁定不服的,可以向上一级人民法院提起上诉,启动第二审程序。第二审人民法院的判决、裁定是终局判决、裁定,对此,当事人不得再提起上诉。另外,最高人民法院是国家最高审判机关,其作出的一审判决、裁定,当事人不得上诉。

第二节　行政诉讼的受案范围

行政诉讼的受案范围,也被称为“司法审查的范围”,是指哪些行政行为应该接受人民法院的审查,即人民法院对哪些行政案件拥有审判权。我国《行政诉讼法》从人民法院的受案范围和排除范围两个方面作出了规定。

一、应予受理的案件

根据《行政诉讼法》第12条的规定,人民法院应当予以受理的行政案件有以下种类:

(一)行政处罚案件

行政处罚是指行政主体依照法定权限和程序对实施了违法行为但尚未构成犯罪的公民、法人或者其他组织,通过限制或剥夺其人身、财产、名誉等权利的方法予以惩戒的行为。《行政诉讼法》第 12 条第 1 项规定，“对行政拘留、暂扣或者吊销许可证和执照、责令停产停业、没收违法所得、没收非法财物、罚款、警告等行政处罚不服的”，属于人民法院的受案范围。

（二）行政强制案件

行政强制措施和行政强制执行是行政机关为了实现特定的行政管理目的，直接使用强制力限制公民人身权或者财产权的措施，以及非诉的行政强制执行案件。《行政诉讼法》第 12 条第 2 项规定，“对限制人身自由或者对财产的查封、扣押、冻结等行政强制措施和行政强制执行”的案件属于人民法院受案范围。

（三）行政许可案件

行政许可是指行政机关根据公民、法人或者其他组织的申请，经依法审查，准予其从事特定活动的行为。《行政诉讼法》第 12 条第 3 项规定了可以提起诉讼的行政许可案件。即“申请行政许可，行政机关拒绝或者在法定期限内不予答复，或者对行政机关作出的有关行政许可的其他决定不服的”，属于人民法院的受案范围。

这里要注意，认定行政许可的标准是内在特征而不是名称。行政许可涉及公安、卫生、土地、城建和开采等各行各业，立法分散，名称不统一，如登记、批准、同意、执照、许可、检验、准许、特许、注册、备案、审核、检定等。因此，在认定行政机关的一个行为是否属于行政许可时，应当着眼其内容和实质特征，而不是名称。

（四）行政确权案件

行政确权实质是行政裁决，行政主体针对平等主体之间，因涉及与行政管理有关的某一不动产的所有权或使用权归属发生争议，由该行政主体作出一个确定性的裁决。当事人如果对此裁决不服，可以提起诉讼。《行政诉法法》第 12 条第 4 项规定，“对行政机关作出的关于确认土地、矿藏、水流、森林、山岭、草原、荒地、滩涂、海域等自然资源的所有权或者使用权的决定不服的”，属于人民法院的受案范围。

（五）征收征用及补偿案件

《宪法》第 12 条第 3 款规定：“国家为了公共利益的需要，可以依照法律规定对公民的私有财产实行征收或者征用并给予补偿。”《行政诉讼法》第 12 条第 5 项规定，“对征收、征用决定及其补偿决定不服的”，属于人民法院的受案范围。本类案件实际包括两种，一种是对征收、征用决定不服的；另一种是对征收、征用补偿决定不服。

（六）不履行法定职责案件

公民认为行政机关拒不履行保护人身权、财产权法定职责而引起的行政案件。《行政诉讼法》第 12 条第 6 项规定，“申请行政机关履行保护人身权、财产权等合法权益的法定职责，行政机关拒绝履行或者不予答复的”，属于人民法院的受案范围。

（七）侵犯经营自主权案件

经营自主权是市场主体依法享有的自主调配和使用其人力、财产和物力的权利。

在市场经济体制下，经营自主权是保持自身的独立性、参与市场竞争、获取经济利益的必要条件。《行政诉讼法》第 12 条第 7 项规定，"认为行政机关侵犯其经营自主权或者农村土地承包经营权、农村土地经营权的"，属于人民法院的受案范围。

（八）政府排除或限制竞争案件

排除或限制竞争行为是指妨碍甚至完全阻止、排除市场主体进行竞争的协议和行为。《行政诉讼法》第 12 条第 8 项规定，"认为行政机关滥用行政权力排除或者限制竞争的"，属于人民法院受案范围。

1993 年颁布的《反不正当竞争法》已经提出了制止行政性限制竞争行为。该法第 7 条规定，政府及其所属部门不得利用行政权力，限制他人购买其指定的经营者的商品，限制其他经营者正当的经营活动；也不得利用行政权力，限制外地商品进入本地市场，或本地商品流向外地市场。2007 年颁布的《反垄断法》详细列举了滥用行政权力排除、限制竞争的表现：(1)强制交易；(2)妨碍商品自由流通；(3)限制跨地区招投标活动；(4)排斥或限制外地经营者的投资活动；(5)强制经营者从事违法的垄断行为；(6)制定含有排除、限制竞争内容的规定。

（九）违法要求履行义务案件

设定义务是行政机关进行行政管理的基本方式，但义务的设定必须有法律依据。行政机关的性质是执行机关，只能具体执行、落实法律已规定的权利义务内容，它不能任意创造要求公民、法人或其他组织履行的义务内容。因此，行政机关在行政管理过程中要求公民、法人或者其他组织履行的义务，都必须有法律的明文规定，否则便是违法要求履行义务。《行政诉讼法》第 12 条第 9 项规定，"认为行政机关违法集资、摊派费用或者违法要求履行其他义务的"，属于人民法院受案范围。

要求违法履行义务主要表现为如下三种情况：一是法律、法规没有设定义务，而行政机关随意要求履行义务的；二是法律、法规设定了一定的义务，但是行政机关任意增加义务的范围和数量的；三是行政机关要求履行义务时程序违法，如收费不出具法定的收据等。

（十）行政给付不作为案件

社会主义法治国家强调给付行政，要求行政机关积极地履行给付职能，满足公民的生存需求。如果行政机关不按法律规定来满足公民的基本的生存需要，自然可以通过诉讼途径加以解决。《行政诉讼法》第 12 条第 10 项规定，"认为行政机关没有依法支付抚恤金、最低生活保障待遇或者社会保险待遇的"，属于人民法院受案范围。该款主要列举了三类行政给付案件。

1. 抚恤金

行政机关未依法发给抚恤金的行为通常表现为：(1)不按法定标准发放抚恤金；(2)扣减抚恤金；(3)不按期限发放抚恤金。

2. 最低生活保障待遇

最低生活保障是指国家对家庭人均收入低于当地政府公告的最低生活标准的人口给予一定现金资助，以保证该家庭成员基本生活所需的社会保障制度。行政机关未依法给付最低生活保障资助的，公民有权提起诉讼进行救济。

3. 社会保险待遇

国家建立基本养老保险、基本医疗保险、工伤保险、失业保险、生育保险等社会保险制度，保障公民在年老、疾病、工伤、失业、生育等情况下依法从国家和社会获得物质帮助的权利。如果行政机关不依法予以给付的，公民有权提起诉讼进行救济。

（十一）履行行政合同案件

行政合同，也称为行政契约，是指行政主体与相对人之间为执行公共事务，实现行政管理目标，适用行政法规则，依双方意思表示一致，设立相互权利和义务的协议。[1]《行政诉讼法》第 12 条第 11 项规定，“认为行政机关不依法履行、未按照约定履行或者违法变更、解除政府特许经营协议、土地房屋征收补偿协议等协议的”，属于人民法院的受案范围。

（十二）其他侵犯人身权、财产权案件

《行政诉讼法》第 12 条第 12 项“认为行政机关侵犯其他人身权、财产权等合法权益的”行政案件，是对上述 11 类案件之外的其他涉及人身权、财产权的行政行为引起的行政案件的概括，在立法技术上是对列举性规定的衔接和补充。从学界通说来看，这类行政案件包括以下几类。

1. 其他行政裁决案件

《行政诉法法》第 12 条第 4 项规定将行政机关对权属纠纷的行政裁决纳入受案范围，相应的，其他类型的行政裁决案件也应属于受案范围。比如说，人身侵权赔偿裁决等案件。

2. 行政确认案件

行政确认是指行政机关对特定的法律事实、法律关系或者法律状态作出具有法律效力认定并且予以证明的行政行为。包括：(1)身份确认。如收养登记、身份证姓名确认；(2)法律关系确认。如婚姻登记；(3)法律事实确认。如自然保护区、文物保护单位确认；(4)资格确认。如学历证明、学位证书、学历证书等。相对人对以上行为不服，可以提起行政诉讼。

3. 行政检查案件

行政检查又称为行政调查，是指行政主体依法定职权，对相对人遵守法律、法规、规章和执行行政命令、决定的情况进行检查、了解和监督的行政行为。在检查过程

---

① 莫于川：《行政法与行政诉讼法》，209 页，北京，中国人民大学出版社，2012。

中，行政机关可以采取进入场所、调阅账表、扣押、查封、登记保存等多种手段。在这些措施侵害公民合法权益时，公民可以提起行政起诉。

（十三）法律、法规规定的其他行政案件

《行政诉讼法》第12条第1款对属于受案范围的案件作了列举规定之后，第2款进而规定："除前款规定外，人民法院受理法律、法规规定可以提起诉讼的其他行政案件"。根据该款规定，凡因行政机关行政活动涉及公民合法权益而形成的行政争议案件，即使行政诉讼法未做列举，只要其他法律、法规规定可以提起行政诉讼，也都属于行政诉讼的受案范围，人民法院都应予以受理。如《政府信息公开条例》第33条第2款规定："公民、法人或者其他组织认为行政机关在政府信息公开工作中的行政行为侵犯其合法权益的，可以依法申请行政复议或者提起行政诉讼。"

（十四）一并提出规范性文件的审查请求

公民、法人或者其他组织认为行政行为所依据的国务院部门和地方人民政府及其部门制定的规范性文件不合法，在对行政行为提起诉讼时，可以一并请求对该规范性文件进行审查。

案例 9-1

2013年10月，河北省交通运输厅、物价局和财政厅联合下发通知，确定自2013年12月1日起，调整全省收费公路车辆通行费车型分类，并对本省客运班车实行通行费优惠政策。客运班车通过办理高速公路ETC卡或者月票，按照计费额的50%给予优惠。2013年10月30日，交通运输厅下发通知进一步明确规定，优惠政策"只适用于本省经道路运输管理机构批准，有固定运营线路的客运班线车辆"。

对此，发展和改革委员会根据举报，依法对河北省交通运输厅、物价局、财政厅违反《反垄断法》相关规定，对本省客运班车实行通行费优惠政策，滥用行政权力排除、限制相关市场竞争的案件进行了调查，并建议河北省人民政府纠正相关部门滥用行政权力排除限制竞争行为。

河北省有关部门对本省客运班车实行通行费优惠政策，其实质是对本省客运班车经营者按照通行费额给予经济补偿，使河北省客运班车经营者的通行费成本大幅低于其他省份相关经营者，导致外省经营者处于不利的竞争地位。故发展和改革委员会向河北省有关部门发出以上执法建议函。[①]

【问题】

1. 本案如果提起诉讼原告可能是哪些主体？

2. 原告提起诉讼时，能否将"河北省交通运输厅、物价局和财政厅的通知"列为

① 《发改委建议河北纠正"通行费半价"政策》，载《新京报》2014年09月27日A16。

申请人民法院审查的对象？

【评析】

1. 原告可能是外省客运班车的经营者。

2. 可以。这个通知属于河北省政府所属的工作部门制定的歧视性规定，依据《行政诉讼法》第53条第1款的规定，“公民、法人或者其他组织认为行政行为所依据的国务院部门和地方人民政府及其部门制定的规范性文件不合法，在对行政行为提起诉讼时，可以一并请求对该规范性文件进行审查”。

二、不予受理的案件

《行政诉讼法》第13条以列举方式，规定了人民法院不予受理的案件范围。“人民法院不受理公民、法人或者其他组织对下列事项提起的诉讼：(一)国防、外交等国家行为；(二)行政法规、规章或者行政机关制定、发布的具有普遍约束力的决定、命令；(三)行政机关对行政机关工作人员的奖惩、任免等决定；(四)法律规定由行政机关最终裁决的行政行为。”

（一）国家行为

国家行为是指国务院、中央军事委员会、国防部、外交部等根据宪法和法律的授权，以国家的名义实施的有关国防和外交事务的行为，以及经宪法和法律授权的国家机关宣布紧急状态、实施戒严和总动员等行为。

（二）行政立法

行政立法是指行政机关制定行政法规和行政规章的行为。具体包括：(1)国务院制定行政法规的行为；(2)国务院各部委制定部门规章的行为；(3)省、自治区、直辖市的人民政府、设区的市和自治州的人民政府、省、自治区人民政府所在地的市、经济特区的市以及经国务院批准的较大的市的人民政府制定地方规章的行为。

行政诉讼法没有将行政立法纳入受案范围的原因是：(1)行政立法可以通过人民代表大会和上级行政机关监督的方式确保其合法性。(2)行政立法行为的对象范围大、不确定，其合法性问题不适合通过诉讼途径解决。

（三）行政机关对其工作人员的奖惩、任免等决定

行政机关对行政机关工作人员的奖惩、任免等决定是行政机关作出的、涉及公务员权利义务的各类决定的统称。除了奖惩、任免决定之外，行政机关的内部人事管理行为还包括行政机关对其工作人员作出的培训、考核、离退休、工资、休假等方面的决定。《最高人民法院关于监察机关作出的开除处分行为是否属于人民法院行政诉讼受案范围的答复》(2000年11月1日)将监察机关作出的开除处分决定也排除在受案范围之外。

（四）法律规定由行政机关最终裁决的行政行为

这里所说的“法律”指限于全国人民代表大会及其常务委员会制定、通过的法

律。事实上,法律确定的由行政机关最终裁决的行政行为非常少。

1. 行政复议法规定的两种由行政机关最终裁决的情形

(1) 国务院作出的最终裁决

《行政复议法》第14条规定:"对国务院部门或者省、自治区、直辖市人民政府的行政行为不服的,向作出该行政行为的国务院部门或者省、自治区、直辖市人民政府申请行政复议。对行政复议决定不服的,可以向人民法院提起行政诉讼;也可以向国务院申请裁决,国务院依照本法的规定作出最终裁决。"换句话说,国务院不能成为行政诉讼的被告。

(2) 省级人民政府作出的最终裁决

《行政复议法》第30第2款规定:"根据国务院或者省、自治区、直辖市人民政府对行政区划的勘定、调整或者征收土地的决定,省、自治区、直辖市人民政府确认土地、矿藏、水流、森林、山岭、草原、荒地、滩涂、海域等自然资源的所有权或者使用权的行政复议决定为最终裁决。"

2. 出入境管理法规定的由行政机关最终裁决的情形

《公民出境入境管理法》第36条规定,"公安机关出入境管理机构作出的不予办理普通签证延期、换发、补发,不予办理外国人停留居留证件、不予延长居留期限的决定为最终决定"。第64条规定,"外国人对依照本法规定对其实施的继续盘问、拘留审查、限制活动范围、遣送出境措施不服的,可以依法申请行政复议,该行政复议决定为最终决定。其他境外人员对依照本法规定对其实施的遣送出境措施不服,申请行政复议的,适用前款规定。"第81条第2款规定,"外国人违反本法规定,情节严重,尚不构成犯罪的,公安部可以处驱逐出境。公安部的处罚决定为最终决定。"

第三节　行政诉讼的管辖

一、行政诉讼管辖概述

(一) 管辖的概念

管辖是指不同级别和不同区域的人民法院之间受理第一审行政案件的权限分工。管辖针对的是人民法院系统内审理案件的权限。行政案件只能由普通人民法院受理,海事人民法院、军事人民法院等专门人民法院,不受理和执行行政案件。

(二) 管辖的种类

1. 级别管辖与地域管辖

级别管辖解决不同审级人民法院之间管辖权的划分,行政诉讼法在规定方式上采用了“列举式”与“概括式”两种。例如，中级人民法院管辖海关处理的案件等属于列举性规定，“重大复杂”标准属于概括式规定。地域管辖解决行政案件由哪个地区的人民法院受理的问题。对此，行政诉讼法采取了“概括式”规定方式。

2. 法定管辖与裁定管辖

法定管辖是指由法律直接确定的管辖。裁定管辖是指在特殊情况下，由人民法院以移送、指定等行为确定的管辖，具体包括指定管辖、管辖权转移和移送管辖三种。

3. 共同管辖与单一管辖

共同管辖是指两个以上人民法院同时对一个案件均有管辖权。单一管辖则是只有一个人民法院有管辖权。

二、级别管辖

（一）基层人民法院的管辖

《行政诉讼法》第14条规定，“基层人民法院管辖第一审行政案件”。据此，除法律规定由上级人民法院管辖的特殊情形之外，行政案件都应由基层人民法院负责管辖。作出这种规定的原因是方便当事人诉讼。

1. 基层人民法院管辖第一审行政案件是硬性规定，基层人民法院没有裁量权。凡不属于其他级别人民法院管辖的案件，基层人民法院必须受理。

2. 该条规定并不排除裁定管辖。在发生基层人民法院因利害关系、管辖权争议等客观原因不能行使管辖权的情况下，共同的上级人民法院可以指定管辖。

（二）中级人民法院的管辖

根据《行政诉讼法》第15条的规定，中级人民法院管辖的第一审行政案件有，“对国务院部门或者县级以上地方人民政府所作的行政行为提起诉讼的案件；海关处理的案件；本辖区内重大、复杂的案件；其他法律规定由中级人民法院管辖的案件。”

1. 对国务院部门、县级以上地方人民政府所作的行政行为提起诉讼的案件

这类案件主要是被告的特殊性，由中级人民法院管辖有助于排除干扰。为此，这类案件又分为两种情况。

（1）对国务院部委作出的行政行为提起诉讼的管辖

由于国务院部委大多在北京市，因此，实际上对国务院部委作出的行政行为提起诉讼的案件，基本由北京市中级人民法院管辖。

（2）被告为县级以上政府

这里需注意：第一，被告须是地方政府而不是政府的职能部门。第二，被告须是县级以上政府，即省、自治区、直辖市政府，县政府，不设区的市政府、市辖区政府，以及县级以上的市政府。第三，被告为县级以上政府的案件均属于中级人民法院管辖的第一审案件,不能附加案件影响重大或基层人民法院不宜审理等条件。

2. 海关处理的案件

海关处理的案件主要是海关处理的纳税案件和海关行政处罚案件。这类案件由中级人民法院管辖的主要原因是:(1)海关的设置与分布多在大中城市,与一般的行政区划不一致。(2)海关的业务与政策水平要求较高,需要高度的统一性,由中级人民法院管辖有助于保证审判质量。

3. 本辖区内重大、复杂的案件

"重大、复杂"的客观条件是:案件所涉及的人数众多,在本辖区内影响较大;案件本身比较复杂,案件在查处方面有相当的困难与干扰;案件在本辖区内有示范作用等。

4. 其他法律规定由中级人民法院管辖的案件

"其他法律规定",应该是全国人大或人大常委会制定的除行政诉讼法之外的法律,这类法律规定必须由中级人民法院管辖的案件。

(三)高级人民法院的管辖

《行政诉讼法》第 16 条规定,"高级人民法院管辖本辖区内重大、复杂的第一审行政案件。"这是对高级人民法院管辖第一审行政案件的规定。这样规定的主要原因:一是高级人民法院的主要任务是审理不服下级人民法院裁判提起的上诉案件和再审案件;二是高级人民法院管辖的案件应当在本区域内具有示范或者重要意义,这是"重大、复杂"一词的本意所在。

(四)最高人民法院的管辖

《行政诉讼法》第 17 条规定,"最高人民法院管辖全国范围内重大、复杂的第一审行政案件。"最高人民法院是全国最高的审判机关,主要任务是运用司法解释权对审判工作中所涉及的法律具体应用问题进行司法解释;审理不服各高级人民法院裁判而提起的上诉案件以及不服地方各级人民法院裁判而提起的再审案件。因此,它所管辖的第一审案件必须是全国范围内的确属重大、复杂的行政案件。迄今为止,最高人民法院尚未审理过由当事人提起的第一审行政案件。

三、地域管辖

(一)一般地域管辖

一般地域管辖适用于没有法定特殊因素的一般行政案件,如果一个案件兼具两种性质,应当优先适用特殊地域管辖规定。《行政诉讼法》第 18 条第 1 款规定,"行政案件由最初作出行政行为的行政机关所在地人民法院管辖。"一般地域管辖采取了"原告就被告"原则。这是为了便利当事人诉讼,便于人民法院通知、调查取证与执行,尊重法规、规章及其他规范性文件效力的区域性和防止滥诉。

（二）特殊地域管辖（单一地域管辖）

行政诉讼法规定的特殊地域管辖有一种情况，即因不动产而提起的诉讼，由不动产所在地的人民法院管辖。《行政诉讼法》第 20 条规定，“因不动产提起的行政诉讼，由不动产所在地人民法院管辖。”不动产所在地人民法院管辖是诉讼管辖制度中的一般规则，主要是为了就近调查，便于人民法院执行。

（三）共同管辖和选择管辖

共同管辖是指两个以上的人民法院对同一个诉讼案件都有合法的管辖权的情况。行政诉讼法规定的共同管辖情况有：第一，经复议的案件。可以由作出原行政行为的行政机关所在地的人民法院管辖，也可以由复议机关所在地的人民法院管辖。第二，对限制人身自由的行政强制措施不服而提起的诉讼，由被告所在地或者原告所在地人民法院管辖。

选择管辖解决的是在共同管辖情形下，如何确定管辖法院的问题。为此，《行政诉讼法》第 21 条规定，“两个以上人民法院都有管辖权的案件，原告可以选择其中一个人民法院提起诉讼。原告向两个以上有管辖权的人民法院提起诉讼的，由最先立案的人民法院管辖。”可见，选择管辖首先由原告选择，其次由最先立案的人民法院管辖。

四、移送管辖、指定管辖和移转管辖

（一）移送管辖

移送管辖，是指受诉人民法院在决定受理之后发现案件不属于自己管辖，将案件移送给有管辖权的人民法院管辖，解决的是同级地域管辖的问题。《行政诉讼法》第 22 条规定，“人民法院发现受理的案件不属于本院管辖的，应当移送有管辖权的人民法院，受移送的人民法院应当受理。受移送的人民法院认为受移送的案件按照规定不属于本院管辖的，应当报请上级人民法院指定管辖，不得再自行移送。”

（二）指定管辖

指定管辖，是指上级人民法院决定将行政案件交由下级人民法院管辖的制度。根据《行政诉讼法》第 23 条的规定，“有管辖权的人民法院由于特殊原因不能行使管辖权的，由上级人民法院指定管辖。人民法院对管辖权发生争议，由争议双方协商解决。协商不成的，报它们的共同上级人民法院指定管辖。”

（三）移转管辖

移转管辖又称为管辖权转移，是指基于上级人民法院的裁定，下级人民法院将自己管辖的行政案件转交上级人民法院审理。《行政诉讼法》第 24 条规定，“上级人民法院有权审理下级人民法院管辖的第一审行政案件。下级人民法院对其管辖的第一审行政案件，认为需要由上级人民法院审理或者指定管辖的，可以报请上级人民法院决定。”

案例 9-2

某行政机关干部张某利用出国考察的机会，从国外带回若干违禁的物品，受到海关罚款 1000 元的行政处罚。其所在单位了解情况后，又给予其撤职的行政处分。张某不服，认为处罚、处分太重，便分别以海关和所在行政机关为被告，向人民法院提起行政诉讼，要求撤销上述处罚和处分。

【问题】

1. 人民法院应否受理张某的起诉？为什么？

2. 人民法院若受理起诉应由何级何地人民法院管辖？为什么？

【评析】

1. 人民法院对张某的起诉应根据《行政诉讼法》关于受案范围的规定，按照不同的情况，予以不同的处理。行政机关对张某的撤职行政处分属于内部行政行为，应不予受理；对海关的行政处罚属于人民法院的受案范围，应予以受理。

2. 根据《行政诉讼法》关于级别管辖的规定，该案件应由作出行政处罚决定的海关所在地的中级人民法院进行第一审管辖。

五、跨区域管辖

跨区域管辖，特指高级人民法院根据审判工作的实际情况，并经最高人民法院批准，在一个省级区域内确定由若干人民法院跨行政区管辖第一审行政案件。《行政诉讼法》第 18 条第 2 款规定，“经最高人民法院批准，高级人民法院可以根据审判工作的实际情况，确定若干人民法院跨行政区域管辖行政案件。”这是一种不同于其他管辖的特殊管辖，是由法律创设的跨区域管辖，也是有待实践验证的新型管辖。

第四节　行政诉讼参加人

一、概述

行政诉讼参加人是指参加行政诉讼的当事人和诉讼代理人。其中，行政诉讼当事人是指因行政行为的合法性发生争议，以自己的名义起诉、应诉和参加诉讼，并受人民法院裁判约束的人，包括原告、被告和第三人。行政诉讼参加人不同于行政诉讼参与人，行政诉讼参与人还包括证人、勘验人、鉴定人、翻译人员。

二、行政诉讼的原告

（一）原告的概念

行政诉讼原告是指认为行政行为侵犯其合法权益，而依法向人民法院提起诉讼的公民、法人或者其他组织。《行政诉讼法》第 25 条第 1 款规定，“行政行为的相对人以及其他与行政行为有利害关系的公民、法人或者其他组织，有权提起诉讼。”

1. 原告必须是行政行为的行政相对人

行政机关享有国家行政权力，以国家政权的强制力做保证，能够单方面地对相对人作出设定或免除义务、赋予或剥夺权利或者变更其法律地位等行政行为，产生相对人权利义务的取得、丧失、变更等法律后果。因此，《行政诉讼法》没有赋予行政机关原告资格，行政机关不能成为原告。这样，有利于保障公民、法人和其他组织的合法权益，同时有利于促进行政机关依法行政。

2. 原告是与行政行为有利害关系的相对人

原告必须与被诉行政行为之间有利害关系，即承担该行政行为法律后果或者合法权益受到影响。另外，行政诉讼原告并不限于行政行为直接针对的公民、法人或者其他组织。在特定情况下，公民、法人或者其他组织即使不是行政行为的直接相对人，只要其权益受到行政行为实质影响的，也可以成为原告。

（二）原告资格的转移

原告资格转移是指有权起诉的公民死亡、法人或者其他组织终止，其原告资格依法转移给有利害关系的特定公民、法人或者其他组织承受。

自然人原告资格的转移。《行政诉讼法》第 25 条第 2 款规定：“有权提起诉讼的公民死亡，其近亲属可以提起诉讼。”根据有关司法解释，近亲属包括配偶、父母、子女、兄弟姐妹、祖父母、外祖父母、孙子女、外孙子女和其他具有扶养、赡养关系的亲属。在这种情况下，近亲属享有原告资格，以自己的名义提起诉讼，其地位等同于有权提起诉讼的公民。

法人或其他组织原告资格的转移。《行政诉讼法》第 25 条第 3 款规定，“有权提起诉讼的法人或者其他组织终止，承受其权利的法人或者其他组织可以提起诉讼。”不论何种原因导致原来的法人或者其他组织终止或者消灭，只要有承受其权利的组织，原告资格就可以发生转移。

三、行政诉讼的被告

（一）被告的概念

行政诉讼被告是指由原告指控其行政行为违法，经人民法院通知应诉的行政机关或法律法规授权的组织。被告应当是对被诉行政行为承担实体法律责任的行政机关和被授权的组织。被告由人民法院通知应诉。

（二）被告的确认

1. 一般原则

作出行政行为的行政机关是被告。《行政诉讼法》第 26 条第 1 款规定,“公民、法人或者其他组织直接向人民法院提起诉讼的,作出行政行为的行政机关是被告。”

2. 行政复议案件被告的确认

《行政诉讼法》第 26 条第 2、3 款规定,“经复议的案件,复议机关决定维持原行政行为的,作出原行政行为的行政机关和复议机关是共同被告;复议机关改变原行政行为的,复议机关是被告。复议机关在法定期限内未作出复议决定,公民、法人或者其他组织起诉原行政行为的,作出原行政行为的行政机关是被告;起诉复议机关不作为的,复议机关是被告。”

具体而言,有以下四种情况:(1)复议机关维持原行政行为的,以作出原行政行为的行政机关和复议机关为共同被告。(2)复议机关改变了原行政行为,复议机关是被告。这里所说的改变,包括法律依据、事实根据和处理决定方面的任何实质性变更。(3)复议机关在法定期间内不作复议决定,当事人对原行政行为不服提起诉讼的,应当以作出原行政行为的行政机关为被告。(4)复议机关在法定期间内不作复议决定,当事人对复议机关不作为不服提起诉讼的,应当以复议机关为被告。

3. 委托行政的被告确认

《行政诉讼法》第 36 条第 5 款规定,“行政机关委托的组织所作的行政行为,委托的行政机关是被告。”即受委托组织作出的行政行为,委托的行政机关是被告。委托的行政机关对受委托的组织依法行使委托职权承担监督责任,不得以受委托组织违法为由推卸责任。

4. 若干行政机关共同作出同一行政行为的被告确认

两个以上行政机关共同作出同一行政行为的,共同作出行政行为的行政机关是共同被告。《行政诉讼法》第 26 条第 4 款的规定:“两个以上行政机关作出同一行政行为的,共同作出行政行为的行政机关是共同被告。”

在此需要注意:(1)必须是同一个行政行为。即必须是一个行政决定书、一个文号,并且内容相同。如果是若干个内容不同的行政决定书,或者内容相同,但是文号不同,都不是同一个行政行为。(2)所谓“共同”,应当做实质的理解,即在行政行为的全部或者部分阶段参与意思形成过程,对行政行为的作出产生了重大影响。“共同”的表现形式多种多样,包括联合执法、共同署名发文、共同组成临时机构执法等。

案例 9-3

张某系个体户。某日张某在 A 区工商局和 A 区技术监督局的联合执法检查中被认定为经营活动存在违法行为，并被处以1000元罚款。张某对此表示不服，准备向A区人民法院提起诉讼。在这一过程中，A区技术监督局已被其上级机关市技术监督局撤销。张某提起诉讼后，却不幸去世，其妻汤某成为张某的唯一继承人并继续参与诉讼。

【问题】

1．本案中的被告是谁？并说明理由。

2．汤某的诉讼地位是什么？并说明理由。

【评析】

1．本案被告是市技术监督局和A区工商局。根据我国法律、法规的相关规定：几个行政机关共同作出同一行政行为，共同作出行政行为的机关为共同被告；行政机关撤销的，继续行使其职权的行政机关为被告；没有继续行使该职权机关的，由撤销机关为被告。因此本案被告是市技术监督局和A区工商局。

2．汤某的诉讼地位是原告。我国相关法律规定：有权提起诉讼的公民死亡，其近亲属可以提起诉讼。在这种情况下，已死亡的公民不能列为原告，提起诉讼的近亲属是以原告的身份而不是以诉讼代理人的身份提起诉讼。近亲属的范围包括：配偶、父母、子女等。因此汤某的诉讼地位是原告。

（三）被告资格的转移

有被告资格的行政主体被撤销，其被告资格应当依法转移给其他行政主体。《行政诉讼法》第26条第6款规定："行政机关被撤销或者职权变更的，继续行使其职权的行政机关是被告。"作出行政行为的行政主体被撤销的，其被告资格应当依法转移给继续行使其职权的行政主体；没有继续行使职权的行政主体的，其被告资格转移给作出撤销决定的行政主体。

四、行政诉讼的第三人

（一）第三人的概念

行政诉讼的第三人是指因与被提起行政诉讼的行政行为或案件的处理结果有利害关系，为了维护自身的权益，通过申请或人民法院通知的形式，参加到诉讼中来的当事人。《行政诉讼法》第29条第1款规定，"公民、法人或者其他组织同被诉行政行为有利害关系但没有提起诉讼，或者同案件处理结果有利害关系的，可以作为第三人申请参加诉讼，或者由人民法院通知参加诉讼。"

何谓"利害关系"？通说认为，第三人参加诉讼具有维护自身合法权益的目的，也有协助人民法院查明案件事实、正确解决纠纷的客观作用，因此，应当对"利害关系"作宽泛的解释。这种利害关系既包括与被诉行政行为的利害关系，也包括与诉讼结果的利害关系。不仅包括直接利害关系，也包括间接利害关系。

案例 9-4

知识产权局把某项专利权授予甲，乙对知识产权局的授权决定不服向人民法院提起行政诉讼。此时，某丙却认为该项专利应当属于自己。

【问题】

(1) 丙某可否参加诉讼？若丙某参加诉讼，其诉讼地位是什么？

(2) 丙某参加诉讼的途径有哪些？

【评析】

(1) 可以。丙某可以第三人的身份参加诉讼，因为被诉的行政行为会直接影响其权益。

(2) 丙某可以申请参加诉讼，也可经由人民法院通知参加诉讼。

案例 9-5

某市规划部门批准了甲的建房申请，但甲的房屋被该市水利部门以违章建筑为由强制拆除，甲对水利部门的拆除决定不服，向人民法院起诉。

【问题】

(1) 该市水利部门作出的拆除决定对规划部门的权益有无直接影响？

(2) 该市规划部门可否作为第三人参加诉讼？为什么？

【评析】

(1) 该市水利部门的拆除决定与规划部门没有直接的利害关系，不会直接影响规划部门的权益。

(2) 该市规划部门可以作为第三人参加诉讼。虽然该拆除的决定与其没有直接的利害关系，但是对拆除决定审查的结果却与规划部门有利害关系。如果人民法院判决拆除决定合法，甲某就可能向规划部门提出赔偿建房损失的要求。因为是规划部门批准了甲的建房申请，对甲某造成的建房损失应承担一定的责任。

(二) 第三人的确认

第三人总体上可以分为原告型第三人和被告型第三人。所谓原告型第三人，是指享有诉权的公民没有在法定期限内起诉，而是参加他人提起的行政诉讼的第三人。例如，行政裁决案件中没有起诉的一方当事人。所谓被告型第三人，是指应当作为被告参加诉讼，但因原告不指控，而被人民法院作为第三人通知参加诉讼的行政机关。例如，若干行政机关共同作出行政行为的，原告坚持起诉其中的一个，其他没有被诉的行政机关则作为第三人参加诉讼。

常见的第三人主要有以下几种：

1. 行政处罚案件中的受害人或加害人。在行政处罚案件中，加害人不服处罚作为原告起诉,受害人则可以作为第三人参加诉讼。如果受害人对处罚不服而以原告身份向人民法院起诉,加害人可以第三人名义参加诉讼。

2. 行政处罚案件中的共同被处罚人。在一个行政处罚案件中,行政机关处罚了两个以上的违法行为人,其中一部分人向人民法院起诉,而另一部分被处罚人没有起诉的,可以作为第三人参加诉讼。

3. 行政裁决案件的当事人。公民、法人或者其他组织之间发生民事权益纠纷,由行政机关确权裁决,一部分当事人不服向人民法院起诉,另一部分可作为第三人参加诉讼。

4. 行政许可案件中的被许可人或许可争议人。在排他性行政许可中,被许可人不会对行政机关作出的发放许可证照的行为提起诉讼,但是未获得许可的许可争议人如果对该行为提起诉讼,则该被许可人可作为第三人参加诉讼。其他未起诉的许可争议人也可以作为第三人参加诉讼。

4. 两个以上行政机关作出相互矛盾的行政行为,非被告的行政机关可以是第三人。

5. 与行政机关共同署名作出处理决定的非行政组织。这种组织既不是行政机关,也不是授权组织,不能做被告,但赔偿责任不免除。该组织应作为第三人参加诉讼,以承担相应的法律责任。

6. 应当追加被告而原告不同意追加的,人民法院应通知其作为第三人参加诉讼。如果只有一个被告而原告指控又不正确的,人民法院应要求原告变更为正确的被告。原告如不同意变更的,则驳回起诉。但是,如果应当有两个和两个以上的正确被告,而原告只起诉其中部分被告,不同意起诉其他具有被告资格的行政机关的,这些行政机关可作为第三人参加诉讼。

(三)第三人参加诉讼的程序

1. 第三人参加诉讼的时间

第三人参加行政诉讼,须在原、被告的诉讼程序已开始,人民法院尚未作出终审判决之前。

2. 主动提出申请参加诉讼

申请参加诉讼是指第三人向人民法院提出申请,经人民法院准许而参加诉讼。人民法院同意的,书面通知第三人;人民法院不同意的,裁定驳回申请。申请人不服裁定可在10日以内上诉。

3. 人民法院通知参加诉讼

如果人民法院认为公民、法人或其他组织与被诉具体行政行为有利害关系,应当通知其以第三人的身份参加诉讼。通知参加诉讼必须具有正当的根据和理由,是否参加诉讼由被通知人自己决定。

五、共同诉讼人

(一) 共同诉讼人的概念

共同诉讼人指当事人一方或双方为两个以上主体,因同一行政行为或同样的行政行为发生的行政案件,人民法院认为可以合并审理并经当事人同意的诉讼。其中,原告一方是两个或者两个以上主体的,称为共同原告;被告一方是两个或者两个以上主体的,称为共同被告。《行政诉讼法》第 27 条规定,"当事人一方或双方为二人以上,因同一行政行为发生的行政案件,或者因同类行政行为发生的行政案件、人民法院认为可以合并审理并经当事人同意的,为共同诉讼。"

共同诉讼的特点是:第一,当事人至少有一方是两个以上的公民、法人或者其他组织。第二,诉讼标的相同,即被诉标的是同一或同类的行政行为。第三,诉讼主张一致。共同诉讼人的诉讼主张之间没有根本冲突或者实质性的差异,并非要求主张完全相同。第四,案件属同一人民法院管辖,并且人民法院认为可以合并审理并经当事人同意,决定进行合并审理。

(二) 必要的共同诉讼人

当事人一方或双方为两人以上、诉讼标的是同一行政行为的诉讼称为必要的共同诉讼。必要的共同诉讼中的当事人即为必要共同诉讼人。

1. 诉讼标的是同一行政行为

即引起争议的是同一个行政行为的合法性。该被诉的行政行为本身是一个独立、完整的行政行为,该行为或者是由两个以上行政机关共同作出,或者是一个行政行为针对两个以上公民、法人或者其他组织的相对人作出。

2. 共同诉讼人因同一行政行为而发生了不可分割的法律或者事实联系

共同诉讼当事人对于引起争议的同一行政行为,有着共同的利害关系,即共同的权利义务关系,任何一人的诉讼行为都会影响其他人的权益,不能分案审理。其实质是一个案件,一个行政行为,只是诉讼当事人为多数。因此,共同诉讼人必须共同参加诉讼。如果有遗漏,人民法院应当通知参加诉讼。如果是共同原告,则应当在征求原告同意的基础上追加,如果这些人仍然不愿参加诉讼,人民法院则不能强行追加,但可以通知他们以第三人身份参加诉讼。如果是共同被告,被追加的被告必须参加诉讼,无权拒绝。

3. 共同诉讼人主要有以下情形

(1) 两个以上的当事人,因共同违法而被一个行政机关在一个处罚决定书中分别予以处罚。(2)法人或组织因违法而被处罚,该法人或组织的负责人或直接行为人同时被一个处罚决定处罚。(3)两个以上共同受害人,对行政机关的同一行政行为均表示不服而诉诸人民法院,起诉的共同受害人就成为共同原告人。(4)两个以上行政机关以一个共同的行政决定形式，处理或处罚了一个或若干个当事人。

（三）普通的共同诉讼人

普通的共同诉讼，是指当事人一方或者双方为两个以上主体，因同样的行政行为发生的行政案件，人民法院认为可以合并审理的诉讼。普通共同诉讼的当事人即是普通的共同诉讼人。

同样的行政行为，是指两个以上的处理同类事实、适用相同法律的行政行为。例如，某环境卫生管理部门以违反“门前三包”的规定为由，对毗邻的6家商店分别处以罚款，对这6家商店的6个处罚行为分别是同样的行政行为，如果这6家商店均不服，或有两家以上的商店不服，分别以自己的名义在几乎相同的时间里向人民法院提起诉讼，人民法院认为可以合并审理，最后分别裁决。可见，与同一行政行为不同，同样的行政行为发生的是几个案件而非一个案件，共同诉讼人之间在事实上或法律上并无当然的不可分割的联系，仅仅因为诉讼标的属于同一种类，即被诉行政行为有着相同、相类似的性质，所以在程序上被合并审理。

普通共同诉讼并不是必须要合并审理的，是否合并的关键在于能否达到简化诉讼的目的。普通共同诉讼，可以由共同诉讼的当事人向人民法院提出申请，要求并案审理，然后由人民法院审查，认为可以合并的才能实行合并；也可以由人民法院主动审查，认为宜于并案的，则依职权进行并案审理。

（四）集团诉讼中的诉讼代表人

1. 集团诉讼的概念和特征

行政诉讼中的集团诉讼，是指由人数众多的原告推选诉讼代表人参加的且人民法院的判决及于全体利益关系人的行政诉讼。《行政诉讼法》第28条规定，“当事人一方人数众多的共同诉讼，可以由当事人推选代表人进行诉讼。代表人的诉讼行为对其所代表的当事人发生效力，但代表人变更、放弃诉讼请求或者承认对方当事人的诉讼请求，应当经被代表的当事人同意。”

集团诉讼的特征：(1)原告方人数众多。所谓众多，是指同案原告人数须为5人以上，可以是成百上千甚至上万人等。“5人以上”是指具有独立原告资格的主体为5人以上，不包括同一个原告内部的构成人数。(2)原告方实行诉讼代表制。由于原告人数众多，不可能让集团诉讼的每一个原告都亲自参加诉讼，而是推选诉讼代表人参加诉讼。诉讼代表人的总数限为1～5人。集团诉讼的代表人必须是当事人。(3)人民法院的裁判效力不仅及于诉讼代表人，也及于其他未亲自参加诉讼的当事人。

2. 集团诉讼中的诉讼代表人

诉讼代表人兼有当事人和代理人的双重属性。集团诉讼的诉讼代表人产生途径有两个：一是原告在指定期限内推选产生；二是如果原告方在人民法院限定的期限内未能选定的，则由人民法院依职权从原告中指定产生。代表人的诉讼行为对其所代表的当事人发生效力，但代表人变更、放弃诉讼请求或者承认对方当事人的诉讼请求，应当经被代表的当事人同意。

六、诉讼代理人

（一）诉讼代理人的概念

1. 诉讼代理人的概念

诉讼代理人，是指以当事人名义，在代理权限内，代理当事人进行诉讼活动的人。诉讼代理人的特征如下：

（1）行政诉讼代理人以行政诉讼当事人的名义进入诉讼程序。他不能以自己的名义进行诉讼，否则他就不是代理人而是当事人了。其他诉讼参与人，如证人、鉴定人、勘验人等均非诉讼代理人。

（2）代理人在代理权限以内的诉讼行为的法律后果归属于被代理人。代理诉讼是基于代理权而产生，只要代理人的诉讼行为是在代理权限以内，就对被代理人产生法律后果。

（3）代理人参加行政诉讼的目的在于维护被代理人的合法权益。因此，诉讼代理人只能在一个案件中代理一方当事人。

（二）诉讼代理人的种类

行政诉讼代理人分为如下三种。

1. 法定代理人

《行政诉讼法》第 30 条规定，"没有诉讼行为能力的公民，由其法定代理人代为诉讼。"因此，法定代理人是指依法直接享有代理权限，代替无诉讼行为能力的公民进行行政诉讼的人。法定代理权直接根据法律设定而产生，不以被代理人的意志为转移。

法定代理是全权代理。法定代理人所做的一切诉讼行为，被视为是被代理的当事人本人所为的诉讼行为，与当事人的诉讼行为具有同等的法律效力。法定代理人在诉讼中与当事人居于同等地位，可以代理当事人为一切诉讼行为，包括处分实体权利的行为。但是，法定代理人毕竟不是当事人，不是诉讼主体。实体权利和义务的承担者是当事人，而不是法定代理人。

法定代理人代理权限是基于亲权或监护关系而产生的，它的消灭也是在一定法律事实出现后消灭的。主要有：被代理的未成年人已经成年，有行政诉讼行为能力；精神病人恢复正常，重新具有行为能力；代理人本人死亡或丧失行为能力；被代理人与代理人之间的收养关系被合法解除等。

2. 指定代理人

指定代理人，即由人民法院指定代理无诉讼行为能力的当事人进行行政诉讼的人。《行政诉讼法》第30条规定:“法定代理人互相推诿代理责任的,由人民法院指定其中一人代为诉讼。”

指定代理的条件是:(1)被代理人属于无诉讼行为能力的公民;(2)被代理人无法定代理人,或者虽有法定代理人,但法定代理人互相推诿代理责任或者不能行使代理权;(3)由人民法院依职权指定,无须被指定人同意。

指定代理人的代理权限。一般认为,指定代理人如属法定代理人,则其权限就是原法定代理人的权限。指定代理人如属于法定代理人以外的人,人民法院在指定时应当明确其代理权限。指定代理人代理权限消灭的情形是:案件终结;当事人产生或恢复行为能力;当事人的法定代理人可以行使代理权等。

3. 委托代理人

受当事人、法定代理人委托,代为进行行政诉讼的人就是委托代理人。《行政诉讼法》第31条第1款规定,“当事人、法定代理人,可以委托一至二人作为诉讼代理人。”

(1) 委托代理权。与法定代理权和指定代理权不同,委托代理权是在委托人与受托人双方意思表示一致的基础上由委托人授权委托而产生的,既非源于法律,也非人民法院的单方指定行为。委托人须向人民法院提交自己授权的授权委托书。有关代理权限的事宜,应在委托书中载明。委托代理权消灭的主要根据有:诉讼终结;委托人解除委托;受委托人辞却委托;当事人、第三人更换或死亡;受委托人死亡或丧失行为能力等。

(2) 行政诉讼法规定的委托代理人有三类。依据《行政诉讼法》第31条第2款规定,下列人员可以被委托为诉讼代理人:第一,律师、基层法律服务工作者;第二,当事人的近亲属或者工作人员;第三,当事人所在社区、单位以及有关社会团体推荐的公民。其中,律师作为委托代理人与其他委托代理人在行使权利方面有一些区别。律师依法享有特殊的权限,根据《行政诉讼法》第32条的规定,律师除了有其他代理人享有的查阅、复制行政案件有关材料的权利外,还有权向有关组织和公民调查,收集与本案有关的证据。当然,对于涉及国家秘密、商业秘密和个人隐私的材料,也有保密的义务。

(3) 根据有关法律和司法解释规定,当事人委托诉讼代理人,应当向人民法院提交由委托人签名或者盖章的授权委托书。委托书应当载明委托事项和具体权限。公民在特殊情况下无法书面委托的,也可以口头委托。口头委托的,人民法院应当核实并记录在卷。被诉机关或者其他有义务协助的机关拒绝人民法院向被限制人身自由的公民核实的,视为委托成立。当事人解除或者变更委托的,应当书面报告人民法院,由人民法院通知其他当事人。

第五节　行政诉讼程序

一、起诉与受理

起诉与受理是行政诉讼开始必经的两个环节,起诉是公民、法人或者其他组织要求人民法院启动行政诉讼程序的主张,受理则是人民法院对符合法定条件起诉的认可和接受,二者共同作用构成了行政诉讼程序的开始。

(一) 起诉

行政诉讼与民事诉讼一样,采用不告不理原则,即人民法院不能主动开始行政诉讼,而必须先由公民、法人或者其他组织提出诉讼,起诉是行政诉讼开始的前提条件。在行政诉讼中,起诉是指公民、法人或者其他组织认为行政行为侵犯其合法权益,依法请求人民法院行使国家审判权给予其救济的诉讼行为。它是公民、法人或者其他组织请求人民法院启动行政诉讼程序的意思表示,是其行使法律赋予的诉权的具体表现。但这一权利的行使并非不受条件限制,根据行政诉讼法的规定,提起行政诉讼必须符合起诉的一般条件、程序条件和时间条件。

1. 起诉的一般条件

起诉的一般条件是法律对提起诉讼最基本的也是最普遍的要求。根据《行政诉讼法》第 49 条的规定,提起诉讼应当符合下列条件:

(1) 原告是认为行政行为侵犯其合法权益的相对人

这包括四方面的概念:第一,原告必须是公民、法人或者其他组织,行使职权的行政主体不能作为行政诉讼的原告;第二,侵犯原告合法权益的是行政行为,而且必须是行政行为,行政立法等不能直接作为被诉的对象;第三,原告必须是认为自己的合法权益被侵犯的人,其起诉是为了保护自己的权益,而不是为了他人的利益或者公共利益;第四,行政行为侵犯了自己的合法权益只是原告的一种"认为",属原告自我的判断。合法权益是否真正被侵犯,则是行政诉讼要解决的实质问题。行政行为是否违法,是否侵犯了原告的合法权益,并不影响原告资格的取得和原告的起诉。

(2) 有明确的被告

即原告在起诉时,必须明确指出被告人。没有具体明确的被告,无人应诉,就无法形成一个争端,人民法院也就无法进行审判活动。在我国,行政诉讼被告是行使行政职权的行政机关或者法律、法规、规章授权的组织,因此,原告在起诉时,应列出实施行政行为的行政机关或者法律、法规、规章授权组织的名称。当然,如果原告指明的被告不适格,人民法院应当告知原告予以变更。

（3）有具体的诉讼请求和事实根据

诉讼请求是原告通过人民法院针对被告提出的，希望获得人民法院司法保护的实体权利要求。它将决定人民法院审理和裁判的内容，因此必须明确、具体。事实根据是指原告向人民法院起诉所依据的事实和根据，包括案件情况和证据。值得注意的是，要求原告提供事实根据是为了证明存在行政争议，而不是要求原告提供证据证明行政行为违法。

（4）属于人民法院受案范围和受诉人民法院管辖

根据我国行政诉讼法的规定，公民、法人或者其他组织只能对特定范围的行政行为提起诉讼。行政诉讼受案范围决定着人民法院受理行政案件的范围，也决定着当事人的诉权范围。原告的起诉若不属于人民法院受案范围，起诉不能成立，人民法院也无权受理。同时，人民法院对行政案件的受理有一定的分工，当事人应依法向对案件有管辖权的人民法院起诉。当原告将诉状递交给无管辖权的人民法院时，并不会因此丧失诉权，受诉人民法院应告知其向有管辖权的人民法院起诉；已立案受理的，受诉人民法院则应将案件移送给有管辖权的人民法院。

2．起诉的程序条件

根据《行政诉讼法》第 44 条的规定，对属于人民法院受案范围的行政案件，公民、法人或者其他组织可以先向行政机关申请复议，对复议决定不服的，再向人民法院提起诉讼；也可以直接向人民法院提起诉讼。法律、法规规定应当先向行政机关申请复议，对复议决定不服再向人民法院提起诉讼的，依照法律、法规的规定。

行政复议与行政诉讼均是解决行政争议的方式，是当事人不服行政行为寻求救济的两条重要途径。不过，当事人对这两种救济方式的使用，必须遵循法律对二者关系的规定。在我国，行政诉讼与行政复议的关系，基本是以当事人自由选择救济方式为原则，以行政复议前置为例外的。具体情形如下：

（1）当事人自由选择复议或诉讼

原则上，公民、法人或者其他组织对行政行为不服，有权自由选择救济途径，可以不经复议直接向人民法院提起行政诉讼，也可以选择申请行政复议；同时，在选择行政复议后，当事人对行政复议不服仍可以再向人民法院起诉。该原则是我国处理行政复议与行政诉讼的基本准则，我国行政诉讼法没有强制把行政复议程序作为当事人提起行政诉讼的前置条件，行政复议并非行政诉讼的必经程序。虽然如此，当事人并不能同时使用行政复议与行政诉讼这两种救济途径。如果当事人既提起诉讼又申请行政复议，应由先受理的机关管辖；同时受理的，由当事人选择。当事人已经申请行政复议，在法定复议期间内又向人民法院提起诉讼的，人民法院不予受理。不过，当事人向复议机关申请行政复议后，又经复议机关同意撤回复议申请，在法定起诉期限内对原行政行为提起诉讼的，人民法院应当依法受理。

(2) 当事人选择复议终局

公民、法人或者其他组织对行政行为不服,有权在行政复议和行政诉讼之间作出选择,但与第一种情况不同,此种选择属排他性选择,一旦当事人选择了行政复议,行政复议决定即为发生法律效力的终局决定,当事人将因选择复议而丧失了提起行政诉讼的权利。

(3) 行政复议前置

公民、法人或者其他组织对行政行为不服,必须先申请行政复议,对行政复议不服,才能向人民法院起诉。在此情况下,行政复议是行政诉讼的必经程序,复议程序是行政诉讼的前置程序。在我国,复议前置属行政复议与行政诉讼关系的例外,必须由法律、法规作出规定,规章和其他规范性文件不得作此规定。从我国法律、法规规定情况看,大部分复议前置属一级复议前置,少数复议前置属二级复议前置,即当事人对行政复议不服的,还需要再向上级机关复议,对复议决定不服,才能向人民法院提起行政诉讼。比如,《行政复议法》第30条规定:"公民、法人或者其他组织认为行政机关的具体行政行为侵犯其已经依法取得的土地、矿藏、水流、森林、山岭、草原、荒地、滩涂、海域等自然资源的所有权或者使用权的,应当先申请行政复议;对行政复议决定不服的,可以依法向人民法院提起行政诉讼。"

3. 起诉的时间条件

公民、法人或者其他组织提起行政诉讼,要符合起诉的时间条件,即当事人必须在法律规定的期限内提出诉讼,对超过法律规定期限的起诉,人民法院有权拒绝受理。行政诉讼法规定起诉期限的目的不是要限制公民、法人或者其他组织依法享有的诉讼权利,而在于促使相对人及时行使权利。这样有助于争议的尽早解决,消除行政法律关系的不确定状态。行政诉讼的起诉期限可分为一般期限和特别期限两类。

(1) 一般期限

一般期限是指由行政诉讼法明确规定,适用于一般行政案件的起诉期限。该期限可分为直接向人民法院提起行政诉讼的一般期限与不服行政复议提起行政诉讼的一般期限两种。

直接起诉的案件。根据《行政诉讼法》第46条第1款的规定,"公民、法人或者其他组织直接向人民法院提起诉讼的,应当自知道或者应当知道作出行政行为之日起六个月内提出。法律另有规定的除外。"因此,直接起诉的一般期限为知道作出行政行为之日起6个月。

经复议的案件。根据《行政诉讼法》第45条的规定,"公民、法人或者其他组织不服复议决定的,可以在收到复议决定书之日起十五日内向人民法院提起诉讼。复议机关逾期不作决定的,申请人可以在复议期满之日起十五日内向人民法院提起诉讼。法律另有规定的除外。"因此,经复议的一般期限为收到复议决定书之日起15日内或复议期满之日起 15 日内。

（2）特别期限

特别期限是指为行政诉讼法所认可，由其他单行法律所规定的起诉期限。即对直接向人民法院提起行政诉讼或不服行政复议提起行政诉讼的期限，法律另有规定的，应当适用相关单行法律对提起诉讼期限的规定。这里的"法律"一般应理解为由全国人民代表大会及其常委会依照立法程序制定的规范性文件。单行法律对特别起诉期限的规定，没有统一标准，需要视具体法律而定。所以，在判断一起行政案件的起诉期限时，首先要判断案件的性质，确定是属直接提起诉讼的案件，还是经复议才提起诉讼的案件；其次要确定单行法律是否对起诉期限有特别规定，若有规定就要遵从此特别期限规定，否则就要适用行政诉讼法关于一般起诉期限的规定。

（3）起诉期限的计算及最长保护期限

根据《行政诉讼法》第 39 条的规定，行政诉讼的起诉期限从公民、法人或者其他组织知道行政机关作出行政行为之日起计算。因此，如何判断公民、法人或者其他组织知道行政行为作出时间，对计算起诉期限至关重要。

第一，行政机关未告知公民、法人或者其他组织诉权或起诉期限的最长保护期。行政机关作出行政行为时，没有告知公民、法人或者其他组织诉权或起诉期限的，起诉期限从其知道或者应当知道诉权或者起诉期限之日起计算，但从知道或者应当知道行政行为内容之日起最长不得超过两年。值得注意的是，这里两年最长期限的起算点，不是公民、法人或者其他组织知道或应当知道诉权或起诉期限之日，而是其知道或者应当知道行政行为内容之日。

第二，公民、法人或者其他组织不知道行政行为内容时起诉期限的计算。与公民、法人或者其他组织不知道诉权或者起诉期限相比，不知道行政行为内容是更为严重的情形，对当事人的影响更大。《行政诉讼法》第 46 条第 2 款规定，"因不动产提起诉讼的案件自行政行为作出之日起超过二十年，其他案件自行政行为作出之日起超过五年提起诉讼的，人民法院不予受理。"其中，涉及不动产的主要是有关房屋所有权、使用权以及土地、林地、自然资源等案件。将该类案件的最长保护期限规定为 20 年，既有利于保护当事人的重要权利，也为了与民法通则的规定相统一。值得注意的是，这里 5 年和 20 年最长期限的起算点，不是当事人知道或者应当知道行政行为内容之日，而是行政行为作出之日。

第三，行政机关不履行法定职责时起诉期限的计算。在行政机关对当事人的申请不作出答复时，由于没有行政行为作出，起诉期限从何时起算，是司法实践中较为困难的问题。《行政诉讼法》第 47 条对此进行了明确。一般情况下，公民、法人或者其他组织申请行政机关履行保护其人身权、财产权等合法权益的法定职责，行政机关在接到申请之日起两个月内不履行的，公民、法人或者其他组织可以向人民法院提起诉讼。法律、法规对行政机关履行职责的期限另有规定的,从其规定。在紧急情况下,公民、法人或者其他组织请求行政机关履行保护人身权、财产权法定职责时,行政机关不履行的,起诉期限不受上述规定的限制,当事人可以立即起诉。

(4) 诉讼期间的排除与延长

《行政诉讼法》第 48 条第 1 款规定,“公民、法人或者其他组织因不可抗力或者其他不属于其自身的原因耽误起诉期限的,被耽误的时间不计算在起诉期限内。公民、法人或者其他组织因前款规定以外的其他特殊情况耽误起诉期限的,在障碍消除后十日内,可以申请延长期限,是否准许由人民法院决定。”

(二) 受理

1. 受理的概念

受理是指人民法院对公民、法人或者其他组织的起诉进行审查,对符合法定条件的起诉决定立案审理,从而开始诉讼程序的职权行为。无论是对行使诉权寻求司法保护的公民、法人或者其他组织而言,还是对行使审判权的人民法院来说,受理这一诉讼行为的意义都十分重要。2014 年修订后的《行政诉讼法》在解决实践中“立案难”的问题上作出了很大的革新,最主要的表现是从立案审查制转向了立案登记制。

2. 受理的结果

(1) 立案登记

根据《行政诉讼法》第 51 条的规定,人民法院在接到起诉状时对符合规定的起诉条件的,应当登记立案。对当场不能判定是否符合规定的起诉条件的,应当接收起诉状,出具注明收到日期的书面凭证,并在七日内决定是否立案。

(2) 对起诉条件有欠缺的处理

起诉状内容欠缺或者有其他错误的,应当给予指导和释明,并一次性告知当事人需要补正的内容。不得未经指导和释明即以起诉不符合条件为由不接收起诉状。起诉人补正后,经审查,符合法定条件,人民法院应当受理。

(3) 对不予立案的救济

人民法院既不立案,又不作出不予立案裁定的,当事人可以向上一级人民法院起诉。上一级人民法院认为符合起诉条件的,应当立案、审理,也可以指定其他下级人民法院立案、审理。

二、行政诉讼的一审普通程序

(一) 审理前的准备

审理前的准备,是指人民法院在受理案件后至开庭审理前,为保证庭审工作的顺利进行,由审判人员依法所进行的一系列准备工作的总称。它是行政案件审理必经的阶段,对保证庭审质量,提高庭审效率具有重要意义。审理前准备主要包括下列内容：

1. 组成合议庭

与民事诉讼不同，合议庭是人民法院审理行政案件重要组织形式。《行政诉讼法》第 68 条的规定，“人民法院审理行政案件，由审判员组成合议庭，或者由审判员、陪审员组成合议庭。合议庭的成员，应当是三人以上的单数。”

2. 交换诉状

交换诉状主要是向被告和原告发送有关文书。《行政诉讼法》第 67 条规定，“人民法院应当在立案之日起五日内，将起诉状副本发送被告。被告应当在收到起诉状副本之日起十五日内向人民法院提交作出行政行为的证据和所依据的规范性文件，并提出答辩状。人民法院应当在收到答辩状之日起五日内，将答辩状副本发送原告。被告不提出答辩状的，不影响人民法院审理。”

（二）庭审程序

1. 庭审方式

开庭庭审是受诉人民法院在双方当事人及其他诉讼参与人的参加下，依照法定程序，在法庭上对行政案件进行审理的诉讼活动。开庭庭审的主要任务是，通过法庭调查和法庭辩论，审查核实证据，查明案件事实，适用法律、法规，以确认当事人之间的权利义务关系。开庭庭审是行政诉讼一审普通程序中最基本、最重要的诉讼阶段，是保证人民法院完成审判任务的中心环节。根据行政诉讼法的规定，行政诉讼一审普通程序必须进行开庭审理。

2. 庭审程序

人民法院开庭审理必须依据法定程序进行。一般的庭审程序分为六个阶段：

（1）开庭准备

人民法院应在开庭前 3 日传唤、通知当事人、诉讼参与人按时出庭参加诉讼。对公开审理的案件，应当张贴公告，载明开庭时间、地点、案由等。

（2）开庭审理

开庭审理时，审判长要核对当事人、诉讼代理人、第三人身份，宣布合议庭组成人员，告知当事人的诉讼权利和义务，询问当事人是否申请回避等。

（3）法庭调查

法庭调查是庭审的重要阶段，主要任务是通过当事人陈述和证人作证，出示书证、物证和视听资料，宣读现场笔录、鉴定结论和勘验笔录等，审查核实证据，来查明案件事实，为法庭辩论奠定基础。

（4）法庭辩论

法庭辩论是指在合议庭主持下，各方当事人就本案事实和证据及被诉行政行为的法律依据，阐明自己的观点，论述自己的意见，反驳对方的主张，进行言词辩论的诉讼活动。

（5）合议庭评议

法庭辩论结束后，合议庭休庭，由全体成员对案件进行评议。评议不对外公开，采取少数服从多数原则。评议应当制定笔录，对不同意见也必须如实记入笔录，评议笔录由合议庭全体成员及书记员签名。

（6）宣读判决

合议庭评议后，审判长应宣布继续开庭并宣读判决。如果不能当庭宣判，审判长应宣布定期宣判。《行政诉讼法》第 80 条规定，"人民法院对公开审理和不公开审理的案件，一律公开宣告判决。当庭宣判的，应当在十日内发送判决书；定期宣判的，宣判后立即发给判决书。宣告判决时，必须告知当事人上诉权利、上诉期限和上诉的人民法院。"

3．审理期限

人民法院审理第一审行政案件，《行政诉讼法》第 81 条规定，"人民法院应当在立案之日起六个月内作出第一审判决。有特殊情况需要延长的，由高级人民法院批准，高级人民法院审理第一审案件需要延长的，由最高人民法院批准。"

（三）妨害行政诉讼行为的排除

妨害行政诉讼行为的排除，是指人民法院在行政诉讼过程中，为了保障行政审判的顺利进行，对实施妨害行政诉讼行为的人采取的强制措施。根据行政诉讼法的规定，人民法院必须针对法定的妨害行政诉讼行为，依法采取强制措施。

1．妨害行政诉讼的行为

妨害行政诉讼的行为，是指诉讼参加人和其他人在行政诉讼过程中，故意干扰、破坏诉讼秩序，妨碍诉讼活动正常进行的行为。我国《行政诉讼法》规定的妨害行政诉讼行为包括：

（1）有义务协助调查、执行的人，对人民法院的协助调查决定、协助执行通知书，无故推拖、拒绝或者妨碍调查、执行的。（2）伪造、隐藏、毁灭证据或者提供虚假证明材料，妨碍人民法院审理案件的。（3）指使、贿买、胁迫他人作伪证或者威胁、阻止证人作证的。（4）隐藏、转移、变卖、毁损已被查封、扣押、冻结的财产的。（5）以欺骗、胁迫等非法手段使原告撤诉的。（6）以暴力、威胁或者其他方法阻碍人民法院工作人员执行职务，或者以哄闹、冲击法庭等方法扰乱人民法院工作秩序的。（7）对人民法院审判人员或者其他工作人员、诉讼参与人、协助调查和执行的人员恐吓、侮辱、诽谤、诬陷、殴打、围攻或者打击报复的。

2．排除妨害行政诉讼的强制措施

我国《行政诉讼法》规定的排除妨害行政诉讼的强制措施有：训诫、责令具结悔过或者处一万元以下的罚款、十五日以下的拘留；构成犯罪的，依法追究刑事责任。

训诫,是人民法院对妨害行政诉讼行为情节较轻者,予以批评、教育并警告其不得再犯的措施,属较轻的强制措施。责令具结悔过,是人民法院对有妨害行政诉讼行为的人,责令其承认错误,写出悔过书,保证不再重犯的措施,也属较轻的强制措施。罚款,是人民法院对有妨害行政诉讼行为的人,强制其交纳一定数额款项的强制措施。拘留,是人民法院对有妨害行政诉讼行为的人,短期内限制其人身自由的一种强制措施,是最严厉的强制措施。

另外,在行政诉讼强制措施的实施程序上,罚款、拘留须经人民法院院长批准。当事人不服的,可以向上一级人民法院申请复议一次。复议期间不停止执行。

三、简易程序

(一) 简易程序的概念

相对于普通程序而言,简易程序要简单的多,因此,实际上简易程序就是普通程序的简化,即将普通程序中一些烦琐的程序予以简化或者合并,使诉讼程序更加简洁适用。

(二) 适用简易程序的条件和审级

1. 适用简易程序的条件

《行政诉讼法》第 82 条规定,人民法院适用简易程序需满足以下两个条件中的任意一个:一是案件事实清楚、权利义务关系明确、争议不大的。具体而言,是指被诉行政行为是依法当场作出的;案件涉及款额二千元以下的;属于政府信息公开案件的。二是当事人各方同意适用简易程序的,可以适用简易程序。即只要当事各方达成一致意见,不受事实清楚、权利义务关系明确等实质要件的约束,仍然可以适用简易程序。

2. 适用简易程序的审级

简易程序只能适用于人民法院审理第一审行政案件,第二审案件和发回重审、按照审判监督程序再审的案件不适用简易程序。

(三) 简易程序的审理方式及审理期限

根据《行政诉讼法》第 83 条的规定,适用简易程序审理的行政案件,由审判员一人独任审理,并应当在立案之日起 45 日内审结。

(四) 简易程序的转化

根据《行政诉讼法》第 84 条的规定,在适用简易程序审理过程中,如果发现案件不宜适用简易程序,就要由简易程序转为适用普通程序审理。

四、行政诉讼的第二审程序

行政诉讼第二审程序,是指当事人不服地方各级人民法院尚未生效的第一审判决或裁定,依法向上一级人民法院提起上诉,上一级人民法院据此对案件进行再次审理所适用的程序。我国行政诉讼实行两审终审制度,除最高人民法院所作出的一审判决、裁定外,当事人不服地方各级人民法院作出的一审判决和部分裁定,依法有权向上一级人民法院提出上诉,行政诉讼由此进入第二审程序。第二审程序虽不是每一起案件必经的程序,但却是一种独立的程序,其存在可以为当事人提供更多的救济机会,有助于上级人民法院对第一审程序进行监督,可以及时发现偏差,纠正错误,从而有助于保护当事人的合法权益。

(一) 上诉的提起

上诉是当事人对地方各级人民法院尚未发生法律效力的第一审判决、裁定,在法定期限内请求上一级人民法院对案件进行审理的诉讼行为。当事人上诉是行政诉讼引起第二审程序发生的唯一动因。

当事人行使上诉权,提起上诉,必须符合以下条件:(1)上诉人必须适格。凡第一审程序中的原告、被告和第三人及其法定代理人、经授权的委托代理人,都有权提起上诉。(2)上诉人所不服的一审判决、裁定,必须是法律明文规定可以上诉的判决、裁定。能够提出上诉的判决和裁定包括地方各级人民法院第一审尚未发生法律效力的判决和对驳回起诉、不予受理等所作出的裁定。(3)上诉提起的期限。当事人不服第一审人民法院判决的,期限为 15 日;不服第一审人民法院裁定的,期限为 10 日。

(二) 上诉案件的审理

就基本过程而言,上诉案件的审理,与第一审案件大体相同。为避免重复,仅对行政诉讼第二审程序的特殊之处予以说明。

1. 审理方式

二审案件的审理方式以开庭审理为原则,书面审理为例外。所谓书面审理,是指人民法院不需要当事人和其他诉讼参与人到庭,不进行法庭调查和辩论,只根据上诉状、原审案卷材料和其他书面材料进行审理,就作出判决或裁定的审理方式。《行政诉讼法》第 86 条规定,"人民法院对上诉案件,应当组成合议庭,开庭审理。经过阅卷、调查和询问当事人,对没有提出新的事实、证据或者理由,合议庭认为不需要开庭审理的,也可以不开庭审理。"

2. 审理对象

第二审人民法院审理上诉案件,应当对原审人民法院的裁判和被诉行政行为是否合法进行全面审查,不受上诉范围的限制。根据《行政诉讼法》第 87 条的规定,"人民法院审理上诉案件,应当对原审人民法院的判决、裁定和被诉行政行为进行全面审查。"

3. 审理期限

《行政诉讼法》第 88 条的规定,"人民法院审理上诉案件,应当在收到上诉状之日起三个月内作出终审判决。有特殊情况需要延长的，由高级人民法院批准，高级人民法院审理上诉案件需要延长的，由最高人民法院批准。”即二审案件的审理期限是三个月，需要延长期限的，需要经过法定批准程序。

五、行政诉讼审判监督程序

审判监督程序，是指人民法院发现已经发生法律效力的判决、裁定违反法律、法规规定，依法对案件再次进行审理的程序，也称再审程序。审判监督程序虽与第二审程序一样具有监督作用，但与第二审程序不同，它所针对的对象是已生效的判决、裁定，属于事后监督手段。审判监督程序并非每起行政案件所必经的程序，也不是第二审程序的继续，只有在生效裁判确有错误，需要进行再审时，才能适用审判监督程序。

（一）审判监督程序的提起

1. 提起审判监督程序的条件

（1）提起审判监督程序的对象，是人民法院已经发生法律效力的判决、裁定。对未发生法律效力的判决、裁定，当事人可以通过提出上诉寻求司法救济。特定情况下，行政赔偿调解书也可以成为提起审判监督程序的对象。

（2）提起审判监督程序的法定理由，是当事人认为、人民法院或检察院发现已经发生法律效力的判决、裁定确有错误。有下列情形之一的，属于判决、裁定确有错误：第一，原判决、裁定认定的事实主要证据不足；第二，原判决、裁定适用法律、法规确有错误；第三，违反法定程序，可能影响案件正确裁判；第四，其他违反法律、法规的情形。

2. 提起的主体主要是当事人、人民法院和检察院

（1）当事人申请再审的具体情形包括：不予立案或者驳回起诉确有错误的；有新的证据，足以推翻原判决、裁定的；原判决、裁定认定事实的主要证据不足、未经质证或者系伪造的；原判决、裁定适用法律、法规确有错误的；违反法律规定的诉讼程序，可能影响公正审判的；原判决、裁定遗漏诉讼请求的；据以作出原判决、裁定的法律文书被撤销或者变更的；审判人员在审理该案件时有贪污受贿、徇私舞弊、枉法裁判行为的。

（2）人民法院申请再审的具体情形包括：各级人民法院院长对本院已经发生法律效力的判决、裁定，发现违反法律、法规规定，或者发现调解违反自愿原则或者调解书内容违法，认为需要再审的，有权提请审判委员会决定是否再审；最高人民法院对地方各级人民法院、上级人民法院对下级人民法院已经发生法律效力的判决、裁定，发现确有错误的，或者发现调解违反自愿原则或者调解书内容违法，有权提起审判监督程序。

（3）人民检察院申请再审的具体情形包括：最高人民检察院对各级人民法院已经发生法律效力的判决、裁定，上级人民检察院对下级人民法院已经发生法律效力的

判决、裁定，地方各级人民检察院对同级人民法院已经发生法律效力的判决、裁定，发现确有错误的，或者发现调解书损害国家利益、社会公共利益的，应当提出抗诉。

3. 提起再审的程序

（1）当事人提起再审的程序

《行政诉讼法》第 90 条规定，“当事人对已经发生法律效力的判决、裁定，认为确有错误的，可以向上一级人民法院申请再审，但判决、裁定不停止执行。”

（2）人民法院提起再审的程序

各级人民法院院长对本院发生法律效力的判决、裁定提起审判监督程序，必须提交审判委员会讨论决定是否再审。上级人民法院对下级人民法院已经发生法律效力的判决、裁定，发现违反法律、法规规定的，有权提审或指令下级人民法院再审。

（3）人民检察院提起再审的程序

除了最高检察院可以依法对最高人民法院的生效判决、裁定提出抗诉以外，只能由上级检察院依法对下级人民法院的生效判决、裁定向同级人民法院提出抗诉。因此，如果地方各级检察院对同级人民法院已经发生法律效力的判决、裁定，发现违反法律、法规规定的，应当提请上级检察院提出抗诉。凡检察院按照审判监督程序提出抗诉的，必须制作抗诉书，并将其送交有关人民法院。人民法院开庭审理抗诉案件时，应当通知检察院派员出庭。

（二）再审案件的审理

1. 再审案件的审理程序

再审案件的审理程序和裁判效力主要依据案件的原审来确定。人民法院按照审判监督程序再审的案件，发生法律效力的判决、裁定是由第一审人民法院作出的，按照第一审程序审理，所作的判决、裁定，当事人可以上诉；发生法律效力的判决、裁定是由第二审人民法院作出的，按照第二审程序审理，所作的判决、裁定是发生法律效力的判决、裁定；上级人民法院按照审判监督程序提审的，按照第二审程序审理，所作的判决、裁定是发生法律效力的判决、裁定。根据法律规定，凡原审人民法院审理再审案件，必须另行组成合议庭。

2. 再审案件中原判决、裁定的执行问题

按照审判监督程序决定再审的案件，应当裁定中止原判决的执行，裁定由院长署名，加盖人民法院印章。上级人民法院决定提审或者指令下级人民法院再审的，应当作出裁定，裁定应当写明中止原判决的执行；情况紧急的，可以将中止执行的裁定口头通知负责执行的人民法院或者作出生效判决、裁定的人民法院，但应当在口头通知后 10 日内发出裁定书。

3. 再审期限

根据不同的审理程序，再审期限不同。（1）再审案件按照第一审程序审理的，须在六个月内作出裁判。(2)再审案件按照第二审程序审理的,须在三个月内作出裁判。

第六节　行政诉讼的特殊制度规则

一、行政诉讼证据制度

行政诉讼证据制度是行政诉讼中的核心问题之一,它既是当事人进行行政诉讼,维护自己合法权益的有力手段,也是人民法院查明案件事实,辨别争议事实真伪的工具。因此,在行政诉讼活动中,证据是所有程序中涉及的关键问题。

(一)行政诉讼证据的概念和种类

1. 行政诉讼证据的概念

行政诉讼证据,是指在行政诉讼过程中,一切用来证明案件事实情况的材料。它既包括当事人向人民法院提交的证据,也包括人民法院在必要情况下依法收集的证据。行政诉讼证据虽与其他诉讼证据有许多相同之处,但也有明显的特征。

(1)行政诉讼证据来源的特定性

在行政诉讼之前的行政程序中,作为行政诉讼原、被告的相对人和行政机关已围绕被诉行政行为提交和收集了相关证据。同时,行政诉讼的证据主要由被告行政机关提供给人民法院,行政机关在行政程序中必须遵循先取证、后裁决规则,待充分、全面掌握了证据,才能作出行政行为。因此,行政诉讼证据主要是在行政程序中已产生或确定的证据。

(2)行政诉讼举证责任分配的特殊性

在行政诉讼中,被告对被诉行政行为的合法性承担举证责任是基本规则,原告只在特定情况下承担举证责任。

(3)行政诉讼证据证明对象的特殊性

民事诉讼证据所要证明的是双方当事人在民事法律关系中的某种事实或行为,刑事诉讼证据所要证明的是被告是否实施了某种犯罪或犯罪事实的情况,而行政诉讼证据则要证明行政行为是否合法。

2. 行政诉讼证据种类

根据《行政诉讼法》第33条第1款的规定,行政诉讼的证据包括书证、物证、视听资料、电子数据、证人证言、当事人的陈述、鉴定意见和勘验笔录、现场笔录。

(1)书证。书证是指以文字、符号、图形等所记载或表示的内容、概念来证明案件事实的证据。

（2）物证。物证是指以自己的存在、形状、质量等外部特征和物质属性，证明案件事实的物品。

（3）视听资料。视听资料是利用现代科技手段记载法律事件和法律行为的证据，具有较强的准确性和逼真性。

（4）电子数据。电子数据是指基于计算机应用、通信和现代管理技术等电子化技术手段形成的包括文字、图形、符号、数字、字母等的客观资料。这是2014年修订后的《行政诉讼法》新增的证据类型。

（5）证人证言。证人证言是指证人就自己了解的案件事实向人民法院所作的陈述。证人证言一般是以口头形式表现出来的，当事人可以向人民法院提供书面证人证言。

（6）当事人陈述。当事人陈述是诉讼当事人就案件事实向人民法院所作的陈述。在广义上，当事人陈述还包括当事人关于诉讼请求的陈述，关于与案件有关事实的陈述，关于案件性质和法律问题的陈述等。

（7）鉴定意见。鉴定意见是指鉴定人运用自己的专业知识，利用专门的设备和材料，对某些专门问题所作的结论性意见。

（8）勘验笔录、现场笔录。勘验笔录是人民法院或行政机关指派的勘验人员对与案件有关的现场或者物品进行勘验、检验、测量、绘图、拍照、调查等所作的记录。现场笔录是指行政机关及其工作人员在行政管理过程中对与行政案件有关的现场情况及其处理所作的书面记录。比如说行政机关工作人员在作出行政处罚决定过程中对违法当事人的违法行为的事实、情节、程度以及当场作出处罚的情况所作的记录。

（二）行政诉讼举证责任

1. 举证责任的概念

在我国，“举证责任”一词首先由行政诉讼法引入法律之中。一般认为，举证责任是法律假定的一种后果，指承担举证责任的当事人应当举出证据证明自己的主张是成立的，否则将承担败诉的不利后果。要求当事人对特定的事实承担举证责任，促成案件事实的尽快查明，是确立举证责任制度的基本目的。

2. 举证责任分配

举证责任的分配是法律按照一定的标准，规定应当由哪一方当事人对诉讼中的相关事实提供证据加以证明，否则就应承担败诉后果的问题。举证责任的分配，是证据制度中十分重要的问题，关系到对当事人权益的保护和诉讼公平正义的实现。行政诉讼因其性质的特殊性，在举证责任的分配方面也体现出独特性。

根据行政诉讼法的有关规定，被告承担举证责任情形有：

（1）对作出的行政行为的合法性负有举证责任。被告应当提供作出该行政行为的证据和所依据的规范性文件，不提供或者无正当理由逾期提供证据，视为没有相应证据,除非被诉行政行为涉及第三人合法权益、应由第三人提供证据。

(2) 在行政赔偿、补偿的案件中,由于被告的原因导致原告无法对行政行为造成的损害提供证据的,由被告承担举证责任。

(3) 被告在诉讼过程中不得自行收集证据的特殊规定。在诉讼过程中,除了原告或者第三人提出了其在行政处理程序中没有提出的理由或者证据的,经人民法院准许,被告可以补充证据的以外,被告及其诉讼代理人不得自行向原告、第三人和证人收集证据。

确立被告对被诉行政行为合法性负担举证责任原则主要基于以下原因:第一,由被告负担举证责任,是被告行政机关在行政程序中必须遵循"先取证、后裁决"规则的自然延伸。第二,由被告负担举证责任,有利于发挥行政机关的举证优势。第三,由被告负担举证责任,有利于促进行政机关依法行政。

虽然行政诉讼中被告对行政行为的合法性承担举证责任,但不排除在特定情况下由原告提供证据的可能。根据有关规定,行政诉讼中原告提供证据仅限于下列情形:

(1) 公民、法人或者其他组织向人民法院起诉时,应当提供其符合起诉条件的相应的证据材料。

(2) 在起诉被告不作为的案件中,原告应当提供其在行政程序中曾经提出申请的证据材料,被告应当依职权主动履行法定职责的除外。

(3) 在行政赔偿诉讼中,原告应当对被诉行政行为造成损害的事实提供证据。在行政赔偿诉讼中,原告因被诉行政行为遭受损害,是原告主张被告给予自己行政赔偿的基本前提,原告的这一主张与被诉行政行为的合法性没有必然关联,由原告提供证据更为恰当。

(三) 调取和保全证据

1. 行政诉讼证据的调取

在行政诉讼中,人民法院调取证据可分为依职权主动调取和依申请调取证据两种情形。不论属哪种情形,人民法院皆不得为证明被诉行政行为的合法性,调取被告在作出行政行为时未收集的证据。

根据《行政诉讼法》第41条的规定,与案件有关的下列证据,原告或者第三人不能自行收集的,可以申请人民法院调取:第一,由国家机关保存而须由人民法院调取的证据;第二,涉及国家秘密、商业秘密和个人隐私的证据;第三,确因客观原因不能自行收集的其他证据。

2. 证据保全

证据保全是指在证据可能灭失或以后难以取得的情况下,人民法院根据诉讼参加人的申请或依职权主动采取措施,对证据加以确定和保护的制度。《行政诉讼法》

第42条规定:“在证据可能灭失或者以后难以取得的情况下,诉讼参加人可以向人民法院申请保全证据,人民法院也可以主动采取保全措施。”

证据保全可以发生在诉讼开始之前,也可以发生在诉讼之中。诉讼发生前的证据保全必须有利害关系人的申请,而诉讼过程中的证据保全一般也以当事人申请为前提,必要时人民法院才依职权主动进行保全。当事人在诉讼中申请保全证据时,应当在举证期限届满前以书面形式提出,并说明证据的名称和地点、保全的内容和范围、申请保全的理由等事项。当事人申请保全证据的,人民法院可以要求其提供相应的担保。

(四)证据的质证

证据的质证,是指在法官的主持下,当事人就有关证据进行辨认和对质,围绕证据的真实性、关联性和合法性及证据的证明力和证明力大小进行辩论的活动,是对证据进行审查的重要环节。《行政诉讼法》第43条第1款规定:“证据应当在法庭上出示,并由当事人互相质证。对涉及国家秘密、商业秘密和个人隐私的证据,不得在公开开庭时出示。”

原则上,一切证据均应在法庭上出示,并经庭审质证,才能作为定案的依据,即使人民法院调取的证据也是如此。在对证据进行对质和辨认过程中,经法庭准许,当事人及其代理人可以就证据问题相互发问,也可以向证人、鉴定人或者勘验人发问。但当事人及其代理人相互发问,或者向证人、鉴定人、勘验人发问时,发问的内容应当与案件事实有关联,不得采用引诱、威胁、侮辱等语言或者方式。

(五)证据的审核认定

根据行政诉讼法的有关规定,证据经法庭审查属实,才能作为认定案件事实的根据。人民法院应当按照法定程序,全面、客观地审查核实证据。对未采纳的证据应当在裁判文书中说明理由。以非法手段取得的证据,不得作为认定案件事实的根据。

1. 证据审核认定的概念和内容

证据的审核认定,是指法官在听取当事人对证据的说明、对质和辨认后,对证据作出的采信与否的认定。它是人民法院对当事人举证、质证结果的评价和认定。证据审核认定的主体是合议庭的法官,审核认定的内容是对证据是否具有真实性、关联性和合法性作出确认。

(1)审核认定证据的真实性

证据的真实性是指作为证据的事实必须是客观存在的事实,而不是猜测和虚构的东西,这是证据的最基本特征之一,人民法院必须予以全面、客观地审核认定。法庭应当根据案件的具体情况,从以下方面审查证据的真实性:第一,证据形成的原因;第二,发现证据时的客观环境;第三,证据是否为原件、原物,复制件、复制品与原件、原物是否相符;第四,提供证据的人或者证人与当事人是否具有利害关系;第五,影响证据真实性的其他因素。

(2) 审核认定证据的关联性

证据的关联性是指证据必须与案件事实之间存在着内在联系。在人民法院审理中,法庭应当对经过庭审质证的证据和无需质证的证据进行逐一审查和对全部证据综合审查,遵循法官职业道德,运用逻辑推理和生活经验,进行全面、客观和公正的分析判断,确定证据材料与案件事实之间的证明关系,排除不具有关联性的证据材料,准确认定案件事实。

(3) 审核认定证据的合法性

证据的合法性包括两方面的概念:一方面是证据必须符合法律对其的形式要求;另一方面是证据的收集必须符合法律要求。因此,法庭应当根据案件的具体情况,从三方面审查证据的合法性:第一,证据是否符合法定形式;第二,证据的取得是否符合法定的要求;第三,是否有影响证据效力的其他违法情形。

2. 证据效力的判断

在对证据进行审核认定过程中,如果发现证明同一事实的数个证据,其证明效力一般可以按照以下情形分别认定:

(1) 国家机关以及其他职能部门依职权制作的公文文书优于其他书证;(2)鉴定结论、现场笔录、勘验笔录、档案材料以及经过公证或者登记的书证优于其他书证、视听资料和证人证言;(3)原件、原物优于复制件、复制品;(4)法定鉴定部门的鉴定结论优于其他鉴定部门的鉴定结论;(5)法庭主持勘验所制作的勘验笔录优于其他部门主持勘验所制作的勘验笔录;(6)原始证据优于传来证据;(7)其他证人证言优于与当事人有亲属关系或者其他密切关系的证人提供的对该当事人有利的证言;(8)出庭作证的证人证言优于未出庭作证的证人证言;(9)数个种类不同、内容一致的证据优于一个孤立的证据。

人民法院在庭审中经过质证的证据,能够当庭认定的,应当当庭认定;不能当庭认定的,应当在合议庭合议时认定。法庭发现当庭认定的证据有误时,应及时予以纠正。在庭审结束前发现认定有误的,应当重新进行认定;在庭审结束后宣判前发现认定有误的,在裁判文书中予以更正并说明理由,也可以再次开庭予以认定;对有新的证据材料可能推翻已认定的证据的,应当再次开庭予以认定。

二、行政诉讼的法律适用

(一) 行政诉讼法律适用的概念

行政诉讼的法律适用,是指人民法院按照法定程序将法律、法规具体运用于各种行政案件,对被诉行政行为的合法性进行审查的活动。行政诉讼的法律适用包括两方面的法律规范:诉讼法、行政实体法和行政程序法。

1．诉讼法的法律适用

人民法院适用诉讼法主要解决行政诉讼进行的程序问题，以保证人民法院对被诉行政行为的审查能顺利进行。诉讼法法律规范的适用主要是行政诉讼法的具体规定和最高人民法院对行政诉讼法的司法解释，此外，还包括单行行政法律、法规中有关的诉讼程序条款以及民事诉讼法的相关规定。

2．行政实体法和行政程序法的法律适用

适用行政实体法与行政程序法，主要解决人民法院对被诉行政行为合法性审查判断标准问题，即人民法院以何种标准来审查被诉行政行为的合法性进而对被诉行政行为的合法性作出裁判。由于我国行政法规范制定主体多元化、效力等级不一和数量繁多等因素，适用行政实体法和行政程序法较为复杂和困难，也是行政诉讼法律适用的重点要解决的问题。

（二）行政诉讼法律适用的规则

根据我国行政诉讼法的规定，人民法院在行政诉讼中适用法律要遵循以下规则：

1．法律、行政法规与地方性法规是行政审判的依据

根据《行政诉讼法》第 63 条第 1 款的规定，人民法院审理行政案件，以法律和行政法规、地方性法规为依据。行政审判的依据是指人民法院审理行政案件，对行政行为合法性进行审查和裁判必须遵循的根据。即人民法院审理行政案件，审查行政行为是否合法进而对其作出裁判时，在有法律、法规具体规定的情况下，法律、法规是人民法院直接适用的根据，人民法院无权拒绝适用。

法律是国家最高权力机关制定的在全国范围内具有普遍约束力的规范性文件。在我国的法律规范层级体系中，法律的地位仅次于具有最高法律效力的国家根本大法——宪法，对一切国家机关都有约束力。人民法院在审查行政行为的合法性时，必须以法律为依据。

行政法规是最高国家行政机关国务院依据宪法和法律、按照一定的程序制定的、在全国范围内具有普遍约束力的规范性文件，效力仅次于宪法和法律，只要行政法规不与宪法、法规相抵触，均应为人民法院进行行政审判的依据。

地方性法规是指由省、直辖市、自治区和设区的市、自治州人民代表大会及其常务委员会、省、自治区人民政府所在地的市和经济特区所在地的市及经国务院批准的较大的市人民代表大会及其常务委员会制定的规定性文件。它是特定区域内的全体人民意志的体现，效力低于法律和行政法规，地方人民法院在审理本地区发生的行政案件时，必须依据地方性法规的规定。

根据《行政诉讼法》第 63 条第 2 款的规定，人民法院审理民族自治地方的行政案件，应以该民族自治地方的自治条例和单行条例为依据。自治条例和单行条例是民族自治地方的人民代表大会依照宪法、民族区域自治法和其他法律规定的权限，结合当地的政治、经济和文化特点，所制定的规范性文件，它是民族自治地方权力机关代表民族自治地方各族人民行使民族自治权利的体现。自治条例、单行条例与地方性法规是处于同一级别的法律规范，人民法院在审理民族自治地方的行政案件时，应以其为依据。

2. 规章的参照适用

在我国，根据《行政诉讼法》第63条第3款的规定，人民法院审理行政案件，参照规章。规章可分为部门规章和地方规章两种。部门规章是指国务院各部委及直属机构根据法律和国务院的行政法规、决定、命令，在本部门权限内，按照规定的程序制定的规定、办法、实施细则、规则等具有普遍约束力的规范性文件的总称。部门规章在全国范围内具有约束力和执行力，属于中央行政立法的范畴，在效力等级上低于法律和行政法规。地方规章是指省、自治区、直辖市和设区的市、自治州以及省、自治区的人民政府所在地的市、经济特区所在地的市和经国务院批准的较大的市的人民政府根据法律和行政法规、地方性法规所制定的普遍适用于本地区的规范文件的总称。地方规章只在所管辖的行政区域内具有效力，属于地方行政立法的范畴，在效力等级上低于法律、行政法规和地方性法规。

规章在人民法院审理行政案件时处于"参照"地位。与"依据"法律、法规相比，"参照"规章具有特定含义。"依据"法律、法规是指人民法院在审理相关行政案件时，必须而不是可以选择的适用法律、法规中的具体规定。而"参照"则是指人民法院在审理相关行政案件时，对规章进行"审查"，对符合法律、法规规定的规章予以适用，选择作为定案的法律依据；对不符合或不完全符合法律、法规规定的规章，人民法院可以选择不予适用。可见，参照规章赋予了人民法院对规章在一定程度上的审查权，审查的效果不是对规章效力的肯定或否定，而是对规章有选择适用的权力。

3. 其他规范性文件在行政诉讼中的地位

其他规范性文件，是指规章以下的具有普遍约束力的行政决定、命令的总称。行政诉讼法对其他规范性文件在行政诉讼中的法律效力没有作出规定。一般认为，其他规范性文件不属法的范畴，对人民法院没有强制约束力。由于这些规范性文件比规章的效力低，制定依据往往不大明确，而制定程序也不大确定，因而人民法院不能像规章一样予以参照适用。

不过，从法律依据上看，法律、法规赋予国家行政机关制定其他规范性文件的权力，其他规范性文件的制定具有法律基础。从实际的行政管理和司法实践角度来看，其他规范性文件在加强行政管理落实法律、法规和规章规定，促使行政机关履行管理职责，提高行政效率等方面又起到十分重要的作用。因此，当其他规范性文件有明确的法律、法规和规章依据，同时不违反法律、法规和规章的情况下，人民法院应对其他规范性文件予以参考。这并非将其他规范性文件置于同规章相同的地位，对规章参照与其他规范性文件的参考的不同在于:规章在符合法律、法规的情况下人民法院必须参照适用,而人民法院参考其他规范性文件也只是考虑其规定,其他规范性文件仍只具有辅助作用。

根据《行政诉讼法》第 64 条的规定,人民法院在审理行政案件中,经审查认为被诉行政行为所依据的规范性文件不合法的,不作为认定行政行为合法的依据,并向制定机关提出处理建议。因此,人民法院在适用其他规范性文件时,也同样享有对其他规范性文件的审查权,而且拥有比对待规章更大的取舍权力。

4. 人民法院对司法解释的援引

司法解释是最高人民法院就在审判过程中如何具体应用法律问题进行的解释,是对法律的具体化。人民法院在审理行政案件时,适用最高人民法院司法解释的,应当在裁判文书中援引。

三、行政案件审理中的特殊制度

(一) 撤诉

1. 撤诉的概念

行政诉讼中的撤诉,是指原告或上诉人(或再审原告或原审上诉人)自立案至人民法院作出裁判前,向人民法院撤回自己的诉讼请求,不再要求人民法院对案件进行审理的行为。《行政诉讼法》第 58 条、第 62 条的规定,经人民法院传票传唤,原告无正当理由拒不到庭,或者未经法庭许可中途退庭的,可以按照撤诉处理;人民法院对行政案件宣告判决或者裁定前,原告申请撤诉的,或者被告改变其所作的行政行为,原告同意并申请撤诉的,是否准许,由人民法院裁定。

根据撤诉所处的审级不同,撤诉可分为撤回起诉、撤回上诉和撤回再审申请三类,其主体分别为原告、上诉人和再审原告或原审上诉人。根据撤诉是否由当事人提出,可将撤诉分为申请撤诉和视为申请撤诉两类。前者指当事人主动向受诉人民法院提出撤诉申请,不再要求受诉人民法院对案件继续进行审理,是当事人对自己诉讼权利的积极处分;后者指当事人拒绝履行法定诉讼义务,视为其申请撤诉的情形,它是当事人对自己诉讼权利的消极处分。

2. 撤诉的条件

(1) 申请撤诉的条件

第一,撤诉申请人必须是原告(一审)、上诉人(二审)、再审原告或原审上诉人以及经他们特别授权的代理人。被告或第三人和被上诉人以及再审被告和原审被上诉人均不得提出撤诉申请。

第二,申请撤诉必须基于当事人自己真实的意思表示,出于当事人自愿。行政机关不能强制当事人撤诉。申请撤诉包括两种情形:一种是被诉行政行为没有任何变化,但申请撤诉;另一种是被诉行政机关在诉讼过程中改变被诉行政行为,当事人同意并申请撤诉。无论哪一种情形,行政机关都不能强制当事人撤诉。被诉行政机关改变被诉行政行为可能是被诉行政机关积极主动改变,包括依法履行法定职责、采取相应的补救补偿措施等,也可能是基于其他原因。比如说,人民法院经审查认为被诉行政行为违法或者不当,可以在宣告判决或者裁定前,建议被诉行政机关改变其所作的行政行为,被诉行政机关接受人民法院建议;在行政裁决案件中,书面认可当事人与第三人达成和解的。

第三,撤诉必须符合法律规定,并经人民法院准许。人民法院应当对撤诉申请进行审查,申请符合条件的,裁定准予撤诉,案件审理终结。比如说,因被告改变被诉行政行为,原告申请撤诉的,人民法院需要审查是否违反法律、法规的禁止性规定,是否超越或者放弃职权,是否损害公共利益和他人合法权益等。申请撤诉不符合法定条件,或者被诉行政机关改变被诉行政行为后当事人不撤诉的,人民法院应当及时作出裁判。

(2) 视为申请撤诉的条件

视为申请撤诉情形不同,条件有别:①原告或上诉人经合法传唤,无正当理由拒不到庭,可以按撤诉处理;②原告或上诉人未经法庭许可中途退庭,可以按撤诉处理;③原告或上诉人未按规定的期限预交案件受理费,又不提出缓交、减交、免交申请,或者提出申请未获批准的,按自动撤诉处理。

3. 撤诉的法律后果

当事人撤诉后诉讼程序终结。原告以同一事实和理由重新起诉的,人民法院不予受理。原告或者上诉人未按规定的期限预交案件受理费而按自动撤诉处理的,原告如果在法定期限内再次起诉或者上诉,并依法解决诉讼费预交问题的,人民法院应予受理。准予撤诉的裁定确有错误,原告申请再审的,人民法院应当通过审判监督程序撤销原准予撤诉的裁定,重新对案件进行审理。

(二) 缺席判决

缺席判决,与对席判决相对而言,是指人民法院在开庭审理时,在一方当事人或双方当事人未到庭陈述、辩论的情况下,合议庭经审理所作的判决。缺席判决的意义在于维护法律的尊严,充分保护到庭的当事人的合法权益,不使诉讼因某一方当事人的随意缺席而半途而废。

行政诉讼中的缺席判决主要包括三种情形:一是被告无正当理由拒不到庭,可以缺席判决。二是被告虽然到庭参加诉讼,但未经法庭许可中途退庭的,可以缺席判决。三是原告或者上诉人申请撤诉,人民法院裁定不予准许的,原告或者上诉人经合法传唤无正当理由拒不到庭,或者未经法庭许可而中途退庭的,人民法院可以缺席判决。

（三）先予执行

《行政诉讼法》第57条第1款规定，人民法院对起诉行政机关没有依法支付抚恤金、最低生活保障金和工伤、医疗社会保险金的案件，权利义务关系明确、不先予执行将严重影响原告生活的，可以根据原告的申请，裁定先予执行。人民法院对被诉行政行为的先予执行必须以有申请为前提，申请的主体包括被诉行政行为确定的权利人和利害关系人。当事人对先予执行裁定不服的，可以申请复议一次。复议期间不停止裁定的执行。

（四）行政行为的停止执行问题

行政行为是由国家行政机关行使国家权力作出的行为，具有执行力。行政行为被诉后，是否需要因此而停止执行，是行政诉讼中的一个重要问题。我国确立了起诉不停止执行的原则。《行政诉讼法》第56条规定，行政诉讼期间，不停止行政行为执行。不过，鉴于只有部分作出被诉行政行为的行政主体拥有法定的强制执行职权，一旦涉诉，行政主体对于没有强制执行职权的行政决定实际上会得不到执行。

另外，根据《行政诉讼法》第56条第1款的规定，在下列情形下人民法院裁定停止具体行政行为的执行：(1)被告认为需要停止执行的；(2)原告或者利害关系人申请停止执行，人民法院认为该行政行为的执行会造成难以弥补的损失，并且停止执行不损害国家利益、社会公共利益的；(3)人民法院认为该行政行为的执行会给国家利益、社会公共利益造成重大损害的；(4)法律、法规规定停止执行的。

四、涉外行政诉讼

（一）涉外行政诉讼的概念与特征

涉外行政诉讼，即具有涉外因素的行政诉讼，在我国是指外国人、无国籍人、外国组织认为我国国家行政机关及其工作人员所作的行政行为侵犯其合法权益，依法向人民法院提起行政诉讼，由人民法院对行政行为进行审查并作出裁判的活动。《行政诉讼法》第99条规定："外国人、无国籍人、外国组织在中华人民共和国进行行政诉讼，适用本法。法律另有规定的除外。"

涉外行政诉讼的特征有：

1. 主体的涉外性

诉讼具有涉外因素是涉外诉讼区别于一般诉讼的关键之处。涉外行政诉讼自然也不例外，但涉外行政诉讼所表现出的涉外性仅为主体的涉外性。行政诉讼的被告只能是我国国家行政机关或者法律、法规授权的组织，只有行政诉讼原告和第三人中至少有一方是外国人或者外国组织，才能形成涉外行政诉讼。

这里的外国人或者外国组织包括外国人、无国籍人、国籍不明人以及外国企业、外国组织等。不过值得注意的是，当事人是港、澳、台地区的居民和组织的行政诉讼不属于涉外行政诉讼,但考虑到这三个地区的特殊性,在行政诉讼中具体问题的处理上可以参照涉外行政诉讼的规定。

2. 行政诉讼发生地点的特定性

构成涉外行政诉讼除主体的涉外因素外,还必须具备:第一,行政行为必须发生在我国领域内,是我国主权范围内的事项,由我国的国家行政机关或者法律、法规授权的组织进行处理;第二,外国当事人在我国人民法院提起行政诉讼或者参加在我国人民法院进行的行政诉讼。

(二) 涉外行政诉讼的特有原则

涉外行政诉讼除应遵循我国行政诉讼法的基本原则外,还应遵循适用于涉外行政诉讼的特有原则。涉外行政诉讼有两项原则:同等原则和对等原则。

1. 同等原则

同等原则指外国人、无国籍人、外国组织在我国进行行政诉讼时,可以享有与我国公民、法人及其他组织在行政诉讼中所享有的同样的诉讼权利,同时也应承担与我国公民、法人及其他组织在行政诉讼中所应承担的同样的诉讼义务。它是处理国际关系中的"国民待遇"原则在行政诉讼中的体现,它为外国人、无国籍人、外国组织在他国进行行政诉讼提供了可靠保障。应当指出的是,涉外行政诉讼的同等原则,只适用于行政诉讼上的权利和义务,而不适用于实体法上的权利和义务,我国公民、法人及其他组织与外国人、无国籍人、外国组织在法律上的实体权利是否同等取决于实体法的具体规定。《行政诉讼法》第100条第1款规定:"外国人、无国籍人、外国组织在中华人民共和国进行行政诉讼,同中华人民共和国公民、组织有同等的诉讼权利和义务。"

2. 对等原则

《行政诉讼法》第100条第2款规定:"外国人民法院对中华人民共和国公民、组织的行政诉讼权利加以限制的,人民法院对该国公民、组织的行政诉讼权利,实行对等原则。"主权国家应当以平等互惠为基础,这在行政诉讼上的具体体现就是对等原则。

第七节 行政诉讼的裁判与执行

一、行政诉讼的判决

(一) 行政诉讼判决的概念与种类

行政诉讼判决,简称行政判决,是指人民法院审理行政案件终结时,根据审理所查清的事实,依据法律规定对行政案件实体问题作出的结论性处理决定。行政诉讼判决是人民法院行使国家行政审判权对行政机关进行监督的集中体现,是人民法院解决行政争议的基本手段,也是人民法院审理行政案件和当事人参加诉讼的结果的表现形式。

按照不同的标准,可以对行政诉讼判决作出不同的划分。按照审级标准可将判决分为一审判决、二审判决和再审判决;按照判决是否发生法律效力可将判决分为生效判决和未生效判决等。

(二)行政诉讼第一审判决

行政诉讼的一审判决,是人民法院在第一审程序中所作出的判决,是人民法院对案件初次作出的判定,当事人对其不服,有权在法定期限内向上一级人民法院提出上诉。根据行政诉讼判决的性质,行政诉讼一审判决分为驳回诉讼请求判决、撤销判决、履行判决、确认判决和变更判决等形式。

1. 驳回原告诉讼请求的判决

一审人民法院认为行政行为证据确凿,适用法律、法规正确,符合法定程序的,或者原告申请被告履行法定职责或者给付义务理由不成立的,判决驳回原告的诉讼请求。驳回原告诉讼请求的判决适用于以下两种情形:

(1)被告的作为的行政行为合法

第一,证据确凿。即行政行为所依据的证据确实可靠,并足以证明行政行为认定事实的存在。第二,适用法律、法规正确,即被诉行政行为所适用的法律、法规及相应条款正确合理。第三,符合法定程序。即被告作出行政行为符合了法律规定的行政程序。

(2)原告申请的被告履行法定职责或者给付义务的理由不成立

在原告诉被告不作为的行政案件中,如果被告不构成行政不作为,即原告诉被告不作为的理由不能成立时,人民法院应当判决驳回原告的诉讼请求。

2. 撤销判决

撤销判决即人民法院经过审查后作出的否定行政行为合法性的判决。撤销判决分为判决全部撤销、判决部分撤销及判决撤销并责成被告重新作出行政行为。被告重新作出行政行为时,不得以同一的事实和理由作出与原行政行为基本相同的行政行为。被诉行政行为有下列情形之一的,人民法院判决撤销:

(1)主要证据不足

指被诉行政行为缺乏必要的证据,不足以证明被诉行政行为所认定的事实情况。主要证据不足意味着行政机关在没有查清案件基本情况或在没有充分证据证明的情况下就作出了行政行为,行政行为缺乏事实基础,人民法院有权予以撤销。

(2)适用法律、法规错误

指行政机关作出行政行为时错误地适用了法律、法规或者法律、法规的条款。

（3）违反法定程序

指行政机关在实施行政行为时违反了法律规定的作出该行为应当遵循的步骤、顺序、方式和时限等要求。它是作出撤销行政行为判决一个独立存在的理由，不依附于其他任何条件，只要行政行为违反程序，不管实体决定正确与否，都构成撤销该行政行为的理由。

（4）超越职权

指行政机关实施行政行为时超越了法律、法规授予其的权力界限，实施了无权实施的行政行为。主要表现有：行政机关行使了宪法、法律没有授予任何国家机关的权限，或者行使了法律授予其他国家机关的权力；超越了行政机关行使权力的地域范围；超过法定时间行使权力；超越了法律、法规规定的数额规定等。

（5）滥用职权

指行政机关具备实施行政行为的权力，并且其行为形式上也合法，然而行政机关行使权力的目的违反法律、法规赋予其该项权力的目的，实际属于权力的不正当行使。比如说，行政机关或公务员为了小集团利益或者个人利益，故意考虑法外因素或者故意不考虑应当考虑的因素。

3. 限期履行判决

限期履行判决指人民法院经过对行政案件的审理，认定被告具有不履行或者拖延履行法定职责的情形，作出的要求被告在一定期限内履行其法定职责的判决。

人民法院作出履行判决必须同时满足三个条件：一是被告具有履行某项义务的法定职责。这是人民法院作出履行判决的前提。二是被告没有履行该法定职责。没有履行包括不履行和拖延履行两种。不履行是指行政机关明示拒绝履行法定职责；拖延履行是指行政机关不及时履行自己的法定职责，或者是否履行态度不明确。三是被告没有履行法定职责无正当理由。

4. 确认判决

确认判决即人民法院通过对行政案件的审查，作出的确认行政行为违法或无效的判决。确认判决包括确认行政行为违法和确认行政行为无效。人民法院判决确认违法或者无效的，可以同时判决责令被告采取补救措施；给原告造成损失的，依法判决被告承担赔偿责任。

（1）确认违法判决的适用情形

第一，行政行为依法应当撤销，但撤销会给国家利益、社会公共利益造成重大损害的。第二，行政行为程序轻微违法，但对原告权利不产生实际影响的。第三，行政行为违法，但不具有可撤销内容的。第四，被告改变原违法行政行为，原告仍要求确认原行政行为违法的。第五，被告不履行或者拖延履行法定职责，判决履行没有意义的。

(2) 确认无效判决的适用情形

第一,被诉行政行为的实施主体不具有行政主体资格。第二,被诉行政行为没有依据。第三,被诉行政行为有其他重大且明显违法情形的。

5. 判决变更

变更判决是指人民法院直接作出的改变行政行为的判决。人民法院在以下两种情形之下判决变更被诉行政行为,一是行政处罚明显不当,二是其他行政行为涉及对款额的确定、认定确有错误的。同时,人民法院作出的变更判决,不得加重原告的义务或者减损原告的权益。但利害关系人同为原告,且诉讼请求相反的除外。

6. 一审判决的特殊规定

(1) 对行政合同案件的判决

第一,原告主张被告不依法履行、未按照约定履行协议或者单方变更、解除协议违法,理由成立的,人民法院可以根据原告的诉讼请求判决确认协议有效、判决被告继续履行协议,并明确继续履行的具体内容;被告无法继续履行或者继续履行已无实际意义的,判决被告采取相应的补救措施;给原告造成损失的,判决被告予以赔偿。第二,原告请求解除协议或者确认协议无效,理由成立的,判决解除协议或者确认协议无效,并根据合同法等相关法律规定作出处理。第三,被告因公共利益需要或者其他法定理由单方变更、解除协议,给原告造成损失的,判决被告予以补偿。

(2) 对经过复议的案件的判决

复议机关与作出原行政行为的行政机关为共同被告的案件,人民法院应当对复议决定和原行政行为一并作出裁判。第一,人民法院判决撤销原行政行为和复议决定的,可以判决作出原行政行为的行政机关重新作出行政行为。第二,人民法院判决作出原行政行为的行政机关履行法定职责或者给付义务的,应当同时判决撤销复议决定。第三,原行政行为合法、复议决定违反法定程序的,应当判决确认复议决定违法,同时判决驳回原告针对原行政行为的诉讼请求。第四,原行政行为被撤销、确认违法或者无效,给原告造成损失的,应当由作出原行政行为的行政机关承担赔偿责任;因复议程序违法给原告造成损失的,由复议机关承担赔偿责任。

(三) 行政诉讼第二审判决

二审判决是人民法院在第二审程序中就上诉案件作出的判决,由于我国实行两审终审制,因而二审判决是生效判决,亦称终审判决,当事人对其不能提出上诉。第二审人民法院适用第二审程序对上诉案件进行审理后,可以作出三种类型的判决,即维持原判、依法改判和发回重审。

1. 维持原判

根据《行政诉讼法》第 89 条第 1 款第 1 项的规定,维持判决适用的情形是:原判决、裁定认定事实清楚,适用法律、法规正确的,二审法院应该作出驳回上诉的裁决,维持原判决、裁定。

2. 依法改判、撤销或者变更

根据《行政诉讼法》第89条第1款第2、3项的规定，依法改判、撤销或者变更判决的适用情形是：原判决、裁定认定事实错误或者适用法律、法规错误的，依法改判、撤销或者变更。依法改判的情形还包括：在原判决认定基本事实不清、证据不足的情况下，二审法院查清事实后依法改判。

3. 发回重审

根据《行政诉讼法》第89条第1款第2、4项的规定，发挥重审的情形包括：第一，原判决认定基本事实不清、证据不足的，二审法院可以发回原审人民法院重审。第二，原判决遗漏当事人或者违法缺席判决等严重违反法定程序的，应裁定撤销原判决，发回原审人民法院重审。原审人民法院对发回重审的案件作出判决后，当事人提起上诉的，第二审人民法院不得再次发回重审。

（四）再审判决

再审裁判是人民法院按照审判监督程序所作出的裁判。再审裁判既可以采用判决形式，也可以采用裁定形式。由于再审裁判涉及的问题相对复杂，我们一并对人民法院所作出的再审判决和再审裁定进行分析。

1. 人民法院经过再审审理，认为原审判决认定事实和适用法律均无不当时，人民法院应当裁定撤销原中止执行的裁定，继续执行原判决。

2. 人民法院经过再审审理认为原审判决、裁定确有错误的，人民法院分不同情况进行处理：

（1）原审人民法院审理案件时违反法定程序可能影响案件正确裁决的，人民法院应当作出裁定，将案件发回作出生效裁判的人民法院重新审理。这些情形主要有：第一，审理本案的审判人员、书记员应当回避而未回避的；第二，依法应当开庭审理而未经开庭即作出判决的；第三，未经合法传唤当事人而缺席判决的；第四，遗漏必须参加诉讼的当事人的；第五，对与本案有关的诉讼请求未予裁判的等。

（2）人民法院经过再审审理，如果认为第二审人民法院维持第一审人民法院不予受理或者驳回起诉裁定错误的，再审人民法院应当撤销第一审、第二审人民法院裁定，指令第一审人民法院受理。

（3）除上述两种情况外，再审人民法院认为原审判决、裁定确有错误时，在撤销原生效裁决或者裁定的同时，可以对生效判决、裁定的内容作出相应裁判，也可以裁定撤销生效判决、裁定，发回作出生效判决、裁定的人民法院重新审判。

二、行政诉讼裁定

（一）行政诉讼裁定的概念与特征

行政诉讼的裁定，是指人民法院在审理行政案件过程中或者执行案件的过程中，就程序问题所作出的判定。行政诉讼的裁定和行政诉讼判决一样都是人民法院行使国家行政审判权的体现,具有权威性和法律效力,但二者有许多区别,正是这些区别体现了行政诉讼的裁定的特点:

1. 行政诉讼的判决解决的是行政案件的实体问题,而行政诉讼的裁定解决的是行政案件审理过程或者是案件执行过程中的程序问题。

2. 行政诉讼的判决一般是在行政案件审理的最后阶段作出的,而行政诉讼的裁定在行政诉讼的任何阶段都可能作出。通常人民法院在一个审理程序中只能作出一个判决,而人民法院在一个审理程序中可能作出多个裁定。

3. 行政诉讼判决依据的是行政实体法和行政程序法,而行政诉讼裁定依据的是行政诉讼法。

4. 行政诉讼判决是要式行为,必须采用书面形式,而行政诉讼裁定则既可以是书面形式,也可以是口头形式。

5. 当事人对一审判决不服均可以提出上诉,而当事人对第一审程序中的行政裁定并非都可以提出上诉,而只能对部分裁定有权提出上诉。

(二) 行政诉讼裁定的适用范围及法律效力

行政诉讼中的裁定主要适用于下列事项:(1)不予受理;(2)驳回起诉;(3)管辖异议;(4)终结诉讼;(5)中止诉讼;(6)移送或者指定管辖;(7)诉讼期间停止行政行为的执行或者驳回停止执行的申请;(8)财产保全;(9)先予执行;(10)准许或者不准许撤诉;(11)补正裁判文书中的笔误;(12)中止或者终结执行;(13)提审、指令再审或者发回重审;(14)准许或者不准许执行行政机关的行政行为;(15)其他需要裁定的事项。

其中,当事人对不予受理裁定、驳回起诉裁定和管辖权异议裁定不服的,可以在人民法院作出裁定之日起 10 日内向上一级人民法院提出上诉,逾期不提出上诉的,人民法院的裁定即发生法律效力。对于除以上三类裁定之外的其他所有裁定,当事人无权提出上诉,一经宣布或者送达,即发生法律效力。

三、行政诉讼决定

(一) 行政诉讼决定的概念

行政诉讼决定,是指人民法院为了保证行政诉讼的顺利进行,依法对行政诉讼中的某些特殊事项所作的处理。决定是对人民法院在行政诉讼过程中作出的各种命令的总称。行政诉讼决定的特点有:

1. 决定所解决的问题是发生在行政诉讼中的某些特殊事项,这些事项往往具有紧迫性,它既不同于行政诉讼判决解决的是实体问题,也不同于行政诉讼裁定解决的是程序问题。

2. 行政诉讼决定的作用在于保证诉讼程序的正常和顺利进行,或者为案件的正常审理提供必要的条件。

(二) 行政诉讼决定的适用范围及效力

行政诉讼中的决定主要有:(1)有关回避事项的决定。(2)对妨害行政诉讼的行为采取强制措施的决定。(3)审判委员会对已生效的行政案件的裁判认为应当再审的决定。(4)有关诉讼期限事项的决定。(5)有关管辖的决定。(6)确定诉讼费用承担的决定。(7)确定诉讼参加人的决定。(8)其他决定。

在行政诉讼中,无论何种性质的决定,一经宣布或送达,即发生法律效力。义务人必须履行相关义务,对决定不服,不得提出上诉。法律规定当事人可以申请复议的,当事人有权申请复议,但复议期间不停止决定的执行。

四、行政诉讼的执行

(一) 行政诉讼执行的概念

行政诉讼的执行,是指行政案件当事人逾期拒不履行人民法院依法作出的生效的法律文书,人民法院和有关行政机关运用国家强制力量,依法采取强制措施促使当事人履行义务,从而使生效法律文书的内容得以实现的活动。行政诉讼执行是行政诉讼的最后一个环节,它对于实现行政诉讼法的任务,保护当事人的合法权益,具有重要意义。

(二) 执行主体

执行主体指在行政诉讼执行中享有权利、义务的各方主体。包括执行机关、执行当事人、执行参与人和执行异议人。

1. 执行机关

执行机关,也称执行组织,指拥有行政诉讼执行权,主持执行程序,采取强制执行措施的主体。我国行政案件的执行机关除作为审判机关的人民法院外,还包括行政机关。

人民法院作为执行机关时,一般由第一审人民法院负责执行。如果第一审人民法院认为情况特殊需要由第二审人民法院执行的,可以报请第二审人民法院执行;第二审人民法院可以决定由其执行,也可以决定由第一审人民法院执行。行政机关在人民法院肯定被诉行政行为的合法性、并且依法享有法律规定的强制执行权时,可以自行执行生效的行政裁决。

2. 执行当事人

执行当事人,指行政诉讼执行中的执行申请人和被申请人或被执行人。执行当事人中负有履行义务的一方是被申请人或被执行人,而享有权利的一方当事人是申请人或执行申请人。

一般情况下,行政诉讼执行由人民法院负责执行,执行当事人就是行政诉讼的当事人。但在依法享有强制执行权的行政机关作为行政诉讼执行的执行机关时,该行政机关作为行政诉讼一方当事人,同时又成为了执行机关,行政机关具有双重身份。

3. 执行参与人

执行参与人,指除执行当事人以外的其他参与执行过程的单位或者个人。

4. 执行异议人

执行异议人,指没有参与执行程序,但对执行标的主张权利,提出不同意见的个人或者组织,也称案外异议人。执行异议人提出异议时一般应采用书面形式,说明异议的理由并提供有关证据;执行人员应当及时审查异议理由,并作必要的调查核实。如果异议确有理由和事实根据,报请院长批准后中止执行;如果异议理由不成立的,驳回异议申请,继续执行程序。

(三) 执行根据

执行根据,是指执行申请人申请执行或者执行机关依职权直接采取执行措施所依据的法律文书。它是执行工作得以开始和进行的前提和基础,存在执行根据是开始行政诉讼执行的必要条件。执行依据包括行政判决书、行政裁定书、行政赔偿判决书和行政赔偿调解书。

(四) 执行措施

执行措施,是指执行机关运用国家强制力,强制被执行人完成所承担的义务的法律手段和方法。执行措施的采用直接涉及对被执行人人身、财产的限制和处分,关系到被执行人的切身利益,对被执行人影响很大,因此执行措施的采取必须按照法律的明确规定进行。行政案件中的执行措施,因对行政机关的执行和对公民、法人或者其他组织的执行而不同。

1. 对行政机关的执行措施

第一,对应当归还的罚款或者应当给付的款额,通知银行从该行政机关的账户内划拨。第二,在规定期限内不履行的,从期满之日起,对该行政机关负责人按日处五十元至一百元的罚款。第三,将行政机关拒绝履行的情况予以公告。第四,向监察机关或者该行政机关的上一级行政机关提出司法建议。接受司法建议的机关,根据有关规定进行处理,并将处理情况告知人民法院。第五,拒不履行判决、裁定、调解书,社会影响恶劣的,可以对该行政机关直接负责的主管人员和其他直接责任人员予以拘留;情节严重,构成犯罪的,依法追究刑事责任。

2. 对公民、法人或者其他组织的执行措施

行政诉讼法并未对公民、法人或者其他组织的执行措施作出具体规定,人民法院可以参照民事诉讼的有关规定。在行政机关作为执行机关时,行政机关必须严格按照法律的规定予以执行。

(五) 执行程序

行政诉讼执行程序由一系列独立的环节所组成,主要包括:申请、受理、审理、阻却、完毕、补救等。这些程序与民事诉讼执行程序基本相同。

五、非诉行政案件的执行

(一) 非诉行政案件执行的概念

非诉行政案件的执行,是指公民、法人或者其他组织既不向人民法院提起行政诉讼,又不履行行政机关作出的行政行为,行政机关向人民法院提出执行申请,由人民法院采取强制执行措施,使行政机关的行政行为得以实现的制度。

(二) 非诉行政案件执行的适用范围

非诉行政案件执行的适用范围解决的是,在何种情况下行政机关可以申请人民法院强制执行行政行为,它事实上涉及人民法院与行政机关对行政行为强制执行的分工和行政强制执行权的划分。一般而言,法律授予行政机关对行政行为的强制执行权的,行政机关自行强制执行;只有在行政机关不享有对行政行为的强制执行权时,申请人民法院强制执行。

(三) 非诉行政案件的执行程序

非诉行政案件的执行一般包括申请与受理、审查、通知履行和强制执行等环节。

1. 申请与受理

一般而言,非诉行政案件执行的申请人为行政机关。不过,在特定情况下,非诉行政案件执行的申请人,也可以是生效行政行为确定的权利人或者其继承人。

在申请人提出申请后,人民法院应当对该申请进行审查,以确定该申请是否符合非诉行政案件的执行条件。对于符合非诉行政案件执行条件的申请,人民法院应当立案执行;对不符合非诉行政案件执行条件的申请,人民法院应裁定不予受理。

2. 人民法院对行政行为的审查

人民法院决定立案执行后,由行政审判庭负责对作为执行根据的行政行为是否合法进行审查,审查实行合议制。

合议庭审查的主要内容有:第一,作出该行政行为的主体是否适格,是否有作出该行政行为的法定职权。第二,行政行为是否有事实根据,证据是否充分可靠。第三,行政行为适用法律、法规是否正确。第四,行政机关是否超越职权、滥用了职权。第五,行政行为的作出是否符合法定程序等。人民法院审查完毕后,无论是准予执行还是不予执行都应以裁定形式作出,对此裁定当事人不能提出上诉。

3. 通知履行

对于行政审判庭裁定准予执行的非诉行政案件,需要采取强制执行措施的,行政审判庭应当将案件交由本院负责强制执行非诉行政行为的机构具体执行。负责强制执行非诉行政行为的机构,在强制执行前,应当再次书面通知被执行人,告诫被执行人履行义务,并附履行期限,促使被执行人自觉履行义务。如果被执行人逾期仍不履行义务的,则由执行机构强制执行。

4. 准备强制

在此阶段,人民法院应履行强制执行手续,填写强制执行文书,通知有关单位、人员到场,制定强制执行方案等。

5. 实施强制措施

人民法院在非诉行政案件执行中所采取的执行措施,可以参照民事诉讼法及相关司法解释的有关规定执行。

6. 执行结束

执行任务完成后,人民法院应将案卷材料整理归档,并结清各种手续、清单及费用,书面通知申请强制执行的行政机关,宣告执行程序结束。

【课后练习】

一、不定项选择题

1. 下列选项哪些属于人民法院不予受理的事项?(　　)

A. 法规规定由行政机关最终裁决的行政行为

B. 国家制定外交政策的行为

C. 行政机关对其工作人员的免职决定

D. 即时强制

2.《行政诉讼法》规定,有权提起行政诉讼的公民死亡,下列主体可以提起诉讼。(　　)

A. 其近亲属　　B. 其所在单位推荐的人

C. 经人民法院许可的公民　　D. 经人民法院指定的人

3. 甲县宋某到乙县访亲,因醉酒被乙县公安局扣留 24 小时。宋某认为乙县公安局的行为违法,提起行政诉讼。下列哪些说法是正确的?(　　)

A. 甲县人民法院对此案有管辖权　　B. 扣留宋某的行为为行政处罚

C. 宋某的亲戚为本案的第三人　　D. 乙县人民法院对此案有管辖权

4. 在行政诉讼过程中,作为被告的可以是(　　)。

A. 作出行政行为的行政机关　　B. 改变原行政行为的复议机关

C. 法律、法规授权的组织　　D. 行政机关委托的组织

5. 根据《行政诉讼法》的规定,证据的种类有(　　)。

A. 书证　　B. 物证

C. 电子数据　　D. 证人证言

6. 行政诉讼期间,原则上不停止行政行为的执行。但有下列哪项情形之一的,

行政行为即可停止执行(　　)。

A. 被告认为需要停止执行的

B. 人民法院认为应当停止执行的

C. 原告申请停止执行,人民法院经审查裁定停止执行的

D. 原告申请停止执行的

7.《行政诉讼法》规定,人民法院审理上诉案件时,可以作出下列裁判。(　　)

A. 判决驳回上诉,维持原判

B. 依法改判

C. 裁定撤销原判,发回原审人民法院重审

D. 终止上诉

8. 关于决定,下列选项正确的是(　　)。

A. 当事人对人民法院的决定一律不准上诉

B. 当事人不服时,有权在接到决定之日起 10 日向上一级人民法院提起上诉

C. 当事人不服时,有权在接到决定之日起 7 日内向上一级人民法院提出上诉

D. 当事人不服时,有权在接到决定之日起 5 日内向上一级人民法院提起上诉

9. 村民甲带领乙、丙等人,与造纸厂协商污染赔偿问题。因对提出的赔偿方案不满,甲、乙、丙等人阻止生产,将工人李某打伤。公安局接该厂厂长举报,经调查后决定对甲拘留 15 日、乙拘留 5 日,对其他人未作处罚。甲向法院提起行政诉讼,法院受理。下列哪些人员不能成为本案的第三人?(　　)

A. 丙　　B. 乙

C. 李某　　D. 造纸厂厂长

10. 余某拟大修房屋,向县规划局提出申请,该局作出不予批准答复。余某向市规划局申请复议,在后者作出维持决定后,向法院起诉。县规划局向法院提交县政府批准和保存的余某房屋所在中心村规划布局图的复印件一张,余某提交了其房屋现状的录像,证明其房屋已破旧不堪。下列哪些说法是正确的?(　　)

A. 县规划局提交的该复印件,应加盖县政府的印章。

B. 余某提交的录像应注明制作方法和制作时间。

C. 如法院认定余某的请求不成立,可以判决驳回余某的诉讼请求。

D. 如法院认定余某的请求成立,在对县规划局的行为作出裁判的同时,应对市规划局的复议决定一并作出裁判。

二、简答题

1. 简述人民法院合法性审查原则的内涵。

2. 简述人民法院的受案范围。

3. 简述当事人提起再审程序的法定理由。

三、案例分析题

1. 某甲一年前下岗后，在家门口经营一个烟酒副食门市部。一天早上某甲刚开门，工商所的一名工作人员王某进来，说是要买一条高级香烟，这人拿了烟，某甲让他付款，王某却执意不肯。为此，二人撕打了起来，最后双方都受伤，某甲伤的比较重。事后，工商所负责人主持调解，让王某付某甲烟款，医药费各自承担。他们让某甲在调解协议上签字，某甲认为工商所在偏袒王某就未签字。谁知这事一拖就是两个月，某甲去工商所，他们不是避而不见，就是说还没有协商好，某甲也不知道该如何办。

问题：本案中某甲是否可以工商所为被告提起行政诉讼？为什么？

2. 经工商局核准，甲公司取得企业法人营业执照，经营范围为木材切片加工。甲公司与乙公司签订合同，由乙公司供应加工木材 1 万吨。不久，省林业局致函甲公司，告知按照本省地方性法规的规定，新建木材加工企业必须经省林业局办理木材加工许可证后，方能向工商行政管理部门申请企业登记，违者将受到处罚。1 个月后，省林业局以甲公司无证加工木材为由没收其加工的全部木片，并处以 30 万元罚款。期间，省林业公安局曾传唤甲公司人员李某到公安局询问该公司木材加工情况。甲公司向法院起诉要求撤销省林业局的处罚决定。

问题：

(1) 甲公司向法院提起行政诉讼，如何确定本案的地域管辖？

(2) 对省林业局的处罚决定，乙公司是否有原告资格？为什么？

(3) 甲公司对省林业局的致函能否提起行政诉讼？为什么？

3. 1997 年 11 月，某省政府所在地的市政府决定征收含有某村集体土地在内的地块作为旅游区用地，并划定征用土地的四至界线范围。2007 年，市国土局将其中一地块与甲公司签订《国有土地使用权出让合同》。2008 年 12 月 16 日，甲公司获得市政府发放的第 1 号《国有土地使用权证》。2009 年 3 月 28 日，甲公司将此地块转让给乙公司，市政府向乙公司发放第 2 号《国有土地使用权证》。之后，乙公司申请在此地块上动工建设。2010 年 9 月 15 日，市政府张贴公告，要求在该土地范围内使用土地的单位和个人，限期自行清理农作物和附着物设施，否则强制清理。2010 年 11 月，某村得知市政府给乙公司颁发第 2 号《国有土地使用权证》后，认为此证涉及的部分土地仍属该村集体所有，向省政府申请复议要求撤销该土地使用权证。省政府维持后，某村向法院起诉。法院通知甲公司与乙公司作为第三人参加诉讼。

在诉讼过程中，市政府组织有关部门强制拆除了征地范围内的附着物设施。某村为收集证据材料，向市国土局申请公开 1997 年征收时划定的四至界线范围等相关资料，市国土局以涉及商业秘密为由拒绝提供。

问题：

(1) 市政府共实施了多少个行政行为？哪些属于行政诉讼受案范围？

(2) 如何确定本案的被告、级别管辖、起诉期限？请分别说明理由。

(3) 甲公司能否提出诉讼主张？如乙公司经合法传唤无正当理由不到庭，法院如何处理？

(4) 如某村对市国土局拒绝公开相关资料的决定不服，向法院起诉，法院应采用何种方式审理？如法院经审理认为市国土局应当公开相关资料，应如何判决？

【拓展实训】

实训项目名称：行政诉讼模拟法庭。

实训目的：通过指导学生对真实的行政诉讼案件进行行政诉讼第一审程序的模拟演示，让学生熟悉第一审程序的流程，并了解一些诉讼技巧。

实训步骤：

(1) 将学生分成原告组、被告组和审判组。

(2) 每小组从演示角色的角度对教师所给案例进行分析，并准备诉讼中所需的证据材料及法律文书。

(3) 各小组共同完成指定案件从开庭准备到宣读判决的庭审演示。

(4) 整理各组的文书卷宗。

(5) 完成实训报告。实训报告应体现所学的行政法律知识、对案件的分析过程、对角色的准备情况和在实训模拟中本小组的经验与不足。

【练习答案】

一、不定项选择题

1. BC　2. A　3. AD　4. ABC　5. ABCD　6. ABC　7. ABC　8. A　9. AD　10. ABCD

二、简答题

1. (1)从客体来看，人民法院只审查行政行为，不审查行政立法行为和行政诉讼原告的行为。(2)从内容来看，人民法院以审查行政行为的合法性为原则，以审查行政行为的合理性为例外。

2. 行政诉讼法规定的受案范围包括：(1)对行政拘留、暂扣或者吊销许可证和执照、责令停产停业、没收违法所得、没收非法财物、罚款、警告等行政处罚不服的；(2)对限制人身自由或者对财产的查封、扣押、冻结等行政强制措施和行政强制执行不服的；(3)申请行政许可，行政机关拒绝或者在法定期限内不予答复，或者对行政机关作出的有关行政许可的其他决定不服的；(4)对行政机关作出的关于确认土地、矿藏、水流、森林、山岭、草原、荒地、滩涂、海域等自然资源的所有权或者使用权的决定不服的；(5)对征收、征用决定及其补偿决定不服的；(6)申请行政机关履行保护人身权、财产权等合法权益的法定职责，行政机关拒绝履行或者不予答复的；(7)认为行政机关侵犯其经营自主权或者农村土地承包经营权、农村土地经营权的；(8)认为行政机关滥用行政权力排除或者限制竞争的；(9)认为行政机关违法集资、摊派费用或者违法要求履行其他义务的；(10)认为行政机关没有依法支付抚恤金、最低生活保障待遇或者社会保险待遇的；(11)认为行政机关不依法履行、未按照约定履行或者违法变更、解除政府特许经营协议、土地房屋征收补偿协议等协议的；(12)认为行政机关侵犯其他人身权、财产权等合法权益的。除上述规定外，人民法院受理法律、法规规定可以提起诉讼的其他行政案件。

3. 这些情形包括：(1)不予立案或者驳回起诉确有错误的；(2)有新的证据，足以推翻原判决、裁定的；(3)原判决、裁定认定事实的主要证据不足、未经质证或者系伪造的；(4)原判决、裁定适用法律、法规确有错误的；(5)违反法律规定的诉讼程序，可能影响公正审判的；(6)原判决、裁定遗漏诉讼请求的；(7)据以作出原判决、裁定的法律文书被撤销或者变更的；(8)审判人员在审理该案件时有贪污受贿、徇私舞弊、枉法裁判行为的。

三、案例分析题

1. 本案中某甲不可以工商所为被告提起行政诉讼。工商所王某到某甲的烟酒副食门市部购买香烟不付款与某甲动手打架，王某的行为与履行职责无关，是王某的个人行为，不是公务行为，其所在单位对此并不承担法律责任。

2. (1)由省林业局所在地的法院管辖。因为本案被诉行为为省林业局直接作出的没收和罚款的行政处罚，且不属于行政诉讼特殊地域管辖的情形，故应由最初作出具体行政行为的行政机关所在地法院管辖。

(2) 没有。因为乙公司与省林业局的处罚行为无直接的、实质性的利害关系，对甲公司不履行合同给乙公司带来的损失，乙公司可以通过对甲公司提起民事诉讼等途径获得救济。

(3) 不能。因为致函是一种告知、劝告行为，并未确认、改变或消灭甲公司法律上的权利义务，是对甲公司的权利义务不产生实际影响的行为。根据《行政诉讼法》及最高院的司法解释，致函不属于行政诉讼受案范围。

3. (1)市政府一共作出了4个行政行为，具体为：征收含有某村集体土地在内的地块的行为，向甲、乙两公司发放《国有土地使用权证》的行为，发布公告要求使用土地的单位和个人自行清理农作物和附着物设施的行为。上述行为均属于行政诉讼受案范围。

(2) 被告为市政府和省政府。根据《行政诉讼法》第26条规定，经复议的案件，复议机关决定维持原行政行为的，作出原行政行为的行政机关和复议机关是共同被告；复议机关改变原行政行为的，复议机关是被告。复议机关在法定期限内未作出复议决定，公民、法人或者其他组织起诉原行政行为的，作出原行政行为的行政机关是被告；起诉复议机关不作为的，复议机关是被告。

中级人民法院管辖。本案的被告为县级以上人民政府。

某村应当在收到省政府复议决定书之日15日内向法院起诉。因为本案是经过复议起诉的,应适用复议后起诉期限。同时,《土地管理法》等法律未对此种情形下的起诉期限作出特别规定,故应适用《行政诉讼法》第45条规定的一般起诉期限。

(3)作为第三人,甲公司有权提出与本案有关的诉讼主张。乙公司经合法传唤无正当理由不到庭,不影响法院对案件的审理。

(4)法院应当视情况采取适当的审理方式,以避免泄露涉及商业秘密的政府信息。

如法院经审理认为市国土局应当公开相关资料,法院应当撤销或部分撤销不予公开决定,并判决市国土局在一定期限公开。尚需市国土局调查、裁量的,判决其在一定的期限内重新答复。

第十章 行政赔偿与行政补偿

【事例回放】

2012年4月27日当天早上6点40分,10多个自称参观者的壮硕男子来到上海奇石盆景博物馆院内,直接将馆主刘某蒙头架上一辆面包车,刘妻、保姆及几名花匠,都被带走。当天下午,上海奇石盆景博物馆遭强拆成为废墟,与此同时,在这座数千平方米的"博物馆"里,原本陈列着刘某40年来从全国各地淘回来的上万件藏品,也都消失殆尽。

事后刘某等了解,这场强拆的组织者是闵行区政府,刘某提出行政赔偿申请。2012年10月25日,闵行区政府作出《不予行政赔偿决定书》。于是,刘某等将闵行区政府告上法庭。刘某等共提出20项诉讼请求,除了请求确认暴力强拆行为违法外,还请求法院判令被告赔偿藏品、财物损失2.1亿元,判令被告支付博物馆重建费等0.78亿元。①

【问题】

1. 刘某等向闵行区政府提起赔偿请求,应适用行政赔偿的哪种程序的规定?

2. 这起民告官的索赔案件可否适用调解结案?

【问题】

1. 根据国家赔偿法的规定,该赔偿请求应该适用赔偿义务机关先行处理的赔偿程序的有关规定。

2. 根据行政诉讼法和国家赔偿法的规定,行政赔偿的案件是可以调解的。但必须遵循自愿、合法原则,不得损害国家利益、社会公共利益和他人的合法权益。

① 张永生:《索赔2.89亿 沪开审最贵民告官案》,载《新京报》,2013-12-12。

【重点知识】

第一节　行政赔偿

一、行政赔偿概述

（一）行政赔偿的概念和特征

1. 行政赔偿的概念

行政赔偿是指行政主体违法实施行政行为，侵犯相对人合法权益造成损害时由国家承担的一种赔偿责任。行政赔偿是国家赔偿制度的重要组成部分，我国的行政赔偿制度最初由1954年《宪法》确立，现行《宪法》再次规定，1989年《行政诉讼法》有所发展。《国家赔偿法》（2012年第二次修订）的颁布，标志着我国行政赔偿制度的进一步完善。行政赔偿制度的确立与实施能够更为有效地保障公民、法人和其他组织的合法权益，促进国家机关依法行使行政职权。

2. 行政赔偿的特征

（1）行政赔偿的义务主体是行政主体

只有行政主体才享有行政职权，才能实施行政行为，才能构成行政赔偿。司法机关作为司法权主体，行政机关作为法人组织、行政机关工作人员作为公民等引起的赔偿，都不是行政赔偿。行政主体是国家向受害人承担赔偿责任的代表即赔偿义务人。

（2）行政赔偿的起因是行政行为违法

只有违法行政行为才能构成行政赔偿，合法行政行为不能构成行政赔偿。行政赔偿仅以客观上行政行为违法为要件，而不以行政主体主观上是否有过错为要件。

（3）行政赔偿范围以违法行政行为造成的侵权损害为限

首先，违法行政行为侵犯了相对人的合法权益。违法行政行为只有在侵犯了相对人合法权益即属于行政侵权行为时，才能构成行政赔偿。其次，行政侵权造成了实际损害，如果违法行政行为未造成实际损害，如不举行听证但未影响相对人实体权利义务的行政行为，或者该行政损害不是由该行政行为造成，则不在行政赔偿的范围之内。

（4）行政赔偿责任由国家承担

行政主体由国家设立，其职能属国家职能，行政权也属国家权力，行政主体及其行政工作人员行使职权所实施的职务活动，是代表国家进行的，本质上是一种国家活动，因此，行政主体违法实施行政行为，侵犯相对人合法权益并造成损害的，应由国家承担赔偿责任，并不是由行政主体及其工作人员承担赔偿责任。

（二）行政赔偿的归责原则与构成要件

1. 行政赔偿的归责原则

行政赔偿的归责原则确立了判断国家应否承担赔偿责任的法律依据与标准。《国家赔偿法》第2条规定："国家机关和国家机关工作人员违法行使职权侵犯公民、法人和其他组织的合法权益造成损害的，受害人有依照本法取得国家赔偿的权利。"根据这一规定，我国的行政赔偿的归责原则是以违法责任为主，侵害后果为辅的原则，即违法责任原则。违法责任原则是指无论行政机关在作出职权行为时有无过错，只要其行为不符合法律的规定，且因此给相对人造成损失，就应承担赔偿责任。

2. 行政赔偿责任的构成要件

根据《国家赔偿法》第2条的规定，行政赔偿责任的构成要件由行政主体、行政违法行为、损害后果和因果关系四个部分构成。

（1）行政主体要件

引起行政赔偿责任的只能是行政主体的行政行为，而不是其他主体。行政主体也是国家向受害人承担赔偿责任的代表即赔偿义务人。

（2）行政违法行为要件

行政违法行为，是指行政主体及其工作人员违法执行职务的行为。它是行政赔偿责任中最根本的构成要件。"违法"应包括违反法律、行政法规与规章、地方性法规与规章以及其他规范性文件和我国承认与参加的国际公约等。"执行职务"的范围应既包括职务行为本身的行为，也包括与职务有关联而不可分的行为。前者如工商管理部门违法吊销许可证和执照，后者如行政机关工作人员在执行公务途中违反交通规则将他人撞伤。

（3）损害后果要件

确立行政赔偿责任的目的在于对受害人受到的损害进行赔偿。因此，损害的发生是行政赔偿责任产生的前提。损害包括人身损害与财产损害、物质损害与精神损害、直接损害与间接损害。需要指出的是，根据我国国家赔偿法，损害仅指物质损害与直接损害，而不包括精神损害与间接损害。

（4）因果关系要件

因果关系是指行政违法行为与损害后果之间存在着逻辑上的直接关系。因果关系是连接违法行为与损害后果的纽带，是责任主体对损害后果承担赔偿责任的基础与前提。

二、行政赔偿范围

（一）行政赔偿范围概述

行政赔偿范围是指国家对行政机关及其工作人员在行使行政职权时侵犯公民、

法人和其他组织合法权益造成损害的哪些行为承担赔偿责任。行政赔偿范围一般是导致行政赔偿责任的原因行为的范围。其意义表现在：

1. 确定了受害人行政赔偿请求权的范围

法律规定行政赔偿范围即意味着界定受害人享有和行使行政赔偿请求权的界限。只有法律规定国家对行政机关及其工作人员的侵权行为承担赔偿责任的情况下，受害人才享有相应的请求权。

2. 确定了行政赔偿义务机关履行赔偿义务的范围

行政赔偿范围划定了赔偿义务机关履行行政赔偿义务的界限。对于法律规定国家承担赔偿责任的行政侵权行为，行政赔偿义务机关必须代表国家对受害人履行行政赔偿义务，给予行政赔偿救济，不得拒绝或推诿。

3. 限定了人民法院对行政赔偿案件行使审判权的范围

只有在法律规定的赔偿范围之内，人民法院才能受理受害人的起诉；也只有在法律规定的赔偿范围之内，人民法院才能判决赔偿义务机关履行赔偿责任。行政赔偿范围越大，人民法院可以受理的赔偿案件就越多，对行政机关进行司法监督的机会就越多。行政赔偿范围确定了行政机关接受人民法院司法监督的程度。

（二）侵犯人身权的赔偿范围

根据《国家赔偿法》第3条、第4条的规定，行政赔偿的范围包括侵犯人身权的违法行政行为和侵犯财产权的违法行政行为两类。

其中侵犯人身权的赔偿范围仅包括违法侵犯公民人身权的行政行为，而不包括违法侵犯法人或其他组织人身权的行政行为。行政机关及其工作人员在行使职权时有下列侵犯人身权情形之一的，受害人有取得赔偿的权利：

1. 违法拘留或者违法采取限制公民人身自由的行政强制措施

行政拘留是我国现行的最严重的涉及公民人身自由的行政处罚，法律对行政拘留的实施规定了严格的限制条件。第一，实施行政拘留的主体必须是县以上公安机关及安全机关，其他组织都无权实施。第二，行政拘留的实施必须符合法律的规定。在我国，只有全国人民代表大会及其常务委员会制定的法律才能作为行政拘留的依据。第三，行政拘留的最高法定期限不得超过十五日。第四，行政拘留的作出必须符合法律的程序规定。第五，行政拘留的作出不存在显失公正的行为。如果行政机关在作出行政拘留时违反了上述条件之一，其行为就构成违法，此时，相对人有权申请行政赔偿。

行政强制措施是指行政机关在行政管理过程中，为制止违法行为、防止证据损毁、避免危害发生、控制危险扩大等情形，依法对公民的人身自由实施暂时性限制，或者对公民、法人或者其他组织的财物实施暂时性控制的行为。违法采取限制公民人身自由的强制措施包括违法强制约束、违法强制隔离等。对此，相对人有权要求行政赔偿。

2. 非法拘禁或者以其他方法非法剥夺公民人身自由的

非法拘禁是指行政机关采取行政拘留和行政强制措施以外的方式限制人身自由的行为,包括非法禁闭、隔离、关押等。具体有以下两种:其一,无权限,即无法定权限的国家机关实施了限制公民人身自由的行为。其二,有权限但严重越权或滥用权力,即有限制人身自由权限的机关以法定外的名目或理由限制人身自由。如公安机关以凭空捏造的名目限制或剥夺公民的人身自由。

3. 以殴打等暴力行为或唆使他人以殴打等暴力行为造成公民身体伤害或死亡的

行政机关及其工作人员的暴力殴打行为是明显、严重的侵犯公民人身权的行为,国家对此应承担赔偿责任。无论以何种方式实施了暴力殴打行为,只要与行使职权执行职务相关联,对公民的生命健康造成损害的,都产生行政赔偿责任。其中殴打的主体是行政机关及其工作人员或者受行政机关委托行使行政职权的组织及个人。除殴打外,还有捆绑、示众、挂牌、罚站、罚跪等行为也属于暴力行为。唆使则是指上述人员鼓动他人殴打公民的行为,例如看守人员以明示或者暗示的方式唆使犯人殴打等。

4. 违法使用武器、警械造成公民身体伤害或死亡的

武器、警械是指枪支、警棍、警绳、手铐等。违法使用武器、警械有多种表现形式,如无权使用武器、警械的人员使用武器、警械的;在不该使用武器、警械的场合使用武器、警械的;使用武器、警械超过必要限度的;使用武器、警械种类选择错误的等行为。对此,国家要承担赔偿责任。

5. 造成公民身体伤害或者死亡的其他违法行为

此项属于概括性规定,意在弥补列举方式的不足。总之,凡违法行使行政职权,侵犯了公民人身权并造成身体伤害或死亡的,国家要承担赔偿责任。

(三) 侵犯财产权的赔偿范围

行政机关及其工作人员违法行使职权侵犯公民、法人或其他组织财产权造成损失的,国家应当予以赔偿。行政机关及其工作人员在行使职权时有下列侵犯财产权情形之一的,受害人有取得赔偿的权利:

1. 行政处罚侵犯财产权的赔偿

行政机关及其工作人员违法实施罚款、吊销许可证和执照、责令停产停业、没收财务等行政处罚,给相对人造成损害的,国家应当予以赔偿。

2. 行政强制措施侵犯财产权的赔偿

行政机关及其工作人员违法采取查封、扣押、冻结等行政强制措施,给相对人造成损害的,国家应当予以赔偿。

3. 行政征收征用侵犯财产权的赔偿

行政征收征用必须依法进行。行政机关及其工作人员违反国家法律、法规,乱收费的或者摊派费用的,国家应承担赔偿责任。

4. 造成财产损害的其他违法行为

由于行政机关的职能是多方面的,其实施的活动也是多种多样的,上述列举的三项侵犯公民、法人或其他组织的财产权的违法行为,并不能穷尽所有违法侵犯财产权的情形。为此,国家赔偿法做了概括性的规定,“造成财产损害的其他违法情形”。

造成财产损害的其他违法行为,主要还有以下几种:(1)行政机关不履行法定职责给公民、法人或其他组织造成损害的;(2)行政机关侵犯公民、法人或其他组织的经营自主权而造成损害的;(3)对符合条件的申请人不予颁发许可证、违法发放许可证等,既可能给申请人带来损害,也可能给申请人以外的公民、法人或其他组织造成损害。

(四)国家不承担赔偿责任的情形

国家仅就法律明确规定的赔偿范围内的行政侵权行为造成的损害承担行政赔偿责任,而不是对国家行政机关及其工作人员的一切侵权行为负责。作为法的一般原则,有权利即有救济,有损害必有赔偿,但在一定的特殊或例外的情况下,适用一般原则并不恰当。因此,《国家赔偿法》第 5 条明确规定了国家不承担行政赔偿责任的情形。

1. 行政机关工作人员与行使职权无关的个人行为

所谓个人行为,是指行政机关工作人员实施的与其职权无关的行为。侵权责任的基本原则是谁造成损害,谁承担责任。因此,行政机关工作人员作出的与行使职权无关的个人行为所造成的损害后果,或行政机关工作人员以普通公民的身份从事的民事活动行为造成的损害后果,都应当由其个人承担。

2. 因公民、法人和其他组织自己的行为致使损害发生的

“自己的行为”就是指受害人个人的行为。当受害的公民、法人和其他组织遭受损害,完全是因自己的过错造成的,应当免除国家行政赔偿的责任。国家赔偿责任的构成要件之一是因果关系,即损害事实与违法行为之间具有内在的必然联系,违法行为是因损害事实是果。如果损害后果不是由行政机关及其工作人员的行为引起的,就不存在国家行政赔偿的责任。如某行政机关违法作出没收公民王某录像机的处罚决定,王某气愤至极而砸毁了自己的录像机。虽然行政机关的处罚决定是违法的,但违法决定与损害事实(录像机被砸毁)并无直接的因果关系,它完全是由王某个人造成的。因此,就不存在王某主张国家行政赔偿的可能性。

3. 法律规定的其他情形

这里的“法律”,仅指由我国全国人民代表大会及其常委会所颁布的规范性文件,而不包括行政法规和规章等。就我国目前法律规定的国家不承担赔偿责任的情形主要有不可抗力、紧急避险、第三人过错和正当防卫等。

三、行政赔偿请求人和赔偿义务机关

行政赔偿法律关系中,存在两类主体。一类是作为权利主体的行政赔偿请求权人,一类则是作为义务主体的行政赔偿义务机关。

(一) 行政赔偿请求人

行政赔偿请求人是其合法权益受到行政机关及其工作人员违法行使职权行为的侵犯并遭受损害,依法请求国家予以赔偿的人。

1. 行政赔偿请求人的范围

行政赔偿请求人恒定为行政相对人,包括公民、法人和其他组织。当有权要求行政赔偿的受害公民本人死亡时,受害公民的继承人和其他有扶养关系的亲属可以成为赔偿请求人。当有权要求行政赔偿的受害法人和其他组织在取得赔偿前终止时,则承受其权利的法人和组织可作为行政赔偿请求人。此外,法人或者其他组织在被行政机关作出吊销许可证或执照的行政处罚之后,该法人或组织仍有资格作为行政赔偿请求人提出行政赔偿,不发生赔偿请求人资格转移问题。

2. 请求人行使权力的时效

赔偿请求人请求国家赔偿的时效为 2 年,自其知道或者应当知道国家机关及其工作人员行使职权时的行为侵犯其人身权、财产权之日起计算,但被羁押等限制人身自由期间不计算在内。在申请行政复议或者提起行政诉讼时一并提出赔偿请求的,适用行政复议法、行政诉讼法有关时效的规定。赔偿请求人在赔偿请求时效的最后 6 个月内,因不可抗力或者其他障碍不能行使请求权的,时效中止。从中止时效的原因消除之日起,赔偿请求时效期间继续计算。

(二) 行政赔偿义务机关

行政赔偿义务机关,即行政赔偿义务人,是指代替国家履行具体赔偿义务,支付赔偿费用,参加赔偿案件解决的行政机关或者法律、法规授权的组织。在我国,行政赔偿的责任归属主体是国家,但国家比较抽象,受害者无法要求抽象的国家承担具体的赔偿义务,因而采用了“国家责任,机关赔偿”的作法。行政赔偿义务机关的确认有以下情形:

1. 单独的赔偿义务机关

行政机关及其工作人员行使行政职权侵犯公民、法人和其他组织的合法权益造成损害的,该行政机关为赔偿义务机关。在这种情况下,违法行使行政职权的行为是以行政机关名义作出,该行政机关的工作人员并未主动违法,只是执行命令或决定而已。例如某县工商局违法对某企业作出吊销企业营业执照的决定造成该企业损害,该企业要求赔偿,则某县工商局为赔偿义务机关。

2. 共同赔偿义务机关

两个以上行政机关共同行使行政职权时侵犯公民、法人和其他组织的合法权益造成损害的,共同行使行政职权的行政机关为共同赔偿义务机关。共同行使职权,是指两个以上行政机关分别以自己名义共同签署、署名行使行政职权。比如,公安、工商、税务、文化等几个部门联合执法,对某经营歌舞厅的个体户进行处罚等。赔偿请求人可以向共同赔偿义务机关中的任何一个赔偿义务机关要求赔偿,该赔偿义务机关应当先予赔偿。

3. 法律、法规授权的组织

法律、法规授权的组织在行使授予的行政权力时侵犯公民、法人和其他组织的合法权益造成损害的,被授权的组织为赔偿义务机关。

4. 委托的行政机关

受行政机关委托的组织或者个人在行使受委托的行政权力时侵犯公民、法人和其他组织的合法权益造成损害的,委托的行政机关为赔偿义务机关。

案例 10-1

某年中秋节,某乡人民政府接到一农民举报,某村农民单某家中有一伙人聚众赌博。乡人民政府告知该乡派出所,派出所和联防队立即前往单家抓赌。派出所和联防人员进屋后收缴桌上的赌具和赌资,当场对每人罚款500元,并出具了公安局罚款决定书。在当场收缴罚款时,参赌人员赵某说:"你们罚500元太多,过节几个人玩玩不能算赌博。"这时,联防队员齐某使用警棍殴打赵某,致使其左臂骨折,住院半个月,又在家中休养半个月。赵某向乡人民政府请求国家赔偿,乡人民政府认为赵某左臂骨折是齐某所致,决定不予赔偿。

【问题】

赵某向乡人民政府请求赔偿是否正确?

【评析】

赵某不应当向乡人民政府请求赔偿。此案中,乡人民政府不是赔偿义务机关。此案虽然是由乡人民政府告知派出所单某家中有人赌博,但派出所与联防队查赌行为不是由乡人民政府委托的,因为派出所并未以乡人民政府的名义作出处罚行为。派出所与联防队是具体执行查处赌博行为者,但出具的处罚决定书是县公安局的,即是以县公安局的名义作出的行为,因此,派出所与联防队查赌行为应视为受县公安局委托而为。根据《国家赔偿法》第7条的规定,受行政机关委托的组织或者个人在行使受委托的行政权力时侵犯他人合法权益并造成损害的,应以委托的行政机关为赔偿义务机关。因此,本案的赔偿义务机关应是县公安局,赵某应当向县公安局请求国家赔偿。

5. 行政机关被撤销时的赔偿义务机关

赔偿义务机关被撤销的,继续行使其职权的行政机关为赔偿义务机关;没有继续行使其职权的行政机关的，撤销该赔偿义务机关的行政机关为赔偿义务机关。

6. 经过行政复议的赔偿义务机关

经复议机关复议的，最初造成侵权行为的行政机关为赔偿义务机关，但复议机关的复议决定加重损害的，复议机关对加重的部分履行赔偿义务。

四、行政赔偿程序

行政赔偿程序分为两种：一种是一并提起，一种是单独提起。一并提起是指在行政复议或诉讼中一并提起行政赔偿的请求，此时行政赔偿附随行政复议或行政诉讼，按照复议程序或诉讼程序展开即可。有关行政赔偿的复议与诉讼，都可适用调解。

单独提起行政赔偿诉讼，要求赔偿请求人必须请求赔偿义务机关先行处理，直接到法院起诉不予受理。赔偿义务机关应当自收到申请之日起两个月内，作出是否赔偿的决定。赔偿义务机关作出赔偿决定，应当充分听取赔偿请求人的意见，并可以与赔偿请求人就赔偿方式、赔偿项目和赔偿数额依法进行协商。赔偿义务机关决定赔偿的，应当制作赔偿决定书，并自作出决定之日起 10 日内送达赔偿请求人。赔偿义务机关决定不予赔偿的，应当自作出决定之日起 10 日内书面通知赔偿请求人，并说明不予赔偿的理由。赔偿义务机关在规定期限内未作出是否赔偿的决定，赔偿请求人可以自期限届满之日起 3 个月内，向人民法院提起诉讼。赔偿请求人对赔偿的方式、项目、数额有异议的，或者赔偿义务机关作出不予赔偿决定的，赔偿请求人可以自赔偿义务机关作出赔偿或者不予赔偿决定之日起 3 个月内，向人民法院提起诉讼。赔偿义务机关采取行政拘留或者限制人身自由的强制措施期间，被限制人身自由的人死亡或者丧失行为能力的，赔偿义务机关的行为与被限制人身自由的人的死亡或者丧失行为能力是否存在因果关系，赔偿义务机关应当提供证据。

最终，赔偿请求人凭生效的判决书、复议决定书、赔偿决定书或调解书，向赔偿义务机关申请支付赔偿金。赔偿义务机关应当自收到支付赔偿金申请之日起七日内，依照预算管理权限向有关的财政部门提出支付申请。财政部门应当自收到支付申请之日起十五日内支付赔偿金。

五、行政追偿

行政追偿是指国家在向行政赔偿请求人支付赔偿金之后，依法责令具有故意或重大过失的工作人员、受委托的组织或者个人承担部分或全部赔偿费用的法律制度。赔偿义务机关代表国家对行政机关工作人员行使行政追偿权必须具备以下条件：

（1）行政赔偿义务机关已经履行了赔偿责任

追偿本身的性质决定了只有具备国家承担了赔偿责任这一前提条件，才可能产生追偿问题。如果赔偿义务机关未曾支付赔偿费用，追偿就无从谈起。

（2）行政机关工作人员具有故意或者重大过失

行政机关工作人员对侵权行为的发生具有故意或者重大过失，这是国家行使行政追偿权的主观要件。所谓故意，是指工作人员在实施侵权行为时，主观上能认识到自己的行为违法并可能造成公民合法权益的损害，希望或放任侵害结果的发生的一种心理状态。所谓重大过失，是指行政机关工作人员没有达到其职务上的一般要求，未能预见和避免一般情况下能够预见或避免的侵害后果，也就是说没有达到对公务员的一般业务要求。

六、行政赔偿方式和计算标准

（一）行政赔偿方式

行政赔偿方式是指国家承担行政赔偿责任的具体形式。行政赔偿是对侵权损害的救济，行政赔偿采用什么方式，依据什么标准，直接影响到救济的质量，影响到受害人权益。根据《国家赔偿法》的规定，行政赔偿方式主要有：

1. 金钱赔偿

金钱赔偿就是以货币形式支付赔偿金额。金钱赔偿是行政赔偿的主要方式。

2. 返还财产

返还财产是行政机关将违法占有或控制的受害人的财产返还给受害人的赔偿方式。例如，返还罚款，返还没收的财务，返还查封、扣押、冻结的财产等。

3. 恢复原状

恢复原状是公民、法人或者其他组织的财产因国家行政机关及其工作人员的违法分割或毁损而遭到破坏后，若有可能恢复的，应当由赔偿义务机关负责修复，以恢复财产原状的一种赔偿方式。

（二）行政赔偿的计算

行政赔偿的计算标准是国家行政赔偿法所确立的根据损害程度确定赔偿金额的准则，是行政侵权的受害人获得实际赔偿的重要前提。我国国家赔偿法对不同类型的损害规定了不同的赔偿标准。

1. 侵犯公民人身自由的赔偿计算标准

侵犯公民人身自由的，每日赔偿金按照国家上年度职工日平均工资计算。国家上年度职工日平均工资数额，应当按职工年平均工资除以全年法定工作日数的方法计算。年平均工资以国家统计局公布的数字为准。

2. 侵犯公民生命健康权的赔偿计算标准

侵犯公民生命健康权的，赔偿金按照下列规定计算：

（1）造成身体伤害的，应当支付医疗费、护理费，以及赔偿因误工减少的收入。减少的收入每日的赔偿金按照国家上年度职工日平均工资计算，最高额为国家上年度职工年平均工资的五倍。

（2）造成部分或者全部丧失劳动能力的，应当支付医疗费、护理费、残疾生活辅助具费、康复费等因残疾而增加的必要支出和继续治疗所必需的费用，以及残疾赔偿金。残疾赔偿金根据丧失劳动能力的程度，按照国家规定的伤残等级确定，最高不超过国家上年度职工年平均工资的二十倍。造成全部丧失劳动能力的，对其扶养的无劳动能力的人，还应当支付生活费。

（3）造成死亡的，应当支付死亡赔偿金、丧葬费，总额为国家上年度职工年平均工资的二十倍。对死者生前扶养的无劳动能力的人，还应当支付生活费。生活费的发放标准，参照当地最低生活保障标准执行。被扶养的人是未成年人的，生活费给付至18周岁时止；其他的无劳动能力的人，生活费给付至死亡时止。

3. 侵犯公民人身权附带精神损害的赔偿

侵犯人身权，且致人精神损害的，应当在侵权行为影响的范围内，为受害人消除影响，恢复名誉，赔礼道歉；造成严重后果的，应当支付相应的精神损害抚慰金。

4. 侵犯财产权的计算标准

侵犯公民、法人和其他组织的财产权造成损害的，按照不同情形分别处理。(1)处罚款、罚金、追缴、没收财产或者违法征收、征用财产的，返还财产。(2)查封、扣押、冻结财产的，解除对财产的查封、扣押、冻结，造成财产损坏或者灭失的，按照损害程度给予相应的赔偿金。(3)应当返还的财产损坏的，能够恢复原状的恢复原状，不能恢复原状的，按照损害程度给付相应的赔偿金。(4)应当返还的财产灭失的，给付相应的赔偿金。(5)财产已经拍卖或者变卖的，给付拍卖或者变卖所得的价款；变卖的价款明显低于财产价值的，应当支付相应的赔偿金。(6)吊销许可证和执照、责令停产停业的，赔偿停产停业期间必要的经常性费用开支。(7)返还执行的罚款或者罚金、追缴或者没收的金钱，解除冻结的存款或者汇款的，应当支付银行同期存款利息。(8)对财产权造成其他损害的，按照直接损失给予赔偿。

第二节　行政补偿

一、行政补偿概述

行政补偿，是指行政主体（主要是行政机关）的合法行为给无义务的特定公民、法人或者其他组织的合法权益造成损失，依法由国家给予补偿的制度。

行政补偿作为一种国家责任，包含三层含义：(1)行政补偿发生在行政主体及其工作人员行使行政权力、执行国家行政职能的过程中，是一种职务行为的法律后果；

(2)引发行政补偿的职务行为是一种合法行政行为;(3)这种合法的职务行为给公民、法人或者其他组织的合法权益造成了直接的损害。

二、行政补偿的范围与方式

(一)行政补偿的范围

行政补偿的范围,是指行政主体对什么性质的行为造成行政相对人损失而承担补偿义务。目前我国尚无专门法律对行政补偿制度予以规定。实践中行政补偿主要发生在以下一些领域:

1. 行政征收或行政征用的补偿。比如说,对土地征收征用的补偿,《国有土地上房屋征收与补偿条例》第 2 条规定:“为了公共利益的需要,征收国有土地上单位、个人的房屋,应当对被征收房屋所有权人给予公平补偿。”再比如说,在应对突发的事件中,行政机关采取的征用单位和个人财产等行为,国家应当进行补偿。

2. 行政主体依法变更、撤销行政许可、行政计划、行政指导、行政合同等政策和行为的补偿。

3. 公务合作行为中的补偿。公民或组织协助行政机关履行职责而受到的损害,可以获得补偿。

4. 军事征调中的补偿。军事征调是指国家处于紧急状态,军事机关依法征调财务或劳务的活动。军事机关依法征调财务或劳务,对被征调人应当给予补偿。

5. 法定的其他情形。

(二)行政补偿的方式

从我国立法实践看,行政补偿的方式主要有两种:直接补偿和间接补偿。直接补偿的方式,以金钱补偿为主,此外,还可以采用支付实物予以补偿。间接补偿的方式,常见的主要有以下几种:(1)在人、财、物的调配上给予优惠。(2)减、免税费。(3)授予某种能给受损失人带来利益的特许权。(4)给予额外的带薪休假、旅游和疗养等。(5)通过晋级晋职、增加工资、安排就业、分配住房及解决农转非的户口指标等方式予以照顾。

直接补偿方式可以与间接补偿方式配合使用,如给予金钱补偿的同时,可以考虑优先安排遭受损失的相对人劳动就业等。我国《大中型水利电力工程建设征地补偿和移民安置条例》中规定,行政补偿的方式除发给土地补偿费和安置补助费外,还包括开发荒地滩涂、调剂土地、外迁、户口农转非、自动投靠亲友、统筹安排生活等多种方式。

案例 10-2

2002 年 7 月,某港资企业投资 2.7 亿元人民币与内地某市自来水公司签订合作合同,经营该市污水处理。享有规章制定权的该市政府为此还专门制定了《污水处理专营管理办法》,对港方作出一系列承诺,并规定政府承担污水处理费优先支付和差额补足的义务,该办法至合作期结束时废止。

2005年2月市政府以合作项目系国家明令禁止的变相对外融资举债的"固定回报"项目、违反了《国务院办公厅关于妥善处理现有保证外方投资固定回报项目有关问题的通知》的精神、属于应清理、废止、撤销的范围为由,经过正当程序之后,作出"关于废止《污水处理专营管理办法》的决定",并将该决定告知合作公司和港方。

【问题】

本案中合作公司和港方因《污水处理专营管理办法》的废止所遭受的损失应当由谁承担?为什么?

【评析】

合作公司和港方因《污水处理专营管理办法》的废止所遭受的损失,应当由市政府承担行政补偿责任。理由如下:

(1)制定和撤销、废止行政规章是政府的法定职权。特别是当市政府发现自己制定的规章与国家法律、法规不一致时,出于国家法制统一和公共利益的需要,可以废止已经生效的规章和其他规范性文件。因此,本案中该市政府经过正当程序之后作出的废止《污水处理专营管理办法》的行为是合法的。

(2)港商之所以在合作项目中投入巨资,一个很重要的原因就是相信政府、信赖政府,因为该项目经过各级政府和主管部门同意,手续齐全、程序合法。市政府还专门制定了《污水处理专营管理办法》。虽然《污水处理专营管理办法》违反了国务院的有关规定,属于必须废止的文件,责任也完全在政府本身,而不是投资人。

三、行政补偿的标准与程序

(一)行政补偿的标准

关于行政补偿的标准,我国尚无明确统一的立法规定。从一些单行法律、法规或规章的规定来分析,我国行政补偿的标准一般采取"适当补偿"或者称"合理补偿"的原则。许多单行法律、法规的条文中都将行政补偿的标准表述为"适当补偿"、"合理补偿"或者"相应补偿"。

由于行政补偿对象的有些损失是难以计算的,因此,补偿金的支付从某种意义上说,具有象征性,也是对相对人的公益行为的一种肯定。如果能够计算出受害人的实际损失,应当如数支付补偿金。如果造成相对人身体伤害的,还应支付医疗费;造成相对人财产损害不能恢复原状的,应当按损害程度支付补偿金。

(二)行政补偿的程序

行政补偿的程序,我国目前尚无统一的法律规定,只有个别的法律、法规作出了一些较为原则的规定，而未对获得损害补偿的具体程序和救济途径作出明确规定。如《土地管理法实施条例》规定了在国家建设用地的审批程序中有征用土地的补偿的行政程序等。

1. 行政补偿的行政程序

（1）行政补偿义务机关主动进行补偿

行政补偿如果是由行政补偿义务机关主动实行的，则应遵循下列程序：第一，发出补偿通知。通知中应包括补偿的事由、依据、标准及补偿方式，此外应列明被补偿人享有的权利及陈述意见的权利和期限。第二，意见反馈登记。将被补偿人的意见记录在案。第三，告知理由。向被补偿人说明理由并对其所提出的意见给予答复。第四，与被补偿人达成补偿协议或由义务补偿机关单方面作出补偿决定。在补偿决定中应写明被补偿人提起行政复议和行政诉讼的权利及其行使这些权利的时效。

（2）行政补偿义务机关依申请进行补偿

行政补偿义务机关依受损人的申请进行补偿，则应按照下列程序进行：第一，受损人提出补偿申请，应写明补偿的事实、理由、方式及标准。第二，补偿义务机关对申请进行审查。第三，补偿义务机关通知申请人审查结果，并将补偿义务机关拟作出的补偿决定告知申请人，听取申请人的意见。第四，在听取意见的基础上，双方就补偿的范围、方式与标准进行协商。第五，达成补偿协议或作出补偿或不予补偿的决定。在协议或决定中应告知申请人所应享有的行政复议权和行政诉讼权及时效。

2. 行政补偿的诉讼程序

通过行政程序，行政机关如满足了相对人的请求，相对人取得了所要求的补偿，补偿行政程序即告终结。行政机关如果拒绝相对人的请求，或双方不能就补偿数额或补偿方式达成协议或相对人不服行政机关单方面作出的裁决、决定，相对人可以就此提起行政诉讼。

【课后练习】

一、不定项选择题

1. 国家赔偿法的功能或意义是（　　）。

A. 落实宪法　　B. 权益保障

C. 监督预防　　D. 民主法治的标志

2. 根据《国家赔偿法》的规定，行政赔偿采用的归责原则是（　　）。

A. 过错归责原则　　B. 无过错归责原则

C. 公平归责原则　　D. 违法归责原则

3. 我国《国家赔偿法》规定，国家赔偿的主要方式是（　　）。

A. 赔礼道歉　　B. 恢复原状

C. 金钱赔偿　　D. 返还财产

4. 行政赔偿的对象主要是(　　)。

A. 直接损失　　B. 间接损失

C. 物质损失　　D. 精神损失

5. 根据我国行政赔偿的计算标准,造成公民死亡的,应当支付死亡赔偿金、丧葬费,总额为国家上年度职工平均工资的(　　)。

A. 10 倍　　B. 20 倍

C. 30 倍　　D. 40 倍

6. 在行政赔偿案中,经复议维持的案件,赔偿义务机关是(　　)。

A. 最初造成侵权的行政机关

B. 复议机关

C. 复议机关和最初造成侵权的行政机关

D. 复议机关或最初造成侵权的行政机关

7. 某区规划局以一公司未经批准擅自搭建地面工棚为由,限期自行拆除。该公司逾期未拆除。根据规划局的请求,区政府组织人员将违法建筑拆除,并将拆下的钢板作为建筑垃圾运走。如该公司申请国家赔偿,下列哪些说法是正确的?(　　)

A. 可以向区规划局提出赔偿请求

B. 区政府为赔偿义务机关

C. 申请国家赔偿之前应先申请确认运走钢板的行为违法

D. 应当对自己的主张提供证据

二、简答题

1. 简述侵犯人身权的赔偿范围。

2. 简述行政补偿的含义。

三、案例分析题

2006 年 10 月 11 日晚,王某酒后在某酒店酗酒闹事,砸碎店里玻璃数块。此时某区公安分局太平派出所民警任某、赵某执勤路过酒店,任某等人欲将王某带回派出所处理,王某不从,与任某发生推搡。双方在扭推过程中,王某被推倒,头撞在水泥地上,当时失去知觉,送往医院途中死亡,后被鉴定为颅内出血死亡。2006 年 12 月 20 日,王某之父申请国家赔偿。

1. 公安机关是否应当对王某的死亡承担国家赔偿责任?为什么?

2. 王某的父亲是否有权以自己的名义提出国家赔偿请求?

3. 本案请求国家赔偿的时效如何计算?

4. 本案国家赔偿义务机关是谁?

5. 若本案公安机关需承担赔偿责任,赔偿方式和标准是什么?

6. 如果公安机关对受害人赔偿后,对民警如何处理?

7. 若王某的父亲获得国家赔偿,他能否再要求民警任某承担刑事附带民事责任?

【拓展实训】

实训项目名称:行政赔偿程序模拟演示。

实训目的:通过指导学生对真实的行政赔偿诉讼案件进行赔偿义务机关先行处理、行政复议、行政诉讼等程序的模拟演示,让学生熟悉行政赔偿义务机关先行处理程序,回顾与复习行政复议、行政诉讼程序,提高学生综合运用法律的能力和水平。

实训步骤:

(1) 将学生分成赔偿申请人组、赔偿义务机关组、行政复议机关组及人民法院组。

(2) 每小组根据角色对教师所给案件进行分析,并准备相应的证据材料和法律文书。

(3) 各小组共同完成一个指定案件经由行政赔偿义务机关决定、复议机关复议、人民法院审判的全过程表演。

(4) 整理各组的文书卷宗。

(5) 完成实训报告。实训报告中应体现所学行政法律知识、对案例的分析过程、对该角色的准备情况和在实训模拟中本小组的经验和不足。

【练习答案】

一、不定项选择题

1. ABCD　2. D　3. BCD　4. A　5. B　6. A　7. BD

二、简答题

1. 行政机关及其工作人员在行使行政职权时有下列侵犯人身权情形之一的,受害人有取得赔偿的权利:(1)违法拘留或者违法采取限制公民人身自由的行政强制措施的;(2)非法拘禁或者以其他方法非法剥夺公民人身自由的;(3)以殴打、虐待等行为或者唆使、放纵他人以殴打、虐待等行为造成公民身体伤害或者死亡的;(4)违法使用武器、警械造成公民身体伤害或者死亡的;(5)造成公民身体伤害或者死亡的其他违法行为。

2. 行政补偿作为一种国家责任,包含三层含义:(1)行政补偿发生在行政主体及其工作人员行使行政权力、执行国家行政职能的过程中,是一种职务行为的法律后果;(2)引发行政补偿的职务行为是一种合法行政行为;(3)这种合法的职务行为给公民、法人或者其他组织的合法权益造成了损害。

三、案例分析题

1. 公安机关应当对王某的死亡承担国家赔偿责任。因为公安民警在执行职务过程中与王某发生推搡致王某摔倒死亡,未尽到合理注意义务,其行为构成违法,王某虽也有过错，但不能免除国家赔偿责任，符合国家赔偿责任构成要件，国家应当承担赔偿责任。

2. 王某的父亲有权以自己名义提出国家赔偿请求。因为国家赔偿法规定：受害的公民死亡，其继承人和其他有扶养关系的亲属有权要求赔偿。

3. 本案请求国家赔偿的时效应当自民警执行职务的行为侵犯王某的生命权之日起两年。

4. 本案的国家赔偿义务机关是某区公安分局。

5. 若公安机关承担国家赔偿，赔偿方式为支付被害人死亡赔偿金和丧葬费，总额为国家上年度职工年平均工资的20倍；对死者生前抚养的无劳动能力的人还应当支付生活费，标准参照当地民政部门有关生活救济规定办理，被抚养人是未成年人的，支付到18周岁为止，其他无劳动能力的人支付到死亡时止。

6. 如果公安机关对受害人赔偿后，若认为民警犯有重大过失，可以责令该民警承担部分或全部赔偿费用。

7. 王某的父亲不能再要求民警任某承担刑事附带民事责任。